Völker der Sonne

Meiner Tochter Elodie in Dankbarkeit gewidmet

René Oth

VÖLKER DER SONNE

Versunkene Kulturen Südamerikas

Mit Fotografien von Paul Thibor

THEISS

INHALT

links Schluchten wie diese im Paillon del Diablo/Ecuador überwanden die Inkas mit Hängebrücken am geflochtenen Seil.

GLANZ UND NIEDERGANG DER ALTAMERIKANISCHEN HOCHKULTUREN

Ihre Nachfahren werden noch heute von den weißen Eindringlingen geknechtet

In ihren Auseinandersetzungen um die Vorherrschaft in der »Neuen Welt« scherten sich die europäischen Eroberer keinen Deut um die Belange der roten Urbevölkerung. Mit körperlichem Totschlag (Genozid) und kulturellem Mord (Ethnozid) vergingen sich die fremden Konquistadoren an den Indianern, die einen hohen Preis für ihre angebliche »Zivilisierung« durch die Weißen bezahlen mussten.

Die alten indianischen Hochkulturen – bei der Ankunft der Spanier bereits seit langem erloschen oder noch in voller Blüte stehend – waren in vielem den europäischen Eindringlingen voraus, auch wenn sie aus abendländischer Sicht barbarischen Gewohnheiten anhingen, wie zum Beispiel die Mochica, bei denen El Brujo, der Gott der Enthauptung, sich als Furcht erregende Gestalt erwies, der blutige Brauch der Menschenopfer das religiöse Denken beherrschte und der rituelle Mord zu einem Zwang geworden war, dem sie sich nicht mehr entziehen konnten.

SIE WEHRTEN SICH BIS ZUM LETZTEN BLUTSTROPFEN

Einige Kulturen Lateinamerikas lassen sich ohne weiteres mit indianischen Völkern Nordamerikas vergleichen. So

brachten zwei Reitervölker den Spaniern und Angloamerikanern das Grausen bei. Die Araukaner, die Ureinwohner des mittleren Chile, auch Mapuche genannt, erwiesen sich als die hartnäckigsten Gegner der spanischen Besatzer. Wegen ihres erbitterten Widerstands machten die Araukaner Geschichte. Dank der Geschicklichkeit ihres Militärstrategen Lautaro, auch araukanischer Hannibal genannt, gelang es ihnen, Pedro de Valdivia, einen Veteranen der Conquista, am 1. Februar 1554 zu besiegen. Um das Jahr 1600 konnten sie sich durch den Aufbau einer eigenen Kavallerie schließlich gegen die Spanier durchsetzen. Die araukanischen Reiter sollten nunmehr dieselbe Rolle spielen wie die mit dem Pferd verwachsenen Comanchen im nordamerikanischen Texas. Doch obwohl die Araukaner sich ungewöhnlich lange gegen die spanischen Eindringlinge behaupten konnten, war ihnen letztlich doch das gleiche Schicksal wie ihren Brüdern in Nordamerika beschieden. Dennoch: Dass die Spanier leichtes Spiel mit allen altindianischen Völkern hatten, ist eine hartnäckige, sich seit langem haltende Mär, die nicht der historischen Wirklichkeit entspricht.

Die Reise durch die geschichtsträchtige und kunstreiche Vergangenheit der Neuen Welt folgt strikt der Landkarte vom gebirgigen Nordwesten Südamerikas (Kolumbien) über den Amazonasregenwald (Brasilien) bis tief in die Anden (Peru und Chile). Sie erfolgt zugleich auch in chronologischer Reihenfolge, da die einzelnen Völker im Laufe ihrer sukzessiven Blütezeiten erfasst werden, sodass deren Historie bis zur heutigen Lage ihrer Nachfahren nachvollzogen wird.

links Landschaftsimpression vom schneebedeckten Gipfel des Vulkans Sajama im Nationalpark Sajama in Bolivien.

VOM »INDIO« ZUM »INDIGENA«

Der Begriff »Indio« gilt den lateinamerikanischen Indianern heute vielerorts als Beleidigung, weil er den Irrtum von Kolumbus verewigt, Indien entdeckt zu haben. »Indigena« – Eingeborener – ist zurzeit politisch korrekt.

Indigenas sind derzeit von jeder Entwicklung ausgeschlossen und können nicht am Wirtschaftswachstum teilhaben. In der Tat ist die Karte der Armutszonen de-

ckungsgleich mit ihren Siedlungsgebieten. Viele indianische Dörfer – ob in Mittel- oder in Südamerika – gleichen häufig großstädtischen Elendsvierteln mit apathischen Bewohnern. Obwohl 40 von 400 Millionen Einwohnern in Lateinamerika der Urbevölkerung zugerechnet werden, ist die Zahl der Indigenas zu gering, um eine wirkliche Einflussnahme auf die nationale Gesamtgesellschaft zu ermöglichen. Darum sind die Länder Iberoamerikas kaum am Schicksal ihrer Ureinwohner interessiert. Die Dimension der gesellschaftlichen und kulturellen Ausgrenzung, des Hungers und der Unterdrückung trifft alle indianischen Völker vom Rio Grande bis nach Feuerland gleichermaßen. Grund zum Aufstand hätten alle Stämme auf dem lateinamerikanischen Subkontinent.

»Sie herrschen dich an und sagen dir ins Gesicht: ›Setz dich anderswo hin; du stinkst nach Lama, du stinkst nach Dreck‹.« Fast jedes Mal, wenn sie in ihrem Heimatland Peru den Bus nimmt, erlebt die Rechtsanwältin Maria Sumire solche Diskriminierungen. Auch Jose Nancupil aus Chile kennt sich damit aus: »Seit zwölf Jahren, seitdem ich Häuptling bin, haste ich von Sitzung zu Sitzung, höre

oben Den altamerikanischen Hochkulturen Lateinamerikas erging es nicht besser als den Indianern Nordamerikas. Auch sie wurden von den europäischen Eindringlingen körperlich und geistig geknechtet. Kaum waren die spanischen Konquistadoren an Land gegangen, mussten die Eingeborenen sich bereits gegen deren Übergriffe zur Wehr setzen.

rechts Übersichtskarte über das alte Südamerika.

Das Inkareich 1525
Inkastraßen
Heutige Staatsgrenzen

Äquator

Bogotá
Chibcha

VENEZUELA

GUYANA

KOLUMBIEN

Quito

ECUADOR

Valdivia   *Auka*

Valdivia

Santa Ana
Florida

Chachapoya

Sicán
Batán Grande
Sipán
Sicán   Cajamarca
Chimú
Chan Chan   PERU
Mochica
Chavín
Chavín de Huántar

Caral
Caral

Lima
Pachacamac   Machu Picchu
Paracas   *Quechua*
Cuzco
Paracas   *Inkas*
Hatuncolla   *Titicaca-*
see   *Colla*   BOLIVIEN
Nazca
Nazca   *Uru*
Tiahuanaco
Tiahuanaco   Chuquiabo
(La Paz)
Ilo
Chiribaya   *Poopósee*

BRASILIEN

PARAGUAY

P a z i f i s c h e r   O z e a n

Tupiza

Südlicher Wendekreis

Rapa Nui
Osterinsel
(3600 km westlich der
chilenischen Festlandküste)

Catarpe
Araukaner
(Mapuche)

CHILE

Copiapo

0 100 200 300 400 500 km

ARGENTINIEN

Santiago

9 Glanz und Niedergang der altamerikanischen Hochkulturen

Versprechen um Versprechen. Aber ich lebe weiter in der alten Armut, in der alten Rückständigkeit.«

Wo in Lateinamerika Ureinwohner sind, da sind auch Verachtung und Geringschätzung durch die Weißen und die Eliten nicht weit. Aber das Bild des Flöte spielenden Indios, der stoisch alle Erniedrigungen schluckt und sich nicht in die blutende Seele blicken lässt – dieses Bild ist überholt.

Die Lunte brennt in ganz Iberoamerika, seit am 1. Januar 1994 Indiobauern aus vier Mayastämmen in den Reihen der »Zapatistischen Nationalen Befreiungsarmee« mit der Waffe in der Hand im südlichsten mexikanischen Bundesstaat Chiapas lautstark ein Ende der jahrhundertelangen Diskriminierung forderten. Wenn auch heute nach einem langen und blutigen Konflikt Regierung und Zapatisten sich darüber einig sind, dass die Rechte der Indigenas festgeschrieben und respektiert werden müssen, ist die Forderung der Indiorebellen nach einer Autonomie der indianischen Regionen bislang aber nicht nur in Mexiko auf der Strecke geblieben.

Noch immer stehen in allen Teilen Lateinamerikas die Ureinwohner am unteren Ende der sozialen Skala. In den Andenstaaten fristen sie ein elendes Dasein als de facto entrechtete Kleinbauern. Am Amazonas leben sie zusammengepfercht in Reservaten, auf die Ölmultis, Bergbaukonzerne und Goldgräberheere immer heftigeren Appetit entwickeln.

In Chile bilden die um ihre Ländereien im Süden des Landes gebrachten Mapuche das urbane Lumpenproletariat der Millionenstadt Santiago. Sie fordern historische Wiedergutmachung und Reparation des erlittenen Schadens mit so großem Nachdruck und immer öfter unter Einsatz von Guerillataktiken, dass die Politiker des Landes zu der Erkenntnis gelangt sind: »Die Mapuche und ihre Forderungen sind das größte Problem, vor dem diese Gesellschaft steht.«

In ganz Chile gibt es eine Million Mapuche – sie sind die bedeutendste ethnische Minderheit im Andenstaat und wahrscheinlich die kämpferischste Südamerikas. Südlich des Flusses Biobío nannten sie einst Ländereien von elf Millionen Hektar ihr Eigen. Seit September 1973 nahm ihnen Pinochet die letzten 500 000 Hektar Stammesland weg und überließ sie Forstkonzernen. Deren Weigerung, mit den betroffenen Indianern über Entschädigungen oder eine Landrückgabe zu verhandeln, verschafft derzeit gewaltbereiten indianischen Minderheiten rasanten Zulauf. Schon wird vor einem »Chiapas in Chile« gewarnt. Die Mapuche-Ethnie verlangt deutlich mehr als nur materielle Kompensationen. Sie besteht auf territorialer Autonomie, Selbstverwaltung und staatlicher Förderung ihrer eigenständigen Kultur.

ZURÜCK IN DIE ZUKUNFT DER INKAS?

Die radikalsten Anführer der Indigenas nähren aber Ambitionen, die viel weiter reichen. In der Tat schwärmen sie von der Wiedererrichtung präkolumbischer Großreiche, wie das der Inkas oder der Aymara, in denen alle Indiovölker vereint würden. Dabei übersehen sie geflissentlich, dass das Konglomerat aus hunderten verschiedenen Ethnien, Sprachen und Kulturen, die teilweise in sich gespalten sind und sogar einander erbittert bekämpfen, kaum in der Lage sein wird, zu einer dauerhaften Einheit zusammenzuwachsen. Noch weniger wird sich ein künstliches Staatsgebilde behaupten können, das sich allein durch Protest und die fragwürdige Rückbesinnung auf einstmals nützliche, inzwischen aber vielleicht veraltete Bräuche und Traditionen zu legitimieren versucht. Nur wenn die Staaten mit indianischen Minitäten mit einem abgestuften System von Autonomien den Rechten und Bedürfnissen der einzelnen Volksgruppen Rechnung tragen, nur dann lassen sich die Pläne von einer Wiederauferstehung des Inka- oder Aymara-Imperiums als das entlarven, was sie tatsächlich in unserer modernen Welt sind: ein Hirngespinst.

Weil viele Regierungen ein Übergreifen des mexikanischen Chiapas-Virus auf ganz Iberoamerika fürchten, suchen sie zurzeit neue Wege einer Aussöhnung. Denn auch sie haben jetzt endlich begriffen, dass es letztlich gar nicht so einfach ist, minoritäre Kulturen vollständig auszulöschen, wenn hinter diesen starke Traditionen stehen und Menschen, die diese auch ausüben.

Am Beispiel Lateinamerikas können wir heute dank der Schwächung des Nationalstaats sehen, wie vergessene, marginalisierte und zum Schweigen gebrachte regionale Indianerkulturen wieder zum Vorschein kommen und sich in der großen Vielfalt unseres globalisierten Planeten aktiv und dynamisch bemerkbar machen. Sie können wirklich stolz sein auf ihre große Vergangenheit, auf die Blütezeit der altamerikanischen Hochkulturen, von denen sie alle abstammen.

DIE »GOLDKULTUREN« IM NORDWESTEN SÜDAMERIKAS

In der Kulturgeschichte Altamerikas stellen die mittleren Anden den »Süden« dar, während Zentralmexiko als Kernland Mesoamerikas den »Norden« verkörpert. Die im Süden bei den Inkas und die im Norden bei den Azteken gefundenen Kostbarkeiten aus Gold heizten die unersättliche Gier der spanischen Eroberer nach dem gelben Metall an und beflügelten ihre Fantasie. Auf wirkliche »Goldkulturen« stießen sie jedoch geographisch nur zwischen diesen beiden Gebieten des altindianischen Amerika: im gebirgigen Nordwesten Südamerikas, auf dem Territorium des heutigen Kolumbien.

DIE CHIBCHA UND DIE LEGENDE VON »EL DORADO«

Die indianische Sprachgruppe der Chibcha hatte in den Hochtälern der Umgebung des heutigen Bogotá (Kolumbien) eine hohe Kultur entwickelt, die von den spanischen Konquistadoren jedoch in ihrem Goldrausch vernichtet wurde. Auf einen der Häuptlinge (Caciques = Kaziken) im dortigen Gebiet, den Fürsten von Guatavita, geht die Legende von »El Dorado«, vom »Vergoldeten Mann«, zurück. Der Schauplatz dieser Sage, die Laguna de Guatavita, ein kreisrunder Kratersee, der einsam und

versteckt in über 3000 Metern Höhe liegt, existiert tatsächlich. Dieses Wasserloch mit einem Durchmesser von einem Kilometer entstand einst, als ein gewaltiger Meteor – so will es jedenfalls die indianische Überlieferung – vom Himmel fiel und sich hier in die Erde bohrte.

Das rituelle Bad des mit Goldstaub gepuderten Kaziken

Auch die Legende selbst besitzt einen historischen Kern. Mit der Amtseinführung des Herrschers von Guatavita war eine grandiose Zeremonie verbunden, die von spanischen Chronisten ein Jahrhundert nach der Conquista sehr detailliert dargestellt wurde:
»Mit aller erdenklichen Sorgfalt bauten die Indianer auf dem See ein großes Binsenfloß und schmückten es aufs prächtigste. Sie stellten vier Räucherbecken darauf, in denen man viel Moque, den Weihrauch jener Eingeborenen, sowie Harz und andere wohlriechende Stoffe verbrannte.
Der See ist rund, dabei so groß und tief, dass ihn ein hochbordiges Schiff befahren könnte, und ringsum auf den Höhen war eine unüberschaubare Menge von Indianern versammelt, in der Pracht ihres Federschmucks, goldener Gehänge und Kronen. Zahllose Feuer loderten, und sobald die auf dem Floß den Weihrauch anzündeten, begann man auch zu Lande damit, sodass der Rauch das Tageslicht verdunkelte. Nun entkleideten sie den Thronfolger ganz, rieben ihn mit klebriger Erde ein und be-

links Goldarbeit der Tairona. Dargestellt ist ein Wesen mit ausdrucksvollem Kopfputz.

streuten ihn mit Goldstaub, bis er vollkommen von Metall bedeckt war. Sie brachten ihn zum Floß, wo er aufrecht stehen blieb, und häuften zu seinen Füßen Gold und Smaragde auf, die er seinem Gott darbringen sollte. Vier seiner obersten Häuptlinge kamen mit ihm auf das Floß, geschmückt mit Federwerk und goldenen Kronen, Armbändern, Anhängern und Ohrringen. Auch sie waren nackt, und jeder von ihnen trug Opfergaben.

Als das Floß vom Ufer ablegte, setzte die Musik ein mit Trompeten, Muschelhörnern und anderen Instrumenten, Gesang dröhnte über Berge und Täler. In der Mitte des Sees gebot man vom Floß aus durch ein Fahnensignal Schweigen. Nun vollzog der vergoldete Indianer sein Opfer, indem er alles Gold zu seinen Füßen im See versenkte, und die ihn begleitenden Häuptlinge taten dasselbe. Dann neigte sich die Fahne, die während der Opferhandlung gehoben geblieben war, und während das Floß dem Ufer zustrebte, begann aufs Neue das Geschrei. Flöten und Muschelhörner ertönten, und riesige Tanzgruppen setzten sich in Bewegung.«

Am Ufer stieg der mit Goldstaub gepuderte Fürst in das Wasser und wusch seine zweite Haut im heiligen See ab,

was den Berichterstatter Juan Rodriguez Freyle 1636 zur nachdenklichen Schlussbemerkung veranlasste: »Mit dieser Zeremonie empfingen sie ihren neuen Herrscher, er war nun als Herr und König anerkannt. Von ihr rührt der berühmte Name El Dorado her, der so viel Gut und Menschenleben gekostet hat.«

Dass die spanischen Chronisten vielleicht so manches Detail schlichtweg erfunden haben, schmälert den grundsätzlichen Wahrheitsgehalt ihrer Schilderung nicht. Denn die bislang geborgenen Goldschätze bestätigen den wirklichen Sachverhalt ihrer Geschichte vom »El Dorado«. So stieß man 1970 beispielsweise im kleinen Ort Pasca, südwestlich von Bogotá, auf ein 18 Zentimeter langes Floß, auf dem Figuren aus purem Gold die rituelle Waschung auf dem heiligen Bergsee bis in die letzte Einzelheit nachvollziehen.

oben Chibcha-Kunst: Eine Goldminiatur des »Floßes des Kaziken von Guatavita« aus reinem Gold und mit Smaragden geschmückt.

Der Begriff »El Dorado«, wörtlich der »Vergoldete«, wurde nach und nach seiner ursprünglichen Bedeutung beraubt und bezog sich schon bald in der Vorstellung der habgierigen Konquistadoren auf einen mit Schätzen gefüllten Tempel, danach auf eine goldene Stadt mitten im Urwald und schließlich auf ein ganzes Königreich aus Gold. So entstand in Windeseile die Legende vom Traumland hinter dem Horizont, die den Chibcha verhängnisvoll werden sollte.

Eine einmalige Zufallsbegegnung in der Entdeckungsgeschichte

1536 war es so weit: Einer von Gonzalo Jimenéz de Quesada geleiteten Expedition gelang der Vorstoß bis in den Bereich der drei Andenketten Kolumbiens, wo sich das Herzland der Chibcha befand, die südlich bis Ecuador und nördlich bis Nicaragua vorgedrungen waren. Bevor de Quesada, Vizegouverneur der Karibikprovinz Santa Marta, das blühende Volk der Chibcha erreichen konnte, musste er sich mit seinen Soldaten einen Weg bahnen »durch Sümpfe und Wurzelgestrüpp, unter den ständigen Sturzregen des tropischen Winters, durch reißende Flüsse und Schluchten, Krokodilen und Rochen ausgeliefert, durch ein völlig entvölkertes Gebiet«. Zwei Drittel seiner 800 Männer fielen diesen extremen Bedingungen zum Opfer.

In seinem »Diensttagebuch« erzählt einer der Konquistadoren, dass »auf besagter Reise und Entdeckung über die Gefahren und Mühsal hinaus alle derart Hunger litten, dass sie Pferde und andere ungewöhnliche und nie gesehene Dinge aßen, als da sind Wurzeln, giftige Kräuter, Eidechsen, Fledermäuse, Ratten und vieles andere derselben Art«.

Nachdem sie die Schwindel erregende Höhe der Berge überwunden hatten, fielen die Soldaten in das Königreich der Chibcha ein, wo sie auf erbitterten Widerstand der Indianer stießen, die sich mit ihren Lanzen, Speerschleudern und Holzkeulen mutig verteidigten. Drei Jahre lang plünderte Jimenéz de Quesada das Land der Chibcha, ohne von seinen Landsleuten gestört zu werden, als völlig überraschend das durch unüberwindliche Gebirgsmassive

abgeschirmte und von Sümpfen, Flüssen und Urwäldern geschützte Königreich der Chibcha zum Ort des schicksalhaften Zusammentreffens dreier goldgieriger Abenteurer wurde.

War de Quesada aus dem Norden über den Rio Magdalena heraufgekommen und der viel benutzten Salzstraße in die Berge gefolgt, so traf sein Landsmann Sebastian de Belalcázar aus dem südlich gelegenen Ecuador ein, nachdem er nördlich des 5700 Meter hohen Nevado de Huila die mittlere Kordillere überquert hatte. Als Dritter im Bund tauchte schließlich Nikolaus Federmann auf, der Statthalter der Welser in Venezuela, der nach einem 2000 Kilometer langen Marsch durch unheilvolle Sümpfe und über ungeheure Gebirgsketten völlig erschöpft mit 20 Überlebenden bis ins geheime Tal der Chibcha gelangte.

So war es also durch einen seltenen Regieeinfall der Geschichte zur brisanten Zufallsbegegnung dreier ehrgeiziger Führungspersönlichkeiten gekommen, die sich – vom Gold der Chibcha angelockt – 1539 bei der Indiersiedlung Bacatá trafen. Als die drei Eroberer am 29. April 1539 zusammenkamen, einigten sie sich darauf, die von jedem jeweils geltend gemachten Besitzansprüche vom spanischen Königshof klären zu lassen und fürs Erste dem zu erschließenden Goldland eine Hauptstadt zu geben. So hatten drei planlose Expeditionen bis zum Dorado wenigstens ein wichtiges Ergebnis: die Gründung der neuen Stadt Santa Fé del Nuevo Reino de Granada (heiliger Glaube des Königreichs Neugranada), das heutige Bogotá.

Obwohl den Chibcha aufgrund der Streitereien der drei Konquistadoren eine Gnadenfrist gewährt wurde, war ihr Untergang besiegelt. Dies um so mehr, als sich zur Zeit der Ankunft der Europäer die zwei mächtigsten Chibcha-Staaten, die der Muisca, aufs heftigste befehdeten und um die Vorherrschaft auf dem Hochland von Bogotá rangen. Wären die Spanier einige Jahrzehnte später eingetroffen, hätten sie vermutlich einen Einheitsstaat der Muisca mit einem einzigen Herrscher vorgefunden.

Die Muisca – eine bäuerliche Kultur

Nach und nach hatten die zwei Muisca-Fürsten von Tunja und Bogotá die Macht über das gesamte Gebiet an sich gerissen. Der Dynast von Tunja, als Zake bezeichnet, war seinem Widersacher von Bogotá, Zipa genannt, auf die Dauer nicht gewachsen. Als die europäischen Konquistadoren ankamen, war der Zipa von Bogotá, Tisquesesa, gerade an dem Punkt angelangt, einen erneuten Kriegszug gegen den Zake von Tunja zu unternehmen, um seinen alten Gegner endgültig niederzuwerfen.

Die Muisca – wie sich die Chibcha auf der Meseta von Bogotá nannten, was so viel wie »Menschen« bedeutet – waren noch nicht zu einer wirklichen Hochkultur aufgestiegen. So besaßen sie keine hoch entwickelte Steinarchitektur wie ihre mexikanischen und peruanischen Zeitgenossen. Sie kannten auch keine Schrift, nicht einmal einen Schriftersatz. Ihre mündliche Geschichtsübermittlung war sehr lückenhaft und reichte höchstens über zwei

Generationen zurück. Sie waren auf einer bäuerlichen Entwicklungsstufe stehen geblieben, lebten in dörflichen Siedlungen aus Holz und bauten auf ihren Äckern Kartoffeln, Mais, Maniok, Koka, Tomaten und Tabak an. Der außerordentlich fruchtbare Boden des Hochplateaus um Bogotá und Tunja hatte die Landwirtschaft bei den Muisca gedeihen lassen.

Neben dem Ackerbau betrieben diese Indianer auch Handel. Das aus ihren salzhaltigen Quellen durch Verdunstung gewonnene Salz boten sie auf großen Märkten an, die alle vier Tage in einigen Muisca-Städten abgehalten wurden. Sie entwickelten aber auch den »Außenhandel« und legten eine eigens für den Salzexport bestimmte Straße an, die von den Hochtälern des Nordens fast bis zum Meer reichte. Diese Salzstraße sollte den Indianern zum Verhängnis werden, denn über sie gelangten die ersten Spanier ins Gebiet der Muisca. Außer mit Salz handelten die Eingeborenen mit Edelsteinen und Geweben im Tausch gegen Rohbaumwolle, Goldstaub und Kokablätter, deren Kauen zur Berauschung führte, sowie gegen Sklavenknaben, die man für die Opferungen benötigte. Als einzige Bewohner des präkolumbischen Amerika prägten die Muisca Goldgeld, um ihren blühenden Handel mit den Naturvölkern noch weiter zu entfalten.

Die Handwerker stellten Baumwolldecken und schlichte Töpferwaren her, die sich durch sparsame Bemalung und eingestochene Punktmuster auszeichneten. Sie bearbeiteten auch Gold und Edelsteine. Charakteristisch für ihre Goldschmiedekunst sind flache Menschenfigürchen, deren Gliedmaßen durch dünne Drähte angedeutet sind. Der Goldschmuck der Muisca entsprach somit also keineswegs den großen Erwartungen, die die Sage von El Dorado bei den Spaniern bereits geweckt hatte. »Die Inferiorität der Goldarbeiten der Muisca im Vergleich mit dem hohen

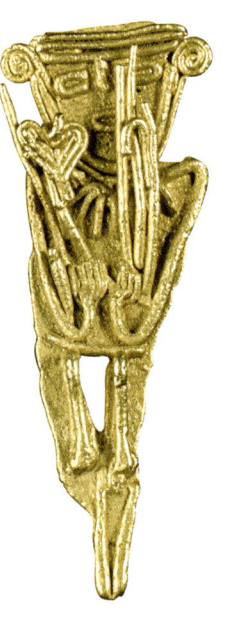

links Goldschmiedekunst der Chibcha, die sich selbst Muisca nannten: Ihre Goldarbeiten, die vor allem aus flachen, eckigen Menschenfigürchen bestehen, zeichnen sich durch Schlichtheit aus.

ganz rechts Diese goldene Brustplatte, eine Muisca-Goldarbeit, ist verziert mit einer Reihe sitzender Figuren.

Stand des Goldgusses bei den Stämmen Westkolumbiens hat man damit zu klären versucht, dass die Bewohner der Hochebene verhältnismäßig spät mit Material und Technik vertraut geworden seien, musste doch Rohgold noch in geschichtlicher Zeit eingeführt werden« (H. D. Disselhoff).

Die Muisca verfügten vermutlich auch schon über astronomische Kenntnisse. Unweit von Tunja glauben die Archäologen, im Trümmerfeld von Monquirá ein Observatorium ausgemacht zu haben. Steinerne Säulenreihen, die, wie mit dem Lineal gezogen, ein Viereck bilden, sollen als Beobachtungsstation gedient haben. An diesem geradezu idealen Standort, 2800 Meter über dem Meeresspiegel, sollen die kolumbianischen Indianer den Lauf der Sterne und die Bewegung der Sonne in Richtung Zenit verfolgt haben, um den Einbruch der Regenzeit berechnen und voraussagen zu können. Dass der Beginn des Frucht spendenden Regens mit Zeugungsriten und Fruchtbarkeitszeremonien begangen wurde, lässt den Schluss zu, dass die gegenüber der alten Forschungsstätte erhalten gebliebenen Steinsäulen möglicherweise riesenhafte männliche Glieder dargestellt haben und das Zentrum eines frühen Phalluskults gewesen sind. Somit bestünde ein natürlicher Zusammenhang zwischen den zwei sich gegenüber liegenden Anlagen, zwischen den gigantischen Fruchtbarkeitssymbolen und dem wissenschaftlichen Observatorium.

Nachkommen des Mondes und der Sonne

Der mächtigste Herrscher der Muisca war der Zipa von Bogotá, der seine Herkunft vom Mond ableitete, während sich sein Gegner, der Zake von Tunja, als Abkömmling der Sonne verehren ließ. Die Priester hielten den Untertanen stets die göttliche Abstammung ihrer Fürsten vor Augen, um zu verhindern, dass diese an deren Macht zweifelten. Strengstens untersagt war es, dem Herrscher in die Augen zu blicken. Dieser ließ nur die Besucher zu sich, die vorher seine Schatzkammer um ein wertvolles Geschenk bereichert hatten. Der Fürst trug ein mit Goldplättchen geschmücktes Gewand. Seine Schultern zierte ein prächtiger Umhang. Das mit Smaragden besetzte Diadem auf dem

Haupt war das Zeichen seiner Königswürde. Er reiste bequem, in einer mit goldenen Leisten verzierten Sänfte aus edlem Holz. Ein mit goldenen Platten verkleideter und mit Schnitzereien und Wandmalereien dekorierter Palast aus Holz diente ihm als Wohnung. Dort hielt er sich eine unbegrenzte Zahl von Frauen, die einfache Muisca manchmal als Steuer an ihn abgeführt hatten. Außer ihren Töchtern, die sie dem Herrscher gelegentlich überlassen mussten, gaben die Steuerzahler üblicherweise landwirtschaftliche und handwerkliche Erzeugnisse an ihren Fürsten ab.

Kam ein Untertan seinen Steuerpflichten nicht nach, erschien ein Steuerbeamter vor dem Haus des säumigen Zahlers, an dessen Tür er einen abgerichteten Puma anband, der den Ausgang bewachte und jeden Tag auf Kosten des Schuldners mit zwei Tauben gefüttert werden musste. Außerdem quartierte sich der Steuereinnehmer bei dem zahlungsunwilligen Bürger ein, der ihm für jeden in seinem Haus verbrachten Tag zusätzlich einen Ballen Leinwand übergeben musste. Dass auf diese ungewöhnliche Art und Weise die Steuerrückstände mit Erfolg eingetrieben wurden, verwundert nicht.

Nach dem Tod des Herrschers stieg in der Regel der Sohn seiner ältesten Schwester zum Nachfolger auf. Im Muisca-Staat Bogotá musste sich der »Kronprinz« schon lange vor Antritt seines Amtes auf die Herrscherwürde vorbereiten. Er führte ein im Tempel zurückgezogenes Leben, durfte kein Fleisch zu sich nehmen, musste auf alle Gewürze verzichten, und vor allem durfte er keinen Umgang mit Frauen pflegen. Nur wenn er seine Vorbereitungszeit auf Amt und Würde erfolgreich abgeschlossen hatte, konnte er den Thron besteigen. Mit der Einführung des neuen Herrschers war zum Beispiel im Staate Guatavita, der dem Muisca-Reich von Bogotá hörig war, die Sage vom vergoldeten König, vom El Dorado, verbunden.

Die Lagune von Guatavita war jedoch nicht der einzige »goldene« See. Daneben gab es noch andere heilige Seen, in denen »Krönungszeremonien« stattfanden. Die feierlichen Handlungen waren von den religiösen Vorstellungen der Muisca geprägt, die uns nur zum Bruchteil überliefert sind. Ihre Hauptgottheiten waren Suá, die Sonne, und Chia, der Mond.

Der Sonne wurden Sklavenknaben bei Sonnenaufgang auf einer hohen Bergspitze geopfert. Ihre Leichname ließ man anschließend einfach als »Nahrung« für die Sonne zurück. Gelang es einem Sklavenjungen, die Aufmerksamkeit eines Chibchamädchens, mit dem er sexuellen Kontakt pflegen konnte, zu erregen, wurde er vom Opfergang entbunden und freigelassen.

Die Muisca glaubten an ein Weiterleben der Seele nach dem irdischen Dasein, wobei der Gute mit einer angenehmen Existenz belohnt, der Schlechte hingegen mit vielen Unannehmlichkeiten bestraft würde. Sie verehrten auch Bóchica, den Gott der Krieger und der Könige, der von Osten zu ihnen gekommen sei und ihnen gute Sitten, gegenseitige Achtung und Liebe beigebracht habe. Bóchica, der große Held ihrer Mythologie, soll auch ihr Volk einst vor den stetig ansteigenden Wassern einer großen Sintflut gerettet haben, indem er eine Wand des Guatavita-Sees geöffnet habe, damit die Wassermassen ablaufen konnten. Seither musste sich jeder neue Großhäuptling zum Kratersee begeben und die Geister in der Tiefe mit einem Goldopfer günstig stimmen. Von dem Augenblick an war Gold zum Symbol für das Entrinnen des Menschen aus den Gewalten der großen Flut geworden.

Die Quimbaya und die Tairona – Koryphäen in der Goldbearbeitung

Zu den Chibcha sprechenden Indianern gehörten neben den Muisca auch die Quimbaya, die besten Goldschmiede des indianischen Amerika, die im oberen kolumbianischen Caucatal die schönsten Goldarbeiten schufen. Ihre Goldschätze fand man in großen Schachtgräben, in denen sie ihre Toten mit herrlichen Beigaben bestattet hatten. Auf die letzte Reise gab man den Verstorbenen Hohlfiguren, Helme, schwere Brustschilde, Totenmasken, Nasenschmuck, Kultutensilien, Glocken, Flaschen und alltägliche Gebrauchsgegenstände wie Angelhaken oder Pinzetten mit. All dies war selbstverständlich aus feinstem Gold.

Die Quimbaya waren nicht nur geschickte Handwerker, sondern auch mutige Krieger, die sich mit Lanzen, Speerschleudern, Keulen aus Hartholz und mit Pfeil und Bogen gegen den spanischen Zugriff zur Wehr setzten. Wenn wir den iberischen Chronisten Glauben schenken dürfen, führten sie vornehmlich Kriege, um Gefangene für ihre rituellen kannibalischen Mahlzeiten zu machen. Sie waren anscheinend davon überzeugt, durch das Verzehren des Herzens, der Leber und des Gehirns ihrer Opfer würden sich deren Tapferkeit, Ausdauer und Klugheit auf sie übertragen.

Nicht minder berühmt durch ihre Goldarbeiten wurden die ebenfalls zu den Chibcha gehörenden Tairona, die einst im Norden Kolumbiens am Fuß der heutigen Sierra Nevada de Santa Marta heimisch gewesen waren. Allein ihr Name, der »Goldschmiede« bedeutet, weist schon darauf hin, dass ihre Kultur wirklich eine »goldene« war. Die Tairona waren außerdem bedeutende Baumeister und Architekten, hervorragende Erbauer von Städten und Straßen aus Steinplatten, die sie zu einem dichten Verkehrsnetz verbanden. Sie erwiesen sich auch als Meister

rechts Zu den Chibcha sprechenden Völkern zählten auch die Quimbaya und die Tairona, die beide als die besten Goldschmiede Altamerikas galten. Auf dem Bild sind zwei goldene Kaziken der Quimbaya dargestellt.

links Die unwegsame Sierra Nevada de Santa Marta, Heimat der Kogi, Arhuaco und Wiwa, gilt als das höchste Küstengebirge der Welt.

der Ökologie, die das Gleichgewicht der Natur nicht durch eine übermäßige Rodung oder eine übertriebene Abholzung der Wälder in Gefahr brachten. Mit Kahlschlag und Waldbrand vernichteten die Spanier vor 400 Jahren die Pflanzungen und Städte der Tairona und brachen damit deren hartnäckigen Widerstand.

Bislang wurden nur zwei ihrer Ruinenstätten gründlich erforscht: Pueblito und Ciudad perdida in Nordkolumbien. Von Pueblito zeugen heute noch öffentliche Plätze, gepflasterte Wege, Brücken- und Treppenanlagen,

Bewässerungskanäle und Wasserreservoire, die man einst mitten im Urwald angelegt hatte. Für den Maisanbau waren sogar Terrassen errichtet worden, die »hängenden Gärten« der Neuen Welt. Von den runden Holzhäusern mit den Stroh- und Palmblättern ist leider nichts übrig geblieben. Ciudad perdida, die »verlorene Stadt«, die man erst vor kurzem weiter oberhalb in der Sierra entdeckte, ist viel größer als Pueblito. Die bislang ausgegrabenen Überreste weisen eindeutig auf eine überlegte Stadtplanung hin. In dieser Ansiedlung der Tairona gab es sogar getrennte Wohn- und Arbeitsviertel sowie Bezirke für Kommunalversammlungen und religiöse Bräuche. Zudem hatte man reichlich für Müll- und Abfallplätze gesorgt.

Ciudad perdida war an Wohnqualität und zivilisatorischen Neuerungen wahrscheinlich den Zentren der Azteken, Mayas und Inkas überlegen, auch wenn diese Dschungelstadt auf den ersten Blick nicht so imposant erscheinen mag. Doch die hoch begabten Völker Kolumbiens haben weitreichende Spuren hinterlassen, die der archäologischen Forschung noch so manches Rätsel aufgeben, die aber die alte Auffassung erschüttern, zwischen den drei altindianischen Zivilisationen der Neuen Welt hätten nur Randkulturen zweiter Klasse ihr niedriges Dasein geführt.

Die Hüter der Welt

Als die spanischen Konquistadoren vor 400 Jahren die Städte der Tairona-Zivilisation zerstörten, lebten die Indianer dieser präkolumbischen Kultur vornehmlich am Fuß der Sierra Nevada de Santa Marta. Ihre Nachfahren, die Kogi, die Arhuaco und die Wiwa, flohen vor dem Ansturm der Spanier hoch hinauf in das Gebirgsmassiv, dessen vereiste Gipfel mehr als 5700 Meter Kolumbiens karibische Küste überragen und ihnen Schutz vor dem Zugriff der verhassten Eroberer gewährten.

Die zwei Millionen Hektar große unwegsame Heimatregion der Kogi, Arhuaco und Wiwa, die jäh vom Meer auf eine Höhe von 5775 Metern ansteigt, erweist sich als ein Mikrokosmos der Welt mit einer verblüffenden ökologischen Vielfalt. Hier, wo es auf engem Raum Mangrovensümpfe, tropischen Regenwald, offenes Waldgelände, trockenes Buschland, Wüstenstreifen, alpine Tundra und schneebedeckte Bergspitzen gibt, haben die Völker der Sierra Nevada im Laufe der Jahrhunderte eine einzigartige Lebensphilosophie entwickelt, die auf den moralischen, ökologischen und spirituellen Geboten der Urschöpferin fußt – einer Kraft, die sie als Große Mutter bezeichnen. Nicht das Sichtbare, sondern das, was hinter dem Greifbaren liegt, besitzt für sie den höchsten Stellenwert. In ihrem kosmischen System, in dem der Mensch im Mittelpunkt steht, spiegelt jedes einzelne Element der Welt ihr Ganzes wider. Von ihrer Warte aus versinnbildlichen die weißen Hüte der Arhuaco-Männer die Schneekappen der heiligen Gipfel, symbolisieren die Körperhaare eines Menschen die Bäume an den Berghängen, stellen die neun Monate, die ein Kind im Mutterleib verweilt, das neunschichtige Universum ihrer Kosmologie dar.

Zur Zeit sind die Kogi, Arhuaco und Wiwa zwei Gefahren ausgesetzt, die ihre Welt gleichzeitig von unten und von oben in die Zange nehmen. Ihr enger Lebensraum wird von unten durch Fremde beschnitten, die das Herz ihrer Welt verwunden, indem sie Wälder roden für Plantagen zum Anbau von Bananen und Ölpalmen und für Kokafelder zur Herstellung von Kokain. Von oben bedroht sie die sich unter dem Einfluss der planetaren Erwärmung verändernde Bergökologie: das Gleichgewicht ihres Mikrokosmos droht zu kippen durch die allzu rasche Schnee- und Gletscherschmelze.

Die Kogi, Arhuaco und Wiwa, die sich selbst als Große Brüder bezeichnen und sich als die Hüter der Welt ansehen, sind entsetzt über die derzeitige Entwicklung in ihrer angestammten Heimat, der höchsten an einer Küste gelegenen Bergformation des Planeten. Geht es ihrem Universum, das ein Sinnbild ihres Herzens ist, schlecht, dann geht es auch ihnen schlecht. Wir Außenstehende, die durch die Unkenntnis ihrer heiligen Gesetze das Gebirgsmassiv der Sierra Nevada de Santa Marta bedrohen und die sie Kleine Brüder nennen, haben diese fatalen Entwicklungen ausgelöst, die für die Großen Brüder als Vorboten des Weltuntergangs zu werten sind.

DIE HOCHKULTUREN DER ANDEN

Während 4000 Jahren peruanischer Geschichte und Kultur sind in der Einsamkeit der unwegsamen Anden und in der glühenden Küstenwüste durch besondere menschliche Anstrengungen eine große Zahl von Hochkulturen entstanden, deren materielle Hinterlassenschaften eine überraschende Vielfalt und einen besonderen künstlerischen Reichtum bekunden. In chronologischer Reihenfolge werden im Folgenden Entwicklung und Verlauf der einzelnen sich überlagernden und ablösenden Kulturen nachvollzogen, wobei die drei übergeordneten, »panperuanischen« Kulturhorizonte von Chavin, Tiahuanaco und dem Inka-Imperium deutlich herausgearbeitet werden: Es sind dies Zeiten, in denen sich aus der Vielzahl der regionalen Entwicklungen übergreifende Kulturphasen ablesen lassen.

Die Fülle der archäologischen Funde in Peru, aus Keramik, Stein und Metallen, zeugt von den kulturellen Leistungen altindianischer Völker. Dank der einzigartigen Fundumstände an der peruanischen Küste konnten die Forscher dort Erstaunliches zutage fördern. Das trockene Wüstenklima bewahrte nämlich am Rande der Oasentäler auch Gegenstände aus leicht vergänglichem Material. Holzarbeiten, überaus feine Textilien, ja sogar Federschmucksachen haben sich im Wüstensand über Jahrtausende nahe-

zu unversehrt erhalten. Sie geben heute einen bemerkenswert lebensnahen, unmittelbaren Eindruck dieser längst vergangenen Kulturen.

AMERIKA ERWACHT

DIE VALDIVIA-KULTUR, DIE WIEGE AMERIKANISCHER ZIVILISATION

Valdivia – so heißt ein kleines Fischerdorf an der Südwestküste Ecuadors, das in den 1960er Jahren in der Archäologie für Schlagzeilen sorgte. Ausgerechnet hier, auf der Halbinsel Santa Elena, 160 Kilometer westlich der Hafenstadt Guayaquil, soll die Wiege der amerikanischen Kultur gestanden haben. Vor über 5000 Jahren blühte an dieser Stelle eine Zivilisation, die bereits Jahrtausende vor dem Imperium der Inkas ihren Höhepunkt erreicht hatte und heute als die älteste der Neuen Welt gilt.

»In Valdivia herrscht Stille. Das Rauschen des Pazifiks und das stetige Rascheln der Fächerpalmen im Wind sind für die Einwohner Alltagsmusik. Man hat das Gefühl, die Zeit stehe und die schlanken Einbäume auf dem Sand seien so alt wie das Meer. Was könnte diese Idylle, fragt man sich, schon Aufregendes bieten? Und doch …!« (Peter Baumann)

In seiner Dürftigkeit lässt dieses Straßendorf aus 100 Fischerhütten die Besucher kaum ahnen, dass hier mit die älteste Keramik der westlichen Halbkugel geschaffen wurde. »Venus von Valdivia« wird eine etwa fingerlange

links Eindrucksvoll schlängelt sich ein Inka-Weg an einer terrassenförmig angelegten Inka-Ruinenstätte vorbei und gibt den Blick frei ins Tal.

Statuette genannt, deren Charme 4000 Jahre und mehr keinen Abbruch taten.

Sie gehört zu den für Valdivia so typischen winzigen Frauenfigürchen aus rot gefärbtem Ton, die mit ihren betonten Geschlechtsmerkmalen, dem üppigen Busen und den fantastisch ausmodellierten langhaarigen, oft hochgetürmten Frisuren sowie dem manchmal rätselhaft-hintergründigen Gesichtsausdruck bestimmt auf einen ausgeprägten Fruchtbarkeitskult hinweisen, der mit dem Feldbau in Verbindung gebracht werden muss.

Maiskörner überdauerten im Ton

Was konnten die Valdivianer wohl vor 5000 Jahren ernten? Die vielen Reibsteine und Handwalzen, die bei Ausgrabungen gefunden wurden, lassen vermuten, dass die damaligen Einwohner bereits eine Maispflanze mit entwickelten Kolben und Körnern anbauten. Dafür spricht auch die Gewohnheit der Töpfer, Maiskörner als stilistisches Motiv vor dem Brennen in den weichen Ton zu drücken. Ihre Anordnung auf einer Scherbe kann man sogar als die Form eines Gesichts deuten, was vielleicht auf die Darstellung einer Art Maisgottheit schließen lässt. Die Menschen an der Küste Ecuadors kannten also nicht nur die Töpferei schon mindestens 1000 Jahre vor den Hochkulturen in Peru und Mexiko, sondern waren auch bereits viel früher mit dem Anbau der Nahrungspflanze Mais vertraut, die sich erst später als das »Korn der Indianer« über den ganzen Kontinent ausbreiten sollte.

Vor über 5000 Jahren bezogen die Valdivianer ihre Grundnahrungsmittel zudem aus dem Meer. In den von der Flut zurückgelassenen Flachwassern fingen sie die Fische und Krebse. Inzwischen entdeckte Angelhaken und Steine für die Netze sind Belegstücke dafür, dass die Küstenbewohner auch Jagd auf Tiefseefische machten.

Die Valdivianer siedelten nicht nur in unmittelbarer Nähe der südwestlichen Küstenzone, sondern bis ins tiefe Hinterland, wo sie sich in dörflichen Siedlungen von beachtlicher Größe niederließen. Ihre Häuser waren stattliche, feste Bauten mit ovalem Grundriss. Als standfestes Mauerwerk diente ihnen eine Balkenkonstruktion, deren massive Hartholzpfosten in den Boden gerammt wurden. So entstand eine typische Valdivia-Dorfanlage in Real Alto, wo einst mehr als 50, wenn nicht sogar 100 Häuser

eine Bevölkerung zwischen 1500 und 3000 Menschen beherbergten. Alle Straßen und Häuserreihen waren im Rahmen eines übergeordneten Siedlungsplanes auf eine ausgedehnte Plaza in der Mitte hin ausgerichtet.

Dieser zentrale und offene Platz war ein heiliger öffentlicher Bezirk, an den die Zeremonienhügel grenzten, wo die Stadt einem grausamen religiösen Kult huldigte. Zerstückelte Menschenreste, die die Aufmerksamkeit der Archäologen erregten, scheinen darauf hinzudeuten, dass das Volk an dieser Stelle die Gunst einer Fruchtbarkeitsgöttin erflehte, der man zerhackte Menschen als Opfer darbrachte.

links Diese zwölf Zentimeter hohe Terrakotta-Figur im Valdivia-Stil datiert aus der Zeit um 1800 v. Chr. und gibt wahrscheinlich eine weibliche Fruchtbarkeitsgottheit wieder. Die Stilisierung der Züge, die schematische Gestaltung von Haar und Armen, die Andeutung der Augen und die massige, doch strenge Silhouette zeigen, dass es dem Künstler nicht um eine realitätsnahe Darstellung ging. Während der Körper noch massiv ausgefallen ist, fußt der hohe Kopf bereits auf einer fortschrittlichen Technik der Valdivia-Keramik.

In Real Alto gab es also schon um 3400 v. Chr. – zeitgleich mit Babylon im Alten Orient – eine städtische Zivilisation. Als religiöser »Mittelpunkt« dürfte die vier Kilometer nordwestlich des heutigen Dorfes Chanduy gelegene Siedlung um 3100 v. Chr. ihre volle Blüte erreicht haben. Dass in Real Alto die monumentalen Bauten der bekannten Ruinenstädte der Azteken, Mayas und Inkas fehlen, schmälert die Bedeutung dieses bislang ältesten Zeremonialzentrums ganz Amerikas keineswegs.

Bereits in der Valdivia-Kultur kam es zur Entfaltung einer noblen Kaste von Astronomen, deren Kompetenz sich für das landwirtschaftliche und für das sakrale Jahr von großer Bedeutung erwies. Ihre Fachkenntnisse kamen auch den Seefahrern zugute.

DIE MENSCHEN VON CARAL, DIE ERFINDER DER STADT

Mit der Entdeckung der ältesten Metropole Amerikas, der mehr als 4600 Jahre alten »Heiligen Stadt von Caral«, warten die Archäologen zur Zeit mit einer wahren Sensation auf: Als so alt wie Ägyptens Pyramiden erweisen sich die durch exakte Radiokarbonmessungen auf das Jahr 2627 v. Chr. datierten Stufenpyramiden bei Caral und ihre von Menschenhand stammenden Inhalte. War vor Jahren den Olmeken im Golf von Mexiko die erste und älteste Hochkultur Altamerikas zugeschrieben worden, hatte La Venta lange als Amerikas früheste formierte Stadtgesellschaft gegolten, so müssen die Forscher jetzt radikal umdenken, denn Caral in Peru scheint – neben der Valdi-

via-Zivilisation mit Real Alto, der ältesten Zeremonialstätte der Neuen Welt – die tatsächliche Mutterkultur des amerikanischen Doppelkontinents zu sein.

Dass sich jetzt auch ein altamerikanischer Standort in die Ursprungszentren menschlicher Zivilisation in Mesopotamien, Ägypten, Indien und China einreiht, bringt die kulturelle Ebenbürtigkeit der Neuen Welt gegenüber der Alten zum Ausdruck. Als in Ägypten die Pyramiden errichtet wurden, gelang den fernen Vorfahren der heutigen Indianer ein gewaltiger zivilisatorischer Sprung nach vorne: die Erfindung der Stadt.

Carals ewige Flamme

Dass die Metropole Caral gerade an einem der unwirtlichsten Orte erbaut wurde, wirkt auf Anhieb befremdlich. Sie entstand nämlich im Tal des Rio Supe in Peru, wo feuchte, sumpfige Niederungen mit Millionen Moskitos an wüstenartiges Gebiet mit grauem, trockenem und fast leblosem Boden grenzen, wo im Osten die eisigen Gipfel der Anden gen Himmel ragen und im Westen die Wellen des Pazifiks gegen die Küste schlagen. Am Fuße der südlichen Cordillera Negra, auf 450 Meter Höhe, 18 Kilometer Luftlinie landeinwärts, etwa 200 Kilometer nördlich von Lima, auf einer Fläche von 110 Hektar, breitet sich »la Ciudad Sagrada de Caral« aus, die die peruanische Archäologin Ruth Shady Solis von der San Marcos University seit ein paar Jahren einem über 4000-jährigen Dornröschenschlaf entreißt. Bislang hat sie sechs pyramidenförmige Erhebungen oder Tempelberge aus gestampfter Erde unterscheiden können, die sich einst hier erhoben und von denen der größte eine Fläche von 160 mal 150 Metern mit einer Höhe von 18 Metern belegte, sowie drei »sunken circular places«, wie es im Archäologenjargon heißt, also drei bis zu 40 Meter durchmessende und drei Meter tief in den Erdboden gegrabene runde Plätze, die an römische Amphitheater gemahnen und nur über in den Stein gehauene Treppen erreichbar sind.

Inmitten der Tempelpyramiden, Nutzbauten und Wohngebäude stehen doppelmannshohe und tonnenschwere Monolithe aus Granit am Treppenaufgang zur größten Pyramide. Woher die behauenen Kolosse stammen, ist nicht nachzuvollziehen, da es in einem Umkreis von 150 Kilometern keine entsprechenden Steinbrüche gibt.

In einer der Plazas stieß Ruth Shady Solis auf die Glanz- stücke ihrer Grabung, 32 fingerlange Querflöten, die aus den Flügelhohlknochen von Pelikanen geschnitzt sind, sich durch Scheidewände aus ungebranntem Ton kennzeichnen und feinste Reliefs von Menschen, Affen, Vögeln und Schlangen als Verzierung aufweisen. Musik muss also in Caral eine wichtige Rolle gespielt haben.

Auch wenn es allerorten Feuerplätze zuhauf gab, be- sticht doch inmitten der kultisch-rituellen Anlage auf einer Pyramide ein besonderer Herd, der durch zwei- faches Mauerwerk geschützt wurde: der runde Altar des Heiligen Feuers, gleichsam Carals ewige Flamme, zu der unterirdische Leitungen frische Luft führten, sodass die Priester an der auf diese raffinierte Weise mit frischem Sauerstoff gespeisten Brennstelle auch schwer entflamm- bare Objekte, wie aus dem 23 Kilometer entfernten Meer herangeschaffte Muschelschalen, den Göttern als Opfer- brand darbringen konnten.

Im Wüstenboden entdeckte man aus der Luft von einem Paraglider aus einen riesigen, mit Felsbrocken ausgelegten Menschenkopf – ein Gesicht im Halbprofil mit offenem Mund, geschlossenem Augenlid und wehendem Haar.

Priester und Händler – aber keine Töpfer

Aus den unterschiedlichen architektonischen Konturen von damals, die viereinhalb Jahrtausende der Witterung ausgesetzt waren, lässt sich noch heute die Schichtung der einstigen Bevölkerung ablesen. Dazu äußert sich Artu- ro Noél, der Assistent von Ruth Shady Solis: »Die Anlage besteht aus einer sakral bebauten und überwiegend privat bewohnten Oberstadt und einer Unterstadt für die sozia- len Belange der damaligen Gesellschaft.« Von luxuriös bis primitiv, von sakral bis profan – so weit reichte schon vor mehr als 4000 Jahren die Differenzierung der mehr- schichtigen Gesellschaft, deren Elite neben den Tempeln in der höher gelegenen Oberstadt in mit Lehm verputzten und weiß, grau, beigefarben oder gelb bemalten Häusern aus Schilfrohr und Holz lebte. Die einfachen Bürger da- gegen, die weniger Privilegien genossen, wohnten einige Meter tiefer in der Unterstadt.

Eine Führungselite aus Priestern und Adeligen muss die räumliche Planung der Metropole und auch das hier- archische Sozialgefüge, das für eine derartige urbane Zivi- lisation unerlässlich ist, durchgesetzt haben. Sie muss auch, um die Bauwerke nach den Sternen auszurichten, über genügend Muße verfügt haben, um den Himmel mit seinen Gestirnen aufs Genaueste zu beobachten. Zudem muss sie so viel Macht besessen haben, dass sie ohne wei- teres zahlreiche Handwerker, Bauern und Zwangsarbeiter für ihre riesigen Bauvorhaben einspannen konnte. So wurden zum Beispiel für den größten der kultischen Plätze 200 000 Kubikmeter Erde bewegt.

Ruth Shady Solis schätzt, dass zur Zeit der größten Blüte von Caral 3000 Menschen dort siedelten, die sich von Bohnen, Kürbissen, Süßkartoffeln, Gurken und Chili ernährten, wie aus Spuren in den Ruinen ersichtlich ist. Die massenhaft gefundenen Reste von Sardinen, Anchovis und Miesmuscheln beweisen, dass Carals Bewohner auch proteinreiche Meeresfrüchte zu sich nahmen, die sie sich bei der Küstenbevölkerung im Tausch gegen binnenländi-

Zivilisation unverzichtbar, die im Großen Vorräte verstauen, Wasser transportieren und kochen muss. Obwohl in Südamerika ein anonym gebliebenes Genie zwischen 6000 und 5000 v. Chr. das Töpfern erfand, gelangte die Kunde davon nicht bis nach Caral, wo die Archäologen bislang keinen einzigen Brennofen, keine einzige tönerne Scherbe aufgespürt haben. Dass die Menschen in Caral vielleicht überhaupt keinen Bedarf an komplizierten,

sche Produkte besorgten. Die Fischer an der Küste, die sie mit Fischen und Muscheln belieferten, bezahlten sie auch noch mit Schilfrohrmatten für deren Fischreusen und mit ausgehöhlten Kürbissen, die als Schwimmer an deren Netzen festgezurrt wurden. Erstaunlich ist, dass der Mais, die Universalpflanze der Indianer Südamerikas, in Caral gänzlich unbekannt war. Erstaunlich auch, dass die Menschen dort die Töpferkunst nicht beherrschten.

Keramiken – wie Schüsseln, Teller, Amphoren, Töpfe aus gebranntem Ton – sind in der Tat für jede städtische

schweren und zerbrechlichen Töpferwaren hatten, weil sie auf im Überfluss vorhandene ausgehöhlte Kürbisse als Universalgefäße zurückgreifen konnten, mutmaßt Ruth Shady Solis, die sich darüber im Klaren ist, dass auch andere Kulturen freiwillig auf Keramikwaren verzichteten.

Wo liegen die Gebeine der verstorbenen Einwohner?
Äußerst merkwürdig ist, dass auf dem gesamten Areal der ältesten Stadt Südamerikas bislang nur die menschlichen Überreste zweier Kleinkinder gefunden wurden, von

Skelett und der Schädel übrig waren, deuteten die Forscher als ein vielleicht völlig nackt bestattetes Kind der Unterklasse.

Mit Ruth Shady Solis können wir darüber rätseln, warum bisher nur zwei Skelette gefunden wurden: »In Caral lebten gleichzeitig mindestens 3000 Menschen. Wo sind deren Überreste?« Das ist wahrscheinlich eines der größten noch nicht gelösten Geheimnisse der ersten und ältesten Stadt Amerikas.

Nur wenn Archäologen wie Detektive forschen und auf Spurensuche, Indizienfunde, Kombinationen und Schlussfolgerungen setzen, können sie derartige Rätsel entschlüsseln. Den kulturellen und wirtschaftlichen Entwicklungsstand einer Stadt wie Caral aus kreisrunden Steinwällen, versenkten Plattformen, zu Vierecken geschichtetem Mauerwerk und gleichförmigen Treppenstufen an der Flanke einer pyramidalen Gesteinshalde, aus Opfergaben, Gefäßen, Musikinstrumenten, Handwerkszeug, Tragenetzen, Textilien, Nahrungsresten, Exkrementen und den Überresten zweier Kinder herauslesen zu wollen, übersteigt bei weitem das normale Maß an Detektivarbeit, ohne die Altertumswissenschaft sich jedoch als ein Ding der Unmöglichkeit erweist.

denen eines durch eine Schutzmauer aus Felsbrocken gegen Tierfraß gesichert war. »Bei diesem Exhumat handelt es sich um ein etwa sechzehn Monate altes Kind männlichen Geschlechts«, vermerkt der mit der Ausgrabung befasste Allgemeinmediziner Carlos Vecco Raschio im Auftrag von Ruth Shady Solis. »Es weist Frakturen an den Rückenwirbeln und am Schädel auf, sehr wahrscheinlich die Todesursache. Das Kind wurde vermutlich geopfert – entweder den Göttern oder aus Gründen der Geburtenkontrolle.«

Der normale Wuchs und der gute Knochenzustand des Kindes erwiesen sich als sehr aufschlussreich, bestätigten sie doch die vitamin- und proteinreiche Nahrungszufuhr der Caral-Menschen, die vielleicht eine Überbevölkerung ausgelöst hatte, deren Ausmaße die Priester durch Kindestötung zu begrenzen suchten. Doch die Frakturen an Schädel und Rückgrat und die Grabbeigaben lassen vielmehr auf ein Götteropfer schließen, wie es auch bei späteren Kulturen, den Azteken in Mexiko und den Inkas im andinen Raum, in dieser Art immer wieder vorgekommen ist. Eine zweite Kindesleiche, von der nichts als das blanke

Das erste Bewässerungssystem Amerikas brachte eine Überflussgesellschaft hervor

Der Rätselfrage, warum die Caral-Menschen einer der fischreichsten Küsten des Planeten ohne erkennbare Not den Rücken zukehrten, um sich im kargen Landesinneren niederzulassen, hat die Archäologin Ruth Shady Solis eine wissenschaftliche Studie gewidmet, die eine Grundfeste der Altamerikanistik zum Wanken brachte, nämlich die bei den meisten Forschern tief verankerte Überzeugung, dass sesshafte Frühkulturen nur entlang der andinen Küste siedelten und sich nie die Wüste zum Lebensgebiet erwählten. In ihrer Untersuchung zum Thema »El Niño und sein Einfluss auf die vorspanischen Gesellschaften« beschäftigt sie sich mit der Klimaanomalie »El Niño«, die etwa alle fünf bis zehn Jahre um die Weihnachtszeit (daher die Bezeichnung »El Niño«, »Christkind«) vor den Küsten Perus und Ecuadors beobachtet wird und sich besonders im östlichen tropischen Pazifik durch eine Erhöhung der Wassertemperaturen um einige Grad Celsius äußert, was zur Folge hat, dass die regenreichen Monsungewalten Südostasiens ihre Richtung ändern und taifunartig über die trockene Westküste Südamerikas hereinbrechen. Nach den drastischen Überschwemmungen kommt meist »La Niña«, die kalte Schwester des Christkinds, die mit anhaltender Dürre und niedrigen Temperaturen aufwartet. Des Weiteren kann es im Gefolge dieser atmosphärisch-ozeanischen Wechselwirkungen durch die damit verbundene Störung der biologischen Nahrungskette im Meer in Extremfällen zum Sterben der Seevögel und dem Zusammenbruch der Fischerei kommen.

So saß den Küstenbewohnern Altperus ständig der Terror des Pazifischen Ozeans und der Horror Vacui der Wüste im Nacken. Sie mussten sich von beiden extremen Klimazonen vollständig eingekreist und ausgelaugt fühlen. »El Niño« stürzte regelmäßig über sie herein und schien in der Tat unvermeidlich, sodass sie sich in einer ausweglosen Falle wähnten, der unheilvolle Ozean vor ihnen, die Bedrohung durch die Wüste im Rücken. Ihnen blieb nur der strategische Rückzug ins Landesinnere, wo sie sich den Gefahren der Wüste stellen mussten. Als sie im Tal des Rio Supe ankamen, lernten sie, mit dem Wasser des Flusses und mit der Kraft aus Strom und Gefälle nutzbringend umzugehen. So machten sie aus der Not eine Tugend und schufen das erste Irrigationssystem Amerikas durch die Konstruktion von Kanälen und später sogar von Terrassen an den Uferflanken des Supe. »Die Einführung der künstlichen Bewässerung in die Landwirtschaft der Anden war mindestens so bedeutend wie die Erfindung

des Rads«, hält Ruth Shady Solis fest. In der Tat: Ohne diese geniale Erfindung hätte die anfangs am Meer lebende Frühkultur bei ihrem Marsch landeinwärts im durch Trockenheit, extreme Hitze und oft gänzlich fehlende Vegetation gekennzeichneten Todesstreifen der Wüste zwischen der Küste und den Bergen nicht die mindeste Überlebenschance gehabt. Ein ausgedehntes Hochplateau aus Sand und Felsschutt, eine von nackten Bergketten umringte Einöde, sollte ihre neue Heimat werden, in der die einstigen Fischer schließlich zu wohlhabenden Bauern aufstiegen.

Durch agrarische Spitzenleistungen erwirtschafteten die Caral-Menschen weitaus mehr als sie zum täglichen Verzehr brauchten. Ihren Überschuss an Feldfrüchten und Baumwolle brachten sie in einen regen Tauschhandel mit Berg- und Küstenvölkern ein. Darüber hinaus trieben sie einen einträglichen Fernhandel mit Waldvölkern jenseits der Anden und machten aus ihrer Stadt eine bedeutende Drehscheibe im Warenaustausch zwischen Perus Pazifikküste und dem Innern Südamerikas. »Florierender Binnen- und Außenhandel führen naturgemäß zu einer Überflussgesellschaft«, bemerkt Ruth Shady Solis. »Diese kann sich mehr leisten als den bloßen Einsatz ihrer Kräfte für das tägliche Überleben.«

So bündelten im Supe-Talbecken mehrere aufblühende Siedlungen ihre Kräfte und schufen sich eine gemeinsame Hauptstadt in vornehmer Höhenlage, Caral, die der Bildungselite als politisches und religiöses Zentrum diente. Die Führungsschicht, die von der Nahrungsmittelproduktion ausgenommen war und sich deswegen voll und ganz in den Bau von Tempeln, Versammlungsstätten und Wohneinheiten einbringen konnte, zeichnete verantwortlich für die genaue Planung der Metropole, die axiale Ausrichtung der Heiligtümer und die sachkundige Verwendung von unterschiedlichen Baumaterialien. Dass sie präzise Kenntnisse in Geometrie, Arithmetik, Topographie und sogar Himmelskunde aufweisen musste, davon zeugt ihr kultureller Aufstieg, der seltsamerweise in dem schroffen peruanischen Streifen Wüste zwischen Pazifik und Anden begann und um 1800 v. Chr. offenbar ein jähes, bislang unerklärliches Ende fand, dessen Geheimnis noch unter dem Sand im Boden der zerklüfteten Einöde verborgen liegt.

links Vom Steinkreis aus führen durch große, tonnenschwere Monolithe markierte Treppen hinauf zu den Resten einer Pyramide.

DIE LEUTE VON SANTA ANA FLORIDA, DIE HERREN DER GRÜNEN HÖLLE

Straßenarbeiten zur Schaffung besserer Verbindungen zwischen den Dörfern der flussreichen Region Zamora Chinchipe brachten überraschende Funde an den Tag. Beim Versuch, mit Baggern Schneisen in ein enges Tal des östlichen Andenabhangs an der Grenze zu Peru zu graben, stieß ein Bautrupp 1997 tief im Amazonasgebiet von Ecuador im schlammigen Boden auf ungewöhnlich fein polierte Steinbehälter aus rot-weißem Felsgestein, die mit Furcht erregenden Schlangenköpfen, fauchenden Katzenmäulern und gefährlichen Raubvogelkrallen verziert waren.

Als drei Jahre später der Zufall die kostbaren Gefäße einer Gruppe von französischen und ecuadorianischen Archäologen in die Hände spielte, erhärtete deren akribische Untersuchung den ersten Augenschein: Ihr Befund, dass den Schalen ein Mindestalter von 4500 Jahren zuzusprechen sei, erwies sich als wahre Sensation.

Wegbereiter für Chavin

»Dass derartige alte Gefäße im unerforschten Gebiet des westlichen Amazonas entdeckt wurden, faszinierte uns sehr. Die Fundstücke haben keine Ähnlichkeit mit den Objekten, die ich seit 25 Jahren auf verschiedenen Stätten in Ecuador und Peru ausgegraben habe«, vermerkt Jean Guffroy vom »Institut de recherche pour le développement« in Orléans. Denn der blank geriebene Stein und die filigranen Gravuren waren ein untrügliches Zeichen dafür, dass die Archäologen im Dschungel Amazoniens eine bislang unbekannte Hochkultur aufgespürt hatten, offenbar um mehr als 1000 Jahre älter als die Zivilisation von Chavin, die gemeinhin als die erste höhere Gesellschaftsform im präkolumbischen Südamerika gegolten hat.

Die Wissenschaftler hatten bislang vorausgesetzt, dass es zwecklos sei, im westlichen Amazonasgebiet nach Spuren von Hochkulturen zu suchen, weil dort Temperatur, Vegetation und Feuchtigkeit von vornherein die Entfaltung fortgeschrittener Sozietäten ausschließen würden. Die Franzosen Jean Guffroy, Geoffroy de Saulieu und Francisco Valdez sowie der Ecuadorianer Julio Hurtado waren die ersten Spatenforscher, die sich im Oktober 2000

bis ins Flussnetz von Isimanchi, Valladolid, Palanda und Mayo vorwagten. Erst zwei Jahre später, im Oktober 2002, wurden sie fündig. In Santa Ana Florida, am oberen Lauf des Rio Palanda, beanspruchten drei seltsame, an einer Flussterrasse angeordnete Erhebungen ihre ungeteilte Aufmerksamkeit. Als sie zu graben begannen, stießen sie auf einen mehr als zwei Meter tiefen Graben, dessen Wände mit Steinbrocken ausgelegt waren. In der Senke fanden sie Anzeichen von häufigen Feuerkontakten. »Wir gehen davon aus, dass es sich hierbei um Kult- und Begräbnisstätten handelt«, erklärt Jean Guffroy, dessen Radiokarbonuntersuchung ergab, dass diese Stätte um 2450 v. Chr. entstanden sein musste.

»Die außergewöhnliche Qualität der Schüsseln sowie die entwickelte Architektur der Begräbnisstrukturen lassen vermuten, dass diese neu entdeckte Kultur ein Vorläufer von Chavin war«, mutmaßt Guffroy. »Eigentlich dachte man, die Chavin-Kultur habe die Grenze Perus nie überschritten – jetzt müssen wir vieles noch einmal überprüfen.«

Der Formenreichtum der in Santa Ana Florida gefundenen Objekte erinnert in der Tat an die Artefakte der frühen Anden-Kultur, die nach ihrem Zentrum Chavin heißt, einige hundert Kilometer weiter südlich in Peru angesiedelt war und bis vor kurzem noch als die erste Zivilisation Südamerikas angesehen wurde.

Einen großen Krug, der mehrere kleine Ketten aus Jadesteinen sowie das Fragment eines menschlichen Schädels barg, werteten die Archäologen als einen ihrer bedeutendsten Funde, den Jean Guffroy als einen weiteren »Kieselstein« von einem noch unbekannten Gebirge bezeichnete.

Der mysteriöse Sprung zur Hochkultur

Dass die Chancen, dieses Gebirge in voller Größe freizulegen, als minimal einzustufen sind, ist dem dichten Urwald, den sauren Böden, dem katastrophalen Erhaltungszustand im feuchten Dschungelgebiet anzulasten. Obwohl

rechts Im Regenwald nahe Santa Ana Florida (Ecuador) entdeckten Archäologen die gleichnamige Hochkultur.

die Archäologen auch benachbarte Täler in ihre Suche einbezogen haben, ist ihnen der große Durchbruch bislang verwehrt geblieben. »Aber wir geben nicht auf. Dafür sind die Erkenntnisse, die wir über diese neue Kultur erlangen, zu wertvoll«, meint Guffroy.

Viele Geheimnisse ranken sich noch um diese Vorläuferzivilisation von Chavin. Wer herrschte hier – ein einfacher Häuptling oder bereits ein König, der auf komplexere staatliche Strukturen zurückgreifen konnte? Wie

viele Menschen siedelten einst hier? Welche Götter flehten sie in ihren Gebeten an? Warum kam es zum Zusammenbruch ihrer Gemeinschaft?

Die Menschen von Santa Ana Florida, deren Steinskulpturen auf eine hoch entwickelte Poliertechnik schließen lassen und eine starke symbolische Verbundenheit zum Regenwald widerspiegeln, hatten sich eine »Grüne Hölle« mit einem heißfeuchten Klima zur Heimat auserkoren. Ob sie wohl an den unmöglichen Umweltbedingungen scheiterten? Und warum hatten sie sich gerade mitten im unwirtlichsten Urwald niedergelassen? Vielleicht, weil dieses Land so abweisend war, dass den dort lebenden Menschen gar nichts anderes übrig blieb, als Städte und hochkomplexe Gesellschaftsformen zu gründen.

»Zivilisationen können … gerade dort Wachstumsperioden erleben, wo das Klima den Menschen Herausforderungen bietet und sie nicht mit zu einfachen Bedingungen verwöhnt.« Diese Überzeugung äußerte der britische Universalhistoriker Arnold Toynbee im zwanzigsten Jahrhundert. Seine Auffassung könnte durch die Leute von Santa Ana Florida schon vor Jahrtausenden eine frühe Bestätigung gefunden haben.

DIE CHAVIN-MENSCHEN, DIE KINDER DES JAGUARS

Ab etwa 1200 bis ungefähr 300 v. Chr. verbreitete sich in großen Teilen Perus ein Kunststil, der vom nordperuanischen Andengebiet ausging und seinen heutigen Namen der Ruinenstätte Chavin de Huantar verdankt. Der in einem von Berggipfeln umragten, engen Tal gelegene Ort war einst ein bedeutendes Zeremonialzentrum, in dem sich Pilger aus allen Himmelsrichtungen zur Zwiesprache mit den Göttern einfanden. Der Haupttempel, der von den heutigen Peruanern fälschlich als »Schloss« (El Castillo) bezeichnet wird, setzt sich aus rechteckigen, bis zu zwölf Meter hohen Bauteilen zusammen, die U-förmig einen zentralen Platz umschließen und immer wieder durch Gänge und winzige Kammern miteinander verbunden sind. Ursprünglich waren die Außenwände der Tempelanlage reichhaltig mit Steinplastiken und Reliefs verziert, die Tier- oder Menschenköpfe darstellten.

links Gesamtsicht der Ausgrabungsstätte Chavin de Huantar, die als Tempelanlage nach Osten zum Urwald hin ausgerichtet ist.

oben links Im Ruinenkomplex von Sechin, der 1937 vom peruanischen Archäologen Julio C. Tello entdeckt wurde, sind bislang über 300 Reliefplatten ausgegraben worden, die Kampfszenen und Krieger oder Priester mit topfartigen Helmen zum Inhalt haben. Die auf den Reliefs abgebildeten Figuren tragen Waffen oder religiöse Gegenstände in den Händen und steigen über Leichenteile besiegter Gegner. Die Gesichter ähneln sehr deutlich der Raubkatzengottheit von Chavin de Huantar.

oben rechts Im Innern der Hauptpyramide von Chavin steht »El Lanzón«, ein 4,60 Meter hoher Monolith, dessen spanischer Name »Große Lanze« bedeutet: Ein halb raubkatzen-, halb menschengestaltiges Götterbild, das aus der Zeit von 850 bis 800 v. Chr. stammt und den »Großen Gott« darstellt, der durch sein Jaguargesicht mit zahlreichen Schlangen in den Zähnen und an den Haarenden auffällt.

Die Archäologen stießen bei ihren Grabungen in Chavin de Huantar auch auf Bildwerke der drei Hauptgottheiten, deren Namen verloren gegangen sind. Heutige Forscher gebrauchen die Ausdrücke »Großer Gott«, »Kaiman-« oder »Krokodilgottheit« und »Stabgott«. Auf einer in den unterirdischen Gängen des Tempels gefundenen Granitsäule, die der Klinge einer riesigen Lanze ähnelt und aus diesem Grund »El Lanzón« genannt wird, ist der »Große Gott« abgebildet, ein Wesen – halb Mensch, halb Jaguar – mit Raubtiermaul und Haaren, die in Schlangenköpfen enden. Die »Kaiman-« oder »Krokodilgottheit« ist auf dem so genannten »Tello-Obelisken« wiedergegeben. Den »Stabgott« sieht man auf der nach dem italienischen Reisenden und Peru-Forscher Antonio Raimondi benannten »Raimondi-Stele«. Seinen Namen verdankt dieses von übereinander getürmten Raubtierrachen gekrönte Gottungeheuer zwei Stabbündeln oder Zeptern, die es in beiden Händen hält.

Die Wallfahrt zum Raubtiergott

Wir können also von einem wandelbaren Bild der Chavin-Gottheit sprechen, die immer als mythisches Wesen auftritt, in der Form eines Jaguarmenschen mit einem Schlangengürtel oder in der Gestalt eines Kondors, des Riesenvogels der Anden. Auf Objekten aus Stein, Muschelschale, Knochen, Keramik, Metall und auf Textilien ist der Raubtiergott zu finden. Gewöhnlich ist er nicht in all seinen Details gezeichnet oder gemalt, sondern weist nur gewisse Einzelheiten auf wie die mächtigen Pranken, die scharfen Reißzähne, die blutunterlaufenen Augen oder sonstige charakteristische Teilaspekte.

Dieser merkwürdige Gott stand im Mittelpunkt einer vermutlich voll ausgebildeten Religion, die zahlreiche Wallfahrer anlockte. Chavin war nämlich keine ständig bevölkerte Stadt, sondern nur ein zeitweise besuchtes Zeremonialzentrum, wie der amerikanische Archäologe Wendell C. Bennett annimmt:
»Während einer oder mehrerer Wochen des Jahres pilgerten viele Menschen zu religiösen Feiern nach Chavin de Huantar. Wenn sie dann in großer Zahl versammelt

oben Steinerne Darstellung eines Priesters unter dem Einfluss einer halluzinagogen Droge aus der Ruinenstätte Chavin de Huantar.

waren, wurde Baumaterial zusammengetragen, Steine wurden gerichtet und einige der größten Steinplatten an ihren Platz gebracht. Nach Beendigung der Festlichkeiten, wenn die Wallfahrer an ihre entlegenen Wohnstätten zurückgekehrt waren, vollendeten Bauspezialisten mit einigen ansässigen Handlangern den Bau.«

Die in Chavin hergestellten Tongefäße zeichnen sich durch die Ausgewogenheit von Geradlinigkeit und Kurvenreichtum aus. Als Formen wurden elegante Flaschen mit engem Hals, flache Schalen mit gerader oder leicht eingezogener Wandung und leicht zylindrische Näpfe mit senkrechtem »Steigbügelausguss« bevorzugt. Für die Dekoration der Tonware griff man auf die Techniken des Modellierens, Ritzens, Eindrückens von Schaukelmustern und der Schraffierung der rot, braun oder schwarz polierten Gefäßwand zurück.

Die Chavin-Kultur kannte bereits eine entwickelte Landwirtschaft. Den Maisanbau pflegte man im zentralen Andengebiet damals bereits seit etwa 3400 Jahren. Noch viel früher war man schon mit der Kultivierung von Bohnen und Baumwollarten vertraut. Die Chavin-Menschen zähmten auch Hunde und Lamas. Das Lama erwies sich als sehr wichtig im Leben der Anden-Indianer. Es war stark genug, um Lasten zu tragen, sein Fleisch konnte als Nahrung, seine Wolle zur Kleidung und sein Kot als Brennstoff verwertet werden. Damals züchtete man noch Lamas mit fünf Zehen, während die heutigen Tiere mit zwei Zehen auskommen müssen.

Die Werkzeuge bestanden aus Stein oder Knochen. Die Handwerker verarbeiteten Gold und Silber zu Schmuckgegenständen. Sie hatten eine ausgeprägte Vorliebe für Ohrgehänge, die sie stets mit dem typischen Motiv des katzenartigen Raubtiers und Gottes verzierten.

Das geistige Band zwischen Chavin-Menschen und Olmeken

Da es einige auffallende Parallelen zwischen der Chavin-Kultur und der Zivilisation der Olmeken gibt, haben Forscher versucht, eine Verbindung zwischen den beiden alten Kulturkreisen herzustellen. Als die Chavin-Menschen in Peru ihren kulturellen Höhepunkt erreichten, prägten die Olmeken etwa zur selben Zeit die Kulturlandschaft Mesoamerikas. Ähnlichkeiten in der Keramik, die monumentale Steinarchitektur und vor allem der Jaguarkult sprechen dafür, dass damals zwischen diesen kulturellen Großräumen enge Beziehungen bestanden haben müssen. So ist Michael Coe, der eine Olmeken-Stadt an der Pazifikküste Guatemalas ausgrub, zum Schluss gekommen, dass einst olmekische Händler von der mexikanischen oder guatemaltekischen Westküste aus bis nach Peru gesegelt seien und dort maßgeblich an der Entstehung der Chavin-Kultur mitgewirkt hätten. Andere Archäologen vertreten jedoch die gegenteilige Auffassung: Die Chavin-Menschen seien zum Teil nach Norden ausgewandert und am Golf von Mexiko unter der Bezeichnung Olmeken in die Geschichte eingegangen. Julio C. Tello, der peruanische Altamerikanist indianischer Herkunft, glaubt hingegen zu wissen, dass dort auch der Jaguarkult entstanden sei.

Auch wenn die Wissenschaftler heute noch darüber streiten, wie das geistige Band zwischen den beiden Kulturkreisen zustande gekommen sein mag, liegt es nahe, dass es eine Interaktion zwischen den »Kindern des Jaguars« gegeben hat, wie Michael Coe in seinem Buch mit demselben Titel die Chavin-Menschen und die Olmeken genannt hat.

DIE TIAHUANACO-MENSCHEN UND IHRE »EWIGE STADT«

So nahe den Sternen, so ferne den Menschen liegt Tiahuanaco, das Baalbek der Neuen Welt, die zugleich berühmteste und durch Plünderungen am meisten zerstörte Ruinenstätte Südamerikas. Sie erhebt sich mitten in den Anden auf dem weiten Altiplano, jener kalten Hochebene, die von den schneebedeckten Riesen der Kordilleren umrahmt wird, nicht weit von den Ufern des höchstgelegenen schiffbaren Sees der Welt, des Titicaca-Sees, in dessen blau-grünen Wassern sich die 200 Kilometer entfernten Gebirgsgipfel spiegeln. Nur in dieser überwältigenden Landschaft konnte eine so grandiose Stadt wie Tiahuanaco entstehen. Ein seltsamer Zauber geht von ihr aus und nimmt jeden Besucher gefangen.

Diesem besonderen Reiz erlag auch der tschechoslowakische Altamerikanist Miloslav Stingl, als er Tiahuanaco zum ersten Mal besuchte: »Die letzten Strahlen der untergehenden Sonne erloschen auf den entfernten, ewig weißen Schneefeldern der Kordilleren, nahe der Stadt dehnten sich von Horizont zu Horizont die schimmernden Wasser des Titicaca, des Sonnensees. Eine Landschaft ohne Bäume und fast ohne Leben – Einsamkeit und Totenstille. Nur ein kalter Wind blies unaufhörlich. Es war eigentlich der einzige Laut, der zu vernehmen war. Sonst herrschte eine fast unwirkliche Ruhe. Denn es war eine tote Stadt. Und ihre innere, verborgene Sprache, die Sprache der hundert Tonnen schweren Steinquader, die Sprache der sieben Meter hohen Monolithstatuen, die Sprache des berühmten Sonnentores, alle diese geheimen Stimmen des alten Tiahuanaco musste der Ankömmling erst verstehen lernen. Alsbald ging die silberne Sichel des Mondes am Himmel auf, und in der dünnen Luft des Altiplano funkelten die Sterne wie nirgends sonst auf der Welt.«

Der Inka Mayta Capac als Namensgeber

Tiahuanaco ist nicht der wirkliche Name der fantastischen steinernen Metropole am Titicaca-See. Die Bezeichnung geht zurück auf die Inkas, zu deren Zeit die ursprünglichen Bewohner die prächtige Stadt schon längst für immer verlassen hatten. Als der Inka Mayta Capac, so will es die Überlieferung, in der Ruinenstätte weilte, soll ihm ein schweißüberströmter und atemloser Eilbote aus Cuzco eine wichtige Botschaft überbracht haben. Von der Schnelligkeit des Läufers beeindruckt, verglich der Herrscher den Kurier mit dem Guanako, jenem lamaähnlichen Tier, das auf den Hochebenen Perus heimisch ist. In seiner Bewunderung für die Leistung des Mannes forderte er ihn auf, neben sich Platz zu nehmen, was für einen gemeinen Untertanen seines Reiches eine unerhörte Ehrung bedeutete. »Tia Huanaco!« – »Setz dich, du Läufer, pfeilschnell wie ein Guanako!« soll der Inka ihn in der Quechua-Sprache angeredet haben. Und mit diesem Quechua-Ausdruck wird auch heute noch die uralte Stadt bedacht, deren richtiger Name sicherlich anders lautete. Manche Forscher sind heute der Ansicht, dass Tiahuanaco ursprünglich »Inti Huahan Haque« hieß, was »Ort der Söhne der Sonne« bedeutet, oder einfach »Ewige Stadt« genannt wurde. Dennoch sind sich die Gelehrten bereits seit Jahrzehnten darüber einig, Tiahuanaco den Namen

links Als eine der schönsten Bildsäulen in der Kala-sasaya von Tiahuanaco erweist sich der 3 Meter hohe Ponce-Monolith – so genannt nach dem bolivianischen Archäologen Carlos Ponce Sanginés – , dessen kunstvolle Reliefbearbeitungen einen komplexen Agrarkalender darstellen.

rechts In der faszinierenden Salzwüste Uyuni, die einst zum Gebiet der Tiahuanaco-Menschen gehörte, liegt der Sol de Manana mit seinen Geysiren.

gebirgsgegend derart wuchtige Baulichkeiten zu errichten und das benötigte Baumaterial von weither herbeizuschaffen.

Hatte der sprichwörtliche Zahn der Zeit bereits in präkolumbischen Zeiten an Tiahuanacos Mauerwerk genagt, beschleunigte sich der Verfall der Stadt in der Kolonialzeit, als die um den Titicaca-See siedelnden Indianer die alte Metropole als Steinbruch neu entdeckten und im Laufe der Jahre tausende Tonnen sorgfältig gehauener Steine entwendeten. In den umliegenden Dörfern kann man noch heute sehen, wie wertvolle Tiahuanaco-Steine in den rohesten Mauern verbaut sind. Aber eine noch schlimmere Verwüstung als die Indianer richteten die Erbauer der »Eisenbahn des Fortschritts« an, als sie mit dem Segen der bolivianischen Regierung Tiahuanacos Mauern und Standbilder mit Dynamit in die Luft sprengten und mehrere hundert Lastwagen voll Quadersteinen abtransportierten. Dem Archäologen, der sich gegen die barbarische Zerstörung zur Wehr setzen wollte, entgegnete der leitende Ingenieur: »Das gereicht diesen Steinen nur zur Ehre. Man wird von ihnen sagen, dass sie zwei Kulturen gedient haben – der ihren und der unseren!«

Erst nach dem Zweiten Weltkrieg hat sich der bolivianische Staat auf den Wert der denkwürdigen altindianischen Stadt besonnen und dafür Sorge getragen, dass das von emsigen »Steinbrechern« verheerte Tiahuanaco nach und nach rekonstruiert wurde. Seit 1957 besteht Boliviens staatliches »Zentrum für die archäologische Erforschung Tiahuanacos«, dessen Leitung von Anfang an der Archäologe Carlos Ponce Sanginés übernommen hatte.

zu belassen, den der Sage nach der Inka Mayta Capac der Stadt gegeben habe.

Seitdem die ersten Europäer die gewaltigen megalithischen Bauten erblickt hatten, stellten sich alle Besucher aus der Alten Welt schon die Frage, wer wohl Tiahuanaco gegründet habe und wann die indianische Metropole entstanden sei. So waren die Indianer, die zur Zeit der spanischen Conquista am Titicaca-See lebten, der Meinung, eine solch gigantische Stadt könne nicht das Werk von Menschen sein, sondern eine besondere, ausgestorbene Rasse von Riesen müsse sie erschaffen haben. Wenn auch die Europäer nicht an die indianische Mär der Riesen glaubten, waren sie sich doch des hohen Alters der Metropole bewusst. Nach und nach kamen die Forscher zu der Auffassung, dass Tiahuanaco von den Schöpfern eines mächtigen vorinkaischen Reiches erbaut worden sein müsse, denen es gelungen sei, in der schwer zugänglichen Hoch-

Die Hochkulturen der Anden **36**

»Sonnentor« und »Pumator«

Die eigentümliche melancholische Atmosphäre, die das traurig stimmende, waldlose bolivianische Hochland verströmt, bemächtigt sich des Besuchers schon bei den ersten Schritten durch Tiahuanaco. Eine seltsame Erregung überkommt ihn beim Anblick der bekannten aus einem Stück gemeißelten Statuen, des berühmten »Sonnentors«, der riesigen Steinquader, von denen der größte 131 000 Kilogramm wiegt, der Erdpyramiden und der halb eingestürzten Paläste. Die Ruinen sind eindeutig in mehrere Bezirke gegliedert. Zwei mächtige Pyramiden ragen aus dem flachen Altiplano hervor. Die eine, Akapana

Mauern sollen zum ehemaligen Hafen der Stadt gehört haben. Früher habe der Wasserspiegel des Titicaca-Sees 34 Meter höher gelegen, wie einige Forscher aufgrund geologischer Indizien vermuten. Dadurch habe der »Sonnensee« eine viel größere Ausdehnung besessen und bis an Tiahuanaco herangereicht, das heute mehr als 20 Kilometer vom See entfernt liegt.

Der am besten wieder aufgebaute Stadtteil wird Kalasasaya genannt und wurde 1540 erstmals von dem Spanier Cieza de Leon beschrieben: »Hier steht ein gewaltiges Gebäude, dessen Patio 15 Meter im Quadrat misst, mit Mauern, die mehr als zwei Manneslängen hoch sind. An der einen Seite befindet sich eine Halle von 7 mal 16 Meter, mit einem Dach, das genauso gebaut ist wie die Dächer der Sonnentempel zu Cuzco. Dieser Saal hat viele große Portale und Fenster. Die Lagune des Sees umspült die Treppe. Die Eingeborenen sagen, dass der Tempel dem Viracocha, dem Schöpfer der Welt, geweiht ist.«

In der Nordwestecke der Kalasasaya erhebt sich das bekannteste und wohl auch schönste steinerne Monument Tiahuanacos, das aus einem einzigen Andesitblock von 3 mal 3,80 Meter gehauene Sonnentor, auf dessen Querbalken das Porträt eines geheimnisvollen Gottmenschen abgebildet ist. Aus dem kunstvoll gearbeiteten Relief sticht

eine gedrungene menschliche Gestalt hervor, deren übergroßer Kopf an das Maul einer Raubkatze erinnert. Die 24 Strahlen, die das Haupt umgeben, laufen in einem Jaguar- oder Pumakopf aus. In beiden Händen hält der seltsame Gott große Stäbe oder Zepter, die in Kondorköpfen enden. Die Bäche von Tränen, die aus seinen Augen fließen, symbolisieren den Regen und die Feuchtigkeit, mit

genannt, ist eine künstlich aufgeschichtete Terrasse von 15 Metern Höhe, die einst – so glaubt man – von einem Tempel oder einer Opferstätte gekrönt wurde. Die andere, mit dem Namen Puma Punku, Tor des Pumas, ist wiederum ein terrassenartig angelegter Bau, dessen gewaltige Steinblöcke zum Teil durch »Kupferklammern« miteinander verbunden sind. Die das Puma Punku umgrenzenden

links Das Aymara-Wort Kalasasaya, das eine tempelartige Sonnenwarte mit den gewaltigen Ausmaßen von 128 x 118 Meter bezeichnet, bedeutet soviel wie „stehende Steine" und bezieht sich auf die in der Anlage gefundenen Skulpturmonolithen, die als anthropomorphe Bildsäulen die Götter in Menschengestalt darstellen.

rechts In der Kalasasaya sticht als unvollendetes Glanzstück der Tiahuanaco-Steinmetzkunst das berühmte Sonnentor (»Intipunku«) hervor, das aus einem einzigen 3 Meter hohen und 3,80 Meter breiten Andesitblock mit einer 1,40 Meter hohen und 60 Zentimeter breiten Türöffnung herausgehauen wurde. Der bekannteste Monolith des Ruinenkomplexes stammt aus dem 6. Jahrhundert n. Chr. und wird auf etwa 10 Tonnen Gesamtgewicht geschätzt.

denen er die Felder fruchtbar hält. Links und rechts wird er von drei Reihen geflügelter Tiahuanaco-Sphinxe, halb Mensch, halb Vogel, umrahmt, die von beiden Seiten auf ihn zueilen und ebenfalls einen in Tierköpfe übergehenden Stab in der Hand tragen.

Kon-Tiki Viracocha als Schöpfer der Welt und Kulturbringer

Die Zentralfigur auf dem Relief am Sonnentor stellt wahrscheinlich den Schöpfer der Welt dar, Kon-Tiki Viracocha. Wenn wir den altperuanischen Mythen über den Beginn des Universums Glauben schenken dürfen, dann war es der Gott Kon-Tiki Viracocha, der die Zeit ewiger Finsternis beendete. Er stieg aus den Wassern des Titicaca-Sees empor, gründete Tiahuanaco an dessen Ufern, schuf dann die Sonne und alle anderen Himmelsgestirne, bevor er steinerne Modelle der zukünftigen Menschen herstellte und diesen Leben einhauchte. Die überlieferten Sagen von Viracocha und dem heiligen Tiahuanaco beschäftigen die heutigen Forscher noch immer, die über die Frage nachsinnen, ob die denkwürdigste Stadt ganz Südamerikas nicht das Vermächtnis eines weißen Gottes sein könnte.

Der wagemutige norwegische Seefahrer Thor Heyerdahl stieß bei seiner Suche nach Übereinstimmungen zwischen Tiahuanaco sowie generell dem alten Peru und der Kultur der Bewohner Polynesiens auf merkwürdige Aussagen, die die Inkas den ersten spanischen Chronisten Perus gemacht hatten: »Sie (die Inka-Indianer) erzählten ihnen, dass die ungeheuren Denkmäler, die so verlassen in der Landschaft standen, von einem Geschlecht weißer Götter erbaut worden seien, die hier gewohnt hätten, bevor die Inkas selbst die Macht übernahmen. Diese verschwundenen Baumeister wurden als weise und friedliebende Lehrer geschildert, die ursprünglich einmal, im Anfang der Zeiten, von Norden hergekommen waren und die primitiven Vorväter der Inkas in Baukunst und Ackerbau wie auch in Sitten und Gebräuchen unterwiesen hatten. Sie unterschieden sich von allen anderen Indianern durch weiße Haut und lange Bärte und waren auch höher an Wuchs. Schließlich verließen sie Peru so plötzlich, wie sie gekommen waren. Die Inkas übernahmen selbst die Macht im Lande und die weißen Lehrmeister verschwanden für alle Zeit in westlicher Richtung von Südamerikas Küste über den Stillen Ozean.«

Namen des in Tiahuanaco verehrten Gottes, dessen Bild er sogar im Segel führte. Drei Monate auf offenem Floß, schwersten Stürmen und gefahrvollen Riffen ausgesetzt, steuerlos von Wasser und Winden in die Ferne getrieben – es gehörten schon Leidenschaft und Hingabe dazu, um sich einem Wasserfahrzeug anzuvertrauen, wie es der sagenhafte Häuptling der Vorinkazeit vor 1500 Jahren benutzt haben konnte. Trotz dieser Leistung sind die Fachleute noch immer nicht davon überzeugt, dass die Bewohner und die Kulturen Polynesiens aus Altperu, genauer aus Tiahuanaco, stammen sollen.

Heyerdahl legte die alten Quellen auf seine eigene Art aus: »Der ursprüngliche Name des Sonnengottes Viracocha, der anscheinend in der alten Zeit Perus verwendet wurde, war Kon-Tiki oder Illa-Tiki, was Sonnen-Tiki oder Feuer-Tiki bedeutet. Kon-Tiki war der oberste Priester und Sonnengott der weißen Männer aus den Legenden der Inkas, die die ungeheuren Ruinen am Titicaca-See hinterlassen haben. Die Legende berichtet, dass Kon-Tiki von einem Häuptling namens Cari angegriffen wurde, der aus dem Coquimbo-Tal kam. In einer Schlacht auf einer Insel des Titicaca-Sees wurden die geheimnisvollen weißen und bärtigen Männer vollständig massakriert, während Kon-Tiki selbst und seine nächsten Gefolgsleute entkamen und schließlich an die Küste gelangten, von der sie am Ende über das Meer nach Westen entschwanden.«

Um den Beweis zu erbringen, dass Kon-Tiki Viracocha, der zum vergöttlichten Herrscher von Tiahuanaco aufgestiegen war, vor 1500 Jahren von Peru aus eine Kultur nach Polynesien bringen konnte, ohne dass er über Navigationskenntnisse verfügen musste, weil er sich nur den Meeresströmungen anzuvertrauen brauchte, überquerte Thor Heyerdahl 1947 mit sechs Gefährten auf einem selbst gebauten Floß von Südamerika aus den Stillen Ozean. Das von ihm benutzte Floß aus dem leichten, aber widerstandsfähigen Balsaholz taufte er Kon-Tiki, nach dem

Was die hellhäutigen, bärtigen Bewohner oder Gründer Tiahuanacos anbelangt, von denen die Legenden berichten, so haben die Forscher nach Analogien zwischen den vielerorts in Mittel- und Südamerika grassierenden Vorstellungen über die angeblich von jenseits des Meeres gekommenen weißen Götter gesucht und sich die Frage gestellt, ob Kon-Tiki Viracocha von Tiahuanaco ebenfalls ein solcher »weißer Gott« war, vergleichbar mit Quetzalcoatl, dem weißen König der Tolteken, Kukulkan, dem weißen Gott der Mayas, oder Bóchica, dem weißen Gott der Muisca oder Chibcha. Jene, die diese Frage bejahen, wie der französische Altamerikanist Jacques de Mahieu, vertreten die Auffassung, dass Menschen mit weißer Haut und blondem Haar, Skandinavier und Iren, schon lange vor Kolumbus an die Küsten Amerikas gelangt seien und eine ausschlaggebende Rolle in der Entwicklung der indianischen Hochkulturen gespielt hätten. Obwohl die Wissenschaftler schon längst den Beweis dafür erbracht haben, dass sich Tiahuanaco allmählich als Stadt entwickelt hat – »aus einheimischen Ursprüngen und eigener indianischer Inspiration« (Miloslav Stingl) –, sind die Theorien von den weißen Gründern nicht auszumerzen. Immer wieder erscheinen die Wikinger als die unbeweisbaren weißen Schöpfer von Tiahuanaco, die den Andenvölkern die Zivilisation gebracht haben sollen.

links Auf dem Flachrelief im Querteil des berühmten Sonnentors, eines monolithischen Andesitblocks mit Reliefdekor, ist vermutlich der Schöpfer der Welt, Kon-Tiki Viracocha, abgebildet.

rechts Steinkopf, der aus dem Gemäuer der Kalasasaya vorkragt.

Wo die Pilger den Göttern am nächsten waren

Ob Tiahuanaco von weißen Ankömmlingen aus Europa gegründet wurde oder ob im Gegenteil seine ursprünglichen Bewohner ihrerseits auszogen, um den Samen ihrer Kultur bis nach Polynesien zu verbreiten, tut dem biblischen Alter dieser am höchsten gelegenen Stadt Altamerikas keinen Abbruch. Tiahuanaco wurde wahrscheinlich im 3. Jahrhundert v. Chr. gegründet und in der zweiten Hälfte des 11. Jahrhunderts von seinen Bewohnern verlassen. Im Laufe der 1300 Jahre, in denen Tiahuanaco eine lebendige Stadt war, mauserte sich die ursprüngliche kleine Ansiedlung zu einer großen Kultmetropole, deren höchste Blüte im 7. Jahrhundert n. Chr. begann. Die Stadt Viracochas umfasste in der Zeit ihrer größten Ausstrahlung ein Einflussgebiet, das vom 14. bis zum 23. südlichen Breitengrad und vom 64. bis zum 71. Grad westlicher Länge reichte. Die Fachwissenschaft neigt heute zur Annahme, dass Tiahuanaco weniger das politische Zentrum eines bedeutenden Reiches war als vielmehr eine abgeschiedene eindrucksvolle Wallfahrtsstätte, der alljährlich Pilgerscharen zuströmten, um hoch oben inmitten der Eisgiganten den geheimnisvollen Gott am Sonnentor zu verehren.

In dem hoch gelegenen indianischen Mekka, wo die dünne Luft für gewöhnliche Sterbliche nur schwer zu atmen ist, waren die Pilger den Göttern so nah wie nirgendwo sonst. Ihre Lungen schmerzten, das Blut pochte hart in den Schläfen, sie waren wie berauscht an diesem heiligen Ort, zu dem sie in wochenlangen Reisen aus allen Himmelsrichtungen emporgestiegen waren. Das religiöse Zeremoniell überwachte eine mächtige Priesterschaft, deren Einfluss über ganz Peru ausstrahlte.

Die Bauern des Altiplano, die wegen der hier vorherrschenden Klimabedingungen jährlich nur vier Monate lang ihre Felder bestellen konnten, haben – so scheint es – während der übrigen Monate mit vereinten Kräften die heilige Metropole Tiahuanaco zum Ruhm Viracochas erbaut. Wie sie es fertig gebracht haben, die unglaublich riesigen Steinquader in die Stadt zu schaffen, ist uns heute teilweise noch ein Rätsel. Sie müssen über enorm leistungsfähige Seile verfügt haben, um die 100 und mehr Tonnen schweren Blöcke mithilfe eines aus mehreren tausend Menschen bestehenden Zuggespanns zu transportieren. Auch muss damals die landwirtschaftliche Produktion auf dem Hochplateau ausgereicht haben, um die vielen Bauarbeiter, Steinmetzen und zahlreichen Transporteure zu ernähren. Dass die Felder der Bauern weit mehr hergaben, als die Erzeuger selbst verzehrten, kam später, als die Stadt längst erbaut war, den dort lebenden Priestern, Handwerkern, Kriegern und Händlern zugute.

Man darf sich also nicht durch die unwirtliche Kälte täuschen lassen, die man hier vorzufinden glaubt. Sobald die Sonne aufgeht und über die Berge steigt, wird aus der dünnen Bergluft eine den Ackerbau begünstigende flimmernde Helle und Wärme. Der Altiplano war und ist noch immer ein ausgesprochenes Bauern- und Viehzüchterland.

Die wirtschaftliche Grundlage der Tiahuanaco-Zivilisation war die Kartoffel, die man bereits vor 2000 Jahren hier anbaute und anschließend als getrocknete, dehydrierte Feldfrucht mit einer langen Haltbarkeitsdauer zu konservieren verstand. Darüber hinaus kannte man auch die Bearbeitung von verschiedenen Metallen, eine Textilfabrikation von bester Qualität sowie eine vielfarbige, stets mit stilisierten Tierbildern und geometrischen Figuren geschmückte Keramik.

Die Uru – »lebende Versteinerungen«

Auf der Suche nach den Ureinwohnern und Schöpfern, den Gründern Tiahuanacos, stieß der Forscher Miloslav Stingl auf eine im Aussterben begriffene kleine Indianergruppe, die Uru, die auf dem peruanischen Teil des Titicaca-Sees leben, wo sie sich schwimmende Inseln aus Schilfrohr geschaffen haben, auf denen ihre niedrigen Schilfhütten stehen. Mit ihren schmalen, schlanken Booten befahren sie den heiligen Andensee, der ihnen ihre gesamte Nahrung spendet: Fische und Wasservögel. Die Uru, die einst über die gesamten mittleren Anden geherrscht haben sollen, kennen heute nur eine einzige Heimat – die Wasserfläche des Sees, die ihnen als letzte Zuflucht geblieben ist. In ihren Mythen, in denen lediglich ungenaue Erinnerungen an ihren Zug aufs Wasser anklingen, befindet sich eine Stadt, offenbar Tiahuanaco, im Mittelpunkt. Merkwürdigerweise lehnen es die Uru ab, zu den Menschen gezählt zu werden. Auch empfinden die seltsamen »nichtmenschlichen« Indianer ihre Verbannung aus der Welt der Menschen nicht als eine Strafe, sondern eher als ein Geschenk des Himmels, durch das ihre Ausnahmestellung unterstrichen wird. Denn trotz ihrer äußerlichen Ähnlichkeit mit den Menschen sehen sie sich als angeblich völlig andere Geschöpfe, die nichts oder nur wenig mit den sie umgebenden Indianervölkern gemeinsam haben.

Wie die Uru sich selbst darstellen, hat der französische Ethnologe Jean Vellard aufgezeichnet: »Wir, die anderen, wir, die Seebewohner – die Kot-Sun –, wir sind keine Menschen. Wir waren eher da als die Inkas und noch bevor der Vater des Himmels Tatiú die Menschen erschaffen hat, die Aymara, die Ketschua, die Weißen. Wir waren sogar schon da, bevor die Sonne die Erde zu erleuchten begann … Schon zu der Zeit, als die Erde noch im Halbdunkel (gehüllt) war, als nur der Mond und die Sterne sie erhellten … Damals, als der Titicaca viel größer war als heute … Schon damals haben unsere Väter hier gelebt. Nein, wir sind keine Menschen … Unser Blut ist schwarz, daher können wir nicht frieren. Daher spüren wir die Kälte der Seenächte nicht … Wir sprechen keine menschliche Sprache, und die Menschen verstehen nicht, was wir sagen. Unser Kopf ist anders als der Kopf der anderen Indianer. Wir sind sehr alt, wir sind die ältesten … Wir sind die Seebewohner, die Kot-Sun. Wir sind keine Menschen!«

Damals, als es noch keine Menschen auf der Erde gab und die Sonne noch nicht vom Himmel schien, sollen die Kot-Sun Tiahuanaco, die herrlichste aller Städte, erbaut haben. Später, als die Kot-Sun nicht mehr allein auf der Erde lebten und den Planeten mit den Menschen teilen mussten, als das Taggestirn bereits am Firmament leuchtete, fielen sie – so wollen es ihre Sagen – in die Ungnade des Schicksals, und alles Leben erlosch in der von ihnen geschaffenen Andenstadt. Ihre äußere Gestalt habe sich zur gleichen Zeit auch verändert, behaupten sie. Früher hätten sie so ausgesehen wie die auf den Steinblöcken in Tiahuanaco abgebildeten Kondor-, Puma- und Fischköpfe. Nach und nach hätten ihre Schädel die Form des Men-

rechts Die bekanntesten Inseln des Titicaca-Sees sind die aus Schilfrohr gebauten »schwimmenden Inseln« der Uru. Die heute dort lebenden Aymara-Indianer benutzen aus Binsen gefertigte Boote und geben sich für die Bedürfnisse des Tourismus als Uru aus, obwohl dieses Volk unbekannter Herkunft in der ersten Hälfte des 20. Jahrhunderts ausstarb. Die letzte überlebende Uru soll 1959 verschieden sein.

schen angenommen, obwohl sie in ihrem Inneren ganz anders geblieben seien. Der bereits zitierte Jean Vellard charakterisiert sie als »lebende Versteinerungen«, denen die tote Stadt Tiahuanaco viel zu bedeuten scheint. Haben sie etwa in ihrer kulturellen Entwicklung den umgekehrten Weg in der Geschichte eingeschlagen? Sind sie im Laufe von 2300 Jahren von der Erbauung einer glanzvollen Metropole letztlich bis zum Bau von primitiven Schilfhütten abgesunken?

DIE PARACAS-MENSCHEN, DIE »CHIRURGEN« ALTAMERIKAS

Auf der völlig vegetationslosen Halbinsel Paracas, die an der peruanischen Südküste nur 20 Kilometer von Pisco entfernt liegt, entdeckte der Archäologe Julio C. Tello zwischen 1923 und 1925 zwei äußerst reich ausgestattete unterirdische Begräbnisstätten, die aus der Zeit zwischen 900 und 200 v. Chr. stammen. »Paracas-Cavernas« besteht aus einem System tief in die Uferfelsen gehauener flaschenförmiger Schachtgräber, von denen jedes einige Dutzend Mumienbündel enthielt. »Paracas-Nekropolis« ist

eine richtige unterirdische Stadt, ein kleines Totenland mit aus Stein und getrockneten Ziegeln erbauten Grabkammern, aus denen man 429 Mumien mit den reichsten Beigaben zutage förderte. Außer goldenen Amuletten, Steinäxten, Töpferwaren und Nahrungsmitteln enthielten die sensationellen Begräbnisstätten unglaublich feine Totentücher, die reich bestickten »Mantas«, in die die Verstorbenen gehüllt waren. Die Gewebe zeichnen sich durch herrliche Ornamente, wie stilisierte Vögel, andere Tiere und merkwürdige Ungeheuer, und leuchtende Farben aus, die im trockenen salpeterhaltigen Boden die Jahrhunderte auf wunderbare Weise überstanden haben. Der in den Gräbern gefundene Goldschmuck verdeutlicht, dass sich die Goldschmiede von Paracas in der Metallverarbeitung bereits gut auskannten und neben reinem Gold auch eine Kupfergoldlegierung verwendeten.

Wovon die trepanierten Schädel zeugen

Viele der Mumien von Paracas fallen nicht nur durch deformierte, sondern auch durch trepanierte (aufgebohrte) Schädel auf, die man operativ geöffnet hatte. Dass sich die Medizin in den mittleren Anden bereits in der Vorinkazeit außerordentlich entfaltet haben musste, wird

links Detail eines herrlichen »Totentuchs« im Paracas-Nekropolis-Stil mit dem Motiv einer stilisierten Raubkatze.

rechts oben Mumie aus der Umgebung von Nazca mit besticktem Stirnband (Museo Regional Maria Reiche, Ica).

rechts unten Eines der erst kürzlich entdeckten Scharrbilder der Paracas in der Provinz Palpa in Peru zeigt zwei nebeneinander liegende anthropomorphe Figuren.

Was niemand bislang für möglich hielt: Dem indianischen Medizinmann genügte ein Messer für eine Schädeloperation. Heute ist es wissenschaftlich belegt, dass auch Amerikas Ureinwohner Trepanationen durchführten. Fast alle Operierten hatten bereits damals diese schweren Eingriffe am Schädel überlebt, obgleich man von aseptischer Behandlung nur recht unklare Vorstellungen hatte. Das war in Europa noch in der Neuzeit nicht so: In den Pariser Krankenhäusern beispielsweise starben zwischen 1835 und 1836 laut einer Statistik noch sämtliche Personen, denen die Ärzte den Schädel geöffnet hatten.

Was der Bilderteppich von Palpa bezweckte

durch die unglaubliche Tatsache belegt, dass die Patienten diese Schädeloperationen überlebten. Die Kanten der Knocheneinschnitte waren nämlich verheilt. So schienen die »Chirurgen« von Paracas über medizinische Kenntnisse verfügt zu haben, die es ihnen ermöglichten, Knochenteile, die auf das Gehirn drückten und Lähmungen hervorriefen, aus geöffneten Schädeln operativ zu entfernen. Als chirurgische Instrumente dienten ihnen Pinzetten, Obsidianmesser, Nadeln, Skalpelle und sogar Aderpressen zur Abklemmung von Blutgefäßen.

Archäologen, die mit ihren kleinen juckelnden Sportflugzeugen die Flusstäler nahe der peruanischen Stadt Palpa aus der Luft nach historischen Überresten durchkämmten, glaubten ihren Augen nicht, als sie an den Berghängen in einem knapp 150 Quadratkilometer großen Areal auf insgesamt 78 großformatige Ritualbilder stießen, die sich im Nachhinein als wesentlich älter erwiesen als die weltberühmten Geoglyphen in der Pampa von Nazca und die Angehörigen der zwischen 900 und 200 v. Chr. blühenden Paracas-Kultur zugeschrieben werden.

Die Siedler, die sich damals in den Tälern um Palpa niedergelassen haben, verewigten – so glauben die Forscher heute – ihre Götter als überdimensionale Lichtgestalten mit Strahlenkränzen oder als riesige »Augenwesen« weithin sichtbar auf den Bergschrägen, um die Bildnisse ihrer Weltenlenker stets hoch oben im Blick zu behalten und ihre Idole bei Bedarf um schnellen Beistand bitten zu können.

Die Paracas-Menschen waren in der Tat auf das Wohlwollen ihrer Gottheiten angewiesen, von denen sie Regen und Fruchtbarkeit erflehten, was schon allein aus der Tatsache ersichtlich ist, dass ihre Häuser und Höfe ohne Brunnen auskommen mussten. Wenn die aus den Anden herunterströmenden Bäche und Flüsse versiegten, dann war der Hunger der Bauern vorprogrammiert, die auf den Talböden Knollenfrüchte, Kürbis, Bohnen und Mais anbauten. Den stets vom Walten der Wassergötter abhängigen Talbewohnern ging es im ersten Jahrtausend v. Chr. relativ gut, weil das Klima der gesamten Region damals vergleichsweise feucht ausfiel, so dass die Paracas-Leute mit ihrem grandiosen Bilderteppich an den Berghängen die Götterwelt erfolgreich – wie es scheint – auf die Erfüllung ihrer Bedürfnisse eingeschworen hatten. Eine andere Interpretation der Erdzeichnungen lässt der deutsche Archäologe Markus Reindel nicht gelten: »Die Bilder waren kein Kalender, die astronomische Hypothese kann man getrost vergessen.«

Die neuen Funde, die nicht weit von den Nazca-Scharrbildern entfernt liegen, zeigen zweifelsohne, dass die Technik zur Anlegung von großflächigen Landschaftsgemälden schon viel früher entwickelt worden war als bisher angenommen. Für das Design der Geoglyphen zeichneten lokale Priester verantwortlich, die die ständig zunehmende Zahl der Siedler in den Flusstälern dazu anhielten, entweder die dunklen Steine von der Oberfläche des Bodens wegzuräumen, so dass als Kontrast dazu der helle Sand darunter freigelegt wurde, oder zur Modellie-

rung der Motive in die Bergschrägen dort Steinlinien aufzuhäufen.

Dass der verwitterte Götterkosmos an den Steilhängen schon recht bald gefährdet sein wird, befürchtet Markus Reindel vom Deutschen Archäologischen Institut in Bonn. Er gibt sich davon überzeugt, dass die von zwei Flugunternehmen im fünfzig Kilometer entfernten Nazca durchgeführten regelmäßigen Überflüge interessierte Besucher dazu verleiten werden, den Bilderteppich von Palpa aus der Nähe betrachten zu wollen: »Wenn Bodentouristen erst in Scharen auf den Bildern herumlatschen, ist in ein paar Minuten kaputt, was Jahrtausende gehalten hat.«

Als charakteristisch für die Paracas-Kultur erweisen sich demnach nicht nur unterirdische, durch schmale Schächte zu erreichende Grabkammern, in denen sich mit kostbaren Textilien umwickelte Mumienbündel befanden, deren deformierte und sogar trepanierte Schädel Aufsehen erregten, sondern neuerdings neben vielfarbigen Keramiken und feinen Webstoffen auch großformatige Erdzeichnungen an den Berghängen von Palpa als imposante Rituallandschaften zur Anrufung der Götter.

DIE NAZCA-KULTUR UND IHRE MONUMENTALEN BODENZEICHNUNGEN

Im Süden Perus, in den kleinen Oasentälern der Flüsse Nazca, Pisco und Ica, entstand zwischen etwa 300 v. Chr. und 700 n. Chr. die durch zwei seltsame Entdeckungen berühmt gewordene Nazca-Kultur. Als der amerikanische Forscher Dr. Paul Kosok 1942 die Wüste von Nazca überflog, um die weit verzweigten Bewässerungsanlagen der vorinkaischen Indianer zu erkunden, stieß er auf das verwirrendste archäologische Rätsel Südamerikas. Unter ihm erstreckten sich lange schnurgerade Linien, die sich meilenweit hinzogen, über steile Berge und breite Täler hinweg. Inmitten dieser vertieften Streifen, von denen einige an Eselpfade, andere an Rollbahnen moderner Flughäfen erinnern, erkannte er außerdem zahlreiche geometrische Symbole sowie gigantische Bodenzeichnungen von merkwürdigen Vögeln und Vierfüßlern. Er beobachtete auch, wie die Sonne am Tag der Wintersonnenwende fast genau in der Flucht einer der Linien in der

Pampa von Nazca am Horizont unterging. Ihm war sofort bewusst, dass dort unten das »größte Astronomiebuch der Welt« ausgebreitet sein müsse.

Eine imposante »Wüstengalerie«

Die von ihm erspähten Scharrbilder oder Geoglyphen, die hunderte von Metern lang und breit sind, können nur aus der Vogelperspektive wahrgenommen werden. Auf der im grellen Sonnenlicht liegenden, rötlich braun erscheinenden Hochebene der Nazca-Steinwüste zeichnen sich für den Betrachter zunächst unzählige genaue Geraden und geometrische Formen ab. Diese dehnen sich viele Kilometer über das Land hin aus, überschneiden und überlagern sich, beginnen und enden. Aus dem scheinbaren Wirrwarr der Linien und Flächen schälen sich plötzlich deutlich die Umrisse von überdimensionalen Vögeln, Spinnen, Fischen, Schlangen, Affen und anderen Tieren heraus. Diesen fantastischen Anblick ermöglichen dünne, bleiche Linien, die in die riesigen kahlen Ebenen des peruanischen Nazca eingegraben sind und auf der 500 Quadratkilometer großen Felsplatte hervortreten.

Wie von Geisterhand gemacht, beherrschen die Nazca-Geoglyphen seit mehr als 1000 Jahren die trockenen Hochflächen der peruanischen Wüste, die einer Mondlandschaft ähnelt. Den öden Grund bedecken unzählige Schottersteine, während unter den Felsbrocken weißer Sand schimmert. Dadurch, dass die entfernten Vorfahren der heutigen Indios planvoll das schwarze Geröll zur Seite räumten, ließen sie durch die so geschaffenen Hell-Dunkel-Kontraste die riesenhaften Konturen entstehen. Auf diese Weise stapelten sie rund zehn Millionen Kubikmeter Schutt um, den sie geometrisch zu Linien und Formen gestalteten. Warum bewegten sie wohl ein größeres Volumen als das der Pyramiden von Gizeh?

Wenn der Hobbyarchäologe Erich von Däniken auch die Überzeugung geäußert hat, die »Landestreifen« von Nazca hätten antiken Astronauten als Raumflughafen gedient,

rechts Der so genannte »Kandelaber« ist eines der schönsten, aber auch eines der rätselhaftesten Scharrbilder der Nazca.

so entbehrt diese unwissenschaftliche Behauptung jeglicher Grundlage. Maria Reiche, eine deutsche Mathematikerin und Geographin, die über 40 Jahre in der peruanischen Steinwüste verbrachte, sich ihr Leben lang mit den geheimnisvollen Bodenzeichnungen von Nazca beschäftigte und 1998 verstarb, hat jede vermeintliche »Rollbahn«, »Landepiste« oder »Abschussrampe« dort draußen abgeschritten und ausgemessen. Sie ist der Auffassung, dass eine Landung aus dem Weltraum dort niemals stattgefunden haben kann, weil der weiche Boden nicht einmal das Gewicht des leichtesten Flugzeugs zu tragen vermag.

Altindianische Heißluftballons?

Bedenklich stimmt jedoch, dass sich die in die Wüste eingeritzten Symbole nur demjenigen offenbaren, der über ihnen schwebt. Die Annahme, dass die Künstler, die dieses kolossale Labyrinth ausgescharrter Linien einst schufen, dieses auch von oben sehen mussten, ist berechtigt, denn ihre uralte Kunstform kann überhaupt nur aus der Luft wahrgenommen werden. Aus dieser Erwägung heraus ist der Amerikaner Jim Woodman zu dem Schluss gekommen, die Nazca-Bewohner könnten in einem Leichter-als-Luft-Ballon geflogen sein.

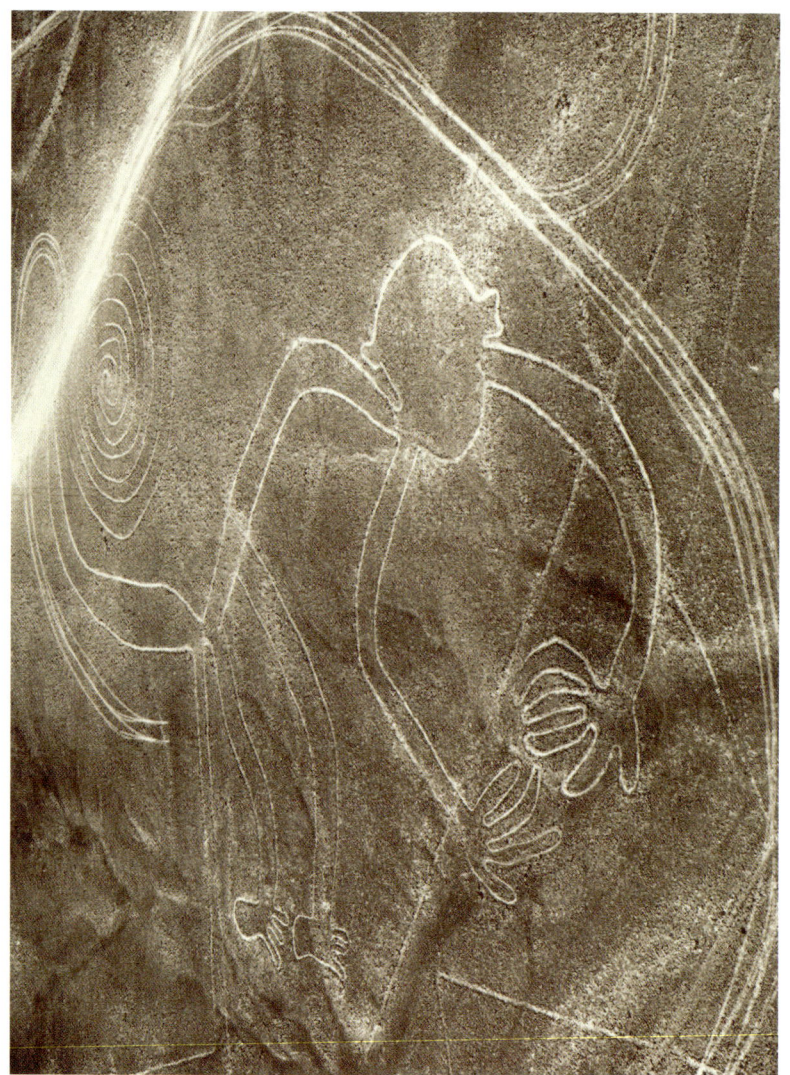

In der Haupthalle des Internationalen Flughafens von Lima steht eine Statue aus weißem Stein, die den Inkajungen Antarqui darstellt, der schon seit langer Zeit als Perus Symbol der Luftfahrt gilt. Antarqui, der über die Fähigkeit des Fliegens verfügte, steht im Mittelpunkt einer Fluglegende aus der Inkazeit. Der Sage nach soll der Inkaknabe die Stellungen der vorrückenden feindlichen Truppen überflogen und dem Oberkommandierenden der Inka-Armee über deren Bewegungen Auskunft gegeben haben. Dass gerade ein kleiner Junge den Inkas als fliegender Kundschafter gedient haben soll, ist – wenn wir

der Legende Glauben schenken – eigentlich nicht weiter verwunderlich. Wenn der Knabe die Feinde wirklich als Freiballonführer aus der Luft beobachtete, war es schon wichtig, dass er wenig wog, denn je leichter die Ladung, desto länger der Ballonflug.

Neben dieser Inka-Legende fand der Pilot Jim Woodman in alten Ballondarstellungen weitere Indizien für seine fesselnde Theorie. Außerdem stellte er fest, dass die Baumwollstoffe der Inkas dichter waren als die heutigen und heiße Luft halten konnten. Seiner Hypothese kommt auch zugute, dass die am Ende der großen Linien von Nazca befindlichen kreisförmigen versengten Gebiete,

von denen einige flache Vertiefungen und andere niedrige sandige, vor langer Zeit stark erhitzte Steinhaufen sind, als Rauchgruben gedeutet werden können, in denen die frischen Ballonhüllen möglicherweise geräuchert wurden, damit sie noch dichter wurden. Laut Woodman trug heiße Luft den Ballon aufwärts, bis nach einer gewissen Zeit und in größerer Höhe die Sonne den dunklen Ballon so weit erwärmte, dass er tagsüber nicht mehr sank. Durch die Windverhältnisse wurde er zum Ozean abgetrieben, über dem er in der Nacht unterging. Für den Inka-Beobachter war der Ballon zusammen mit seinem Inhalt zur Sonne zurückgekehrt.

Jim Woodman gelang es, die bedeutendste Heißluftballonfabrik der Vereinigten Staaten von der Qualität der alten Inka-Baumwollstoffe zu überzeugen und dort einen Ballon nach dem von ihm rekonstruierten Inka-Modell nachbauen zu lassen. Wie Thor Heyerdahl bezog er die Gondel von den Indianern am Titicaca-See, die noch heute Flöße aus Totora-Binsen herstellen können. Der Probeflug, für den er den Weltmeister im Heißluftballonfliegen gewinnen konnte, endete erfolgreich, wodurch Woodmans Theorie erhärtet wurde.

»Ich glaube«, so der Amerikaner während einer Pressekonferenz, »dass Folgendes geschehen ist: Nazca ist kein uralter Landeplatz – es war genau das Gegenteil. Die Linien, Brenngruben und ›Rollbahnen‹ waren einmal Startplätze in einer Religion, die die Sonne verehrte. Unser Flug war eine moderne Demonstration einer uralten religiösen Zeremonie. Mit dem, was wir gelernt haben, könnten wir nun gleich einen großen Ballon aus Nazca-Textilien bauen, schwarz färben und dann würde die Solarverstärkung einen Menschen – oder eine Leiche – hinauf und außer Sicht tragen zu einer scheinbaren ›Reise zur Sonne‹. Nach unserem Flug über diese große

links In der Steinwüste von Nazca in Peru lassen sich aus der Vogelperspektive Scharrbilder oder Geoglyphen wahrnehmen, deren Rätsel noch immer nicht geklärt werden konnten. Auf dem Bild ist ein Affe mit Vorder- und Hinterlauf sowie mit eingerolltem langem Schwanz zu erkennen.

rechts Die Nazca könnten für die Planung der Scharrbilder einen Ballon dieser Art benutzt haben, auf dessen Weidengondel sitzend Jim Woodman und Julian Nott der Probeflug gelang.

rituelle Bühne hege ich jetzt hohe Bewunderung für den primitiven Menschen. Es wird Zeit, dass wir diese kühnen und scharfsinnigen Menschen ehren, die an den Grenzen unserer Zivilisation gelebt haben. Ihre gewaltigen Leistungen dadurch zu bestreiten, dass man sie Wesen von anderen Planeten zuschreibt, ist geradezu Lästerung.«

Los Molinos und La Muna

Auf der schmalen, rund 60 Kilometer langen Hochebene mit den gigantischen Zeichnungen spürten die Forscher bisher nur prähistorische »Campingplätze« auf – kleine Baracken, die sich höchstens für Kurzaufenthalte eigneten und keinen Rückschluss auf die Schöpfer der geheimnisvollen Linien erlauben. Schienen also bislang die Urheber der großflächigen Scharrbilder von der Vorzeit verschluckt, so wurden während rezenter Ausgrabungen unter der Leitung des Bonner Archäologen Markus Reindel im Palpatal, am Nordrand des unwirtlichen Areals mit den riesenhaften Konturen, zwei Großsiedlungen mit zyklopenhaftem Mauerwerk entdeckt, in deren Ruinen die Forscher auf Reste von Ponchos, Kartoffelschalen, Kindermumien und auf leuchtend bemalte Keramik gestoßen sind.

Zehn hallenartige Gebäude, die bislang freigelegt wurden, lassen die Architektur von Los Molinos imposant erscheinen. Die Ortschaft wurde als große, geplante Anlage errichtet, die sich in fünf geräumigen Terrassen einen Hang hochzieht. Die ausgedehnten Räume waren mit Flachdächern abgedeckt, die von Holzpfosten oder lehmummantelten Säulen getragen wurden. Los Molinos diente wahrscheinlich als Verwaltungszentrum und als Priestersitz in der frühen Nazca-Zeit (0 bis 200 n. Chr.). Auf dem Gelände fanden die Archäologen einen Friedhof

oben Chauchilla, 30 Kilometer südlich von Nazca, birgt in der Küstenwüste einen ausgedehnten Friedhof (»Cementerio Arqueologico de Chauchilla«), in dem unzählige Mumiengräber gefunden wurden. Überall liegen noch Knochenreste und Schädel herum.

rechts Bei der in Hockstellung bestatteten Mumie haben sich Haare und Kleidung noch nahezu vollständig erhalten.

mit 35 halb verwesten Indio-Leichen, deren guter Erhaltungszustand dem extrem trockenen Klima im Nazca-Gebiet zu verdanken ist. Bei den Nazca wurden die Toten in Hockstellung und in viele Tücher gewickelt beigesetzt. Die runden Grabkammern waren durch Schächte mit der Außenwelt verbunden. Dem Leichnam wurden oftmals Trophäenköpfe als Beigaben mit ins Jenseits gegeben, weil die Nazca davon überzeugt waren, dass der Sieger eines Kampfes Mann gegen Mann sich die Kraft des erschlagenen Feindes aneignen könne, wenn er dessen abgehauenes Haupt in Verwahrung nehme.

Als starke Regenfälle – wovon heutige Forscher ausgehen – die Gebäude von Los Molinos zerstört hatten, gaben die Bewohner die Siedlung auf und ver-lagerten ihr Zentrum etwa zwei Kilometer flussabwärts, wo sie eine zweite Großsiedlung, La Muna, errichteten, die zwischen 200 und 400 n. Chr. bewohnt war. Auch diese Anlage zeugt von Reichtum, wurden dort doch schließlich insgesamt zwölf Prunkgräber freigelegt, in denen die Toten in über zehn Meter tiefen Kammern lagen. Alle Großgräber von La Muna waren nach demselben Muster aufgebaut: Über einem Grabschacht war eine überdachte Plattform angebracht, die von einer Bankette umlaufen wurde. Eine Umfassungsmauer bildete einen kleinen Hof, in dem Priester Grabkulte vollzogen. Obwohl Räuber die Stätten geplündert hatten und deshalb die Hoffnung auf reiche Beigaben geschwunden war, gelang es den Forschern dennoch, den dort gemachten Funden neue Erkenntnisse abzugewinnen. So mussten die Nazca-Indios über ein bedeutendes Bewässerungssystem verfügt haben, das ihnen den Anbau von Kartoffeln und Kürbissen, von Mais und Maniok auf großen Flächen ermöglichte. Wenn wir den Archäologen Glauben schenken dürfen, wurde auch La Muna ein Opfer anhaltender Regengüsse, die einen Schlammstrom freisetzten, der viele Gebäude wegriss.

In der Umgebung der Kultsitze Los Molinos und La Muna konnten die Experten fünfzig kleine bäuerliche Niederlassungen nachweisen – ein Hinweis auf die ungeheure Bevölkerungsdichte während der Blütezeit der Nazca-Kultur in den vier ersten nachchristlichen Jahrhunderten.

Wasser als Lebensspender und Zerstörer

Warum das kunstsinnige Volk immer wieder auf die karge und lebensfeindliche Hochebene hinaufstieg, um sich mit den monumentalen Scharrbildern dort zu verewigen, vermag bislang kein Sachverständiger mit letzter Sicherheit

zu erklären. Einige Forscher nehmen an, dass die Geoglyphen mit heiligen Plätzen, so genannten »Huacas«, in Verbindung stehen und als Zeremonialwege im Zusammenhang mit religiösen Kulten benutzt wurden. Weitere neue Deutungsansätze versuchen jedoch, die zehntausende von Dreiecken, Spiralen und Zickzacklinien, aber auch die Tierbilder von Kolibris, Füchsen oder Kondoren als sinnvolle Artefakte aus einer fernen Vergangenheit zu begreifen.

Neueste wissenschaftliche Erkenntnisse eines nordamerikanischen Archäologenteams um Helaine Silverman weisen in diesem Kontext außerdem darauf hin, dass die Bodenzeichnungen überwiegend als Pilgerwege gedient haben könnten, um zu den heiligen Stätten zu gelangen. So markieren die Linien für den amerikanischen Geologen David Johnson Grundwasserströme, worin der deutsche Archäologe Markus Reindel »eine viel versprechende Theorie« sieht. An Stellen des Talrands, an denen die Forscher Wasser vermuteten, fanden sich tatsächlich Quellen. Auch wenn David Johnsons These von unterirdischen Wasservorkommen, die durch die Linien aufgezeigt würden, die meisten Wissenschaftler nicht zu überzeugen vermag, ist sie dennoch plausibel. Denn gerade das Geheimnisvolle, Verborgene kennzeichnet die Nazca-Kultur. So sollen die eben erst freigelegten Großsiedlungen Los Molinos (200 n. Chr.) und La Muna (400 n. Chr.) auf gänzlich unwahrscheinliche Art und Weise untergegangen sein. Wolkenbruchartige Regenfälle und Schlammlawinen sollen diese Niederlassungen in einem der trockensten Gebiete der Welt zerstört haben.

Obwohl Meteorologen große Schwierigkeiten haben, sich das Phänomen zu erklären, weichen manche Forscher wie Projektleiter Markus Reindel nicht von der Sintflut-These ab. Das Ergebnis seiner Recherchen formuliert er folgendermaßen: »Unsere Befunde sind eindeutig. Die Nazca-Leute versanken im Matsch.« Dafür ist wahrscheinlich das »El Niño«-Phänomen verantwortlich zu machen, das etwa alle fünf bis zehn Jahre zur Zeit des Christkinds (»El Niño«) auftritt und der Küste Perus immer wieder katastrophale Überschwemmungen »beschert«.

Dass Wasser fraglos das zentrale Element im Leben der Nazca-Indios war, ihr Siedlungsverhalten über die Jahrhunderte bestimmte und positive Wirkungen für die

Landwirtschaft zeitigte, aber auch als gewaltiger Zerstörer auftrat, daran besteht heute wenig Zweifel. Vielleicht stimmt auch die Hypothese, dass die Bodenzeichnungen einmal unterirdische Wasserläufe und Wasservorkommen markierten.

Vom »hölzernen Stonehenge« zum Katzendämon

Noch eine weitere merkwürdige Entdeckung ist mit der Nazca-Kultur verbunden. Hierbei handelt es sich um einen rätselhaften Bau, den J. Alden Mason in seinem klassischen Werk »Das alte Peru, Eine indianische Hochkultur« als Erster ein »hölzernes Stonehenge« genannt hat. »La Estaquería« ist ein in streng geordneten Reihen aufgestellter Wald von alten Stangen und Pfählen, die die Bewohner Nazcas vor mehr als 1000 Jahren als Sonnenobservatorium aufgestellt haben sollen. Die Pfosten selbst bestehen aus uralten Hartholzstämmen des Johannisbrotbaumes, der bei den Eingeborenen »Algarrobo« heißt.

Die Nazca-Menschen haben uns nicht nur mit den riesigen Schreibtafeln in der Wüste und ihren Säulenanlagen
aus Johannisbrotbäumen zwei geschichtliche Rätsel hinterlassen, sondern sie haben uns auch bemerkenswerte
Erzeugnisse ihrer formvollendeten Töpferkunst überliefert.
Ohne Hilfe der Töpferscheibe haben sie dauerhaft und
hart gebrannte, nicht glasierte, aber außerordentlich
polierte Tongefäße geschaffen, die sich durch einen großen Farbenreichtum auszeichnen. Als Grundfarbe verwendeten sie ein sattes Rot. Auf den bemalten Gefäßkör-
pern taucht immer wieder die Figur eines Katzendämons
auf, der in menschlicher Gestalt mit einem Katzenkopf
als Beschützer der Lebensmittel auftritt. Dieses katzen-
artige Tier hat der Altamerikanist Eduard Seler »die ge-
fleckte Katze, die Bringerin der Lebensmittel« genannt.
Warum gerade eine Mischform von Katze und Mensch bei
den Nazca zur Gottheit aufstieg, erklärt Seler wie folgt:
»Die Tiere erscheinen den primitiven Menschen nicht als
unter ihnen stehende, sondern als wesensgleiche oder sogar
höher stehende Wirklichkeiten, da sie Kräfte und Fähigkeiten entwickeln, die dem Menschen nicht zu Gebote
stehen. So erhöht sich das Tier zum Tierdämon, da nach
einer namentlich in Amerika weit verbreiteten Anschau-
ung die Seelen der Gestorbenen in Tieren weiterleben.«

VORINKAISCHE REICHE

Das Sican-Imperium, das zwei Drittel der Größe Englands
umfasste, besaß eine kulturelle Ausstrahlung, die sich
über einen 3000 Kilometer langen Küstenstreifen von
Kolumbien bis nach Chile erstreckte.

Die Mochica waren ursprünglich ein Bauernvolk, das in
den Tälern der nördlichen Küstenregion des heutigen
Peru lebte.

Ungefähr ab 1050 folten ihnen von Süden her die
Chimu, deren Reich Mitte des 15. Jahrhunderts im Machtbereich der Inkas aufging, die ihrerseits im 16. Jahrhundert von den Spaniern unterworfen wurden. Die Chiribaya, die zwischen 1000 und 1350 n. Chr. im wüstenhaften
Süden Perus siedelten, wurden das Opfer einer Umwelt-
katastrophe, und die Chachapoya, die das Urwaldgebiet
der Montana im Nordosten Perus seit etwa 600 n. Chr.
beherrschten, wurden von den militärisch überlegenen
Inkas besiegt, ehe sie wahrscheinlich an einer von ihnen
selbst verschuldeten Umweltzerstörung zugrunde gingen.

DIE SICAN-KULTUR UND DAS GEHEIMNIS DER FÜRSTENGRUFT

In einem seit seiner Schließung vor 1000 Jahren unange-
tasteten Grab der Prä-Inka-Kultur, die nach ihrer gleichnamigen Hauptstadt Sican genannt wird, spürte ein inter-
nationales Archäologenteam unter Leitung von Professor
Izumi Shimada von der Universität Harvard im US-Bun-
desstaat Massachusetts in einer Sican-Ruinenstadt unweit
des Dorfes Batan Grande im Jahr 1991 einen der bedeuten-
sten Goldschätze auf, der je in Amerika von Forschern
zutage gefördert wurde.

In einem Tal in Perus nördlichem Küstenstreifen, wo
Grabräuber schon seit Jahrhunderten ihr Unwesen trei-
ben, entdeckte Shimadas Arbeitsgemeinschaft zwei unversehrt gebliebene Gräber. Zu den darin gefundenen
Grabbeigaben äußerte sich John Merkel, Dozent für
Archäologie am Londoner Institut für Archäologie und
Mitglied des Ausgrabungsteams: »Einige der Objekte sind
aus einer hauchdünn gehämmerten Goldschicht gefertigt,
teilweise nur ein Zehntel eines Millimeters. In der Grabkammer eines der beiden Gräber fanden sich sechs goldene
Kronen mit geometrischer Dekoration, unweit davon
lagen 150 aus feinstem Gold gefertigte Federn, die einst
als Schmuck der Kronen dienten.«

Auf dem Skelett eines Mannes, der bei seinem Ableben
ein Alter von 40 bis 50 Jahren erreicht hatte, prangte

links Zur Sican-Kultur gehört diese Scheibe aus Gold, die einen Jaguar darstellt, der mit seiner gespaltenen Zunge und dem Kamm auf dem Rücken umso bedrohlicher wirkt. Einige kleine Löcher scheinen darauf hinzudeuten, dass das Objekt auf ein Stück Stoff oder ein Stück Kleidung aufgenäht war.

rechts Dieses rituelle Messer, auch Tumi genannt, ein wirkliches Meisterwerk der Goldschmiedekunst, gehört zu den berühmtesten Artefakten der Sican-Kultur. Das Tumi läuft am oberen Ende in ein Bildnis von Naymlap über, das mit Türkisen überzogen ist. Der Gott-Held besticht durch seine Vogelaugen, seine Flügel und seinen halbmondförmigen Kopfschmuck. Zudem trägt er Ohrgehänge in der Form eines Vogels.

eine goldene Totenmaske mit Augen aus Smaragden. Des Weiteren legten die Archäologen in der am Ende eines zwölf Meter langen Schachtes angesiedelten Grabkammer vier aus Gold gefertigte Stirnbänder, vier goldene Rasseln, sechs Paare Ohrschmuck aus Gold sowie weiteren Ohrschmuck aus Silber frei. Zudem stießen sie auf hunderttausende von durchbohrten Kügelchen aus Türkisen, Lapislazuli, Kristall und Meermuscheln, von denen die meisten ursprünglich ein aus vier Schichten bestehendes Prachtgewand gebildet und einige auch als Schmuckketten gedient hatten. Die Größe der Kügelchen war unterschiedlich und reichte von zwei Millimetern bis zwei Zentimetern. In den Grabkammern lagen auch die sterblichen Überreste von zwei jungen Frauen und zwei Kindern.

Ein seltener Volltreffer der Archäologen

Dieser Fund erwies sich als ein wahrer Glücksfall, denn diesmal waren die Archäologen schneller als die Grabräuber und konnten die gesamten Grabbeigaben mit wissen-

schaftlicher Akribie bergen. In der Tat gehen die meisten Fundstücke aus Perus früherer Zeit auf Plünderer der Grabstätten zurück und wurden von der Wissenschaft voreilig den Inkas zugeordnet. In Wirklichkeit sind sie aber oft mindestens doppelt so alt wie die Kultur des von ca. 1200 bis 1532 bestehenden Imperiums der Inkas. So erleichtert vielleicht die sachgemäße Ausgrabung und die Geschlossenheit des Funds von Batan Grande eine genaue Überprüfung der in den Museen der Welt zu Unrecht als Inka-Objekte bezeichneten Exponate und deren exaktere kulturelle Einreihung.

Das alte Sican-Reich, dessen Hauptstadt fünfzehn Pyramiden aufwies, war so groß wie zwei Drittel Großbritanniens. Seine kulturelle Ausstrahlung war jedoch viel bedeutender als sein geografischer Umfang und reichte über einen 3000 Kilometer langen Küstenstreifen von Kolumbien bis Chile. Figürliche Darstellungen aus diesem Kulturraum befinden sich auf Artefakten aus den Werkstoffen Gold und Silber, aber auch auf Keramiken.

Der bereits zitierte John Merkel ging außerdem der faszinierenden Frage nach, ob die spanischen Konquistadoren bereits Kenntnis von den »goldenen Gräbern« der Sican-Kultur gehabt hätten: »Dafür gibt es keine schlüssigen Beweise. Vor drei Jahren wurde in der Nähe der Fundstätte ein Schmelzofen aus der spanischen Kolonialzeit entdeckt, der allerdings zum Einschmelzen von Gegenständen aus Kupfer diente. Kupfer wurde sowohl für den Export nach Spanien als auch für den Eigenbedarf verwendet. Zum Einschmelzen von Edelmetallen wurden lediglich kleine Schmelzpfannen gefunden.«

Die in Batan Grande aufgespürten Objekte befinden sich im Gewahrsam der Nationalmuseen Perus, deren ganzer Stolz die Totenmaske des unbekannten Sican-Fürsten ist. Auch wenn das New Yorker Metropolitan Museum auf ein noch schöneres Exemplar aus der Sican-Kultur zurückgreifen kann, so ändert sich doch nichts an der Tatsache, dass die Fülle der an einem Ort intakt entdeckten Grabbeigaben von Batan Grande bislang unübertroffen geblieben ist.

DIE MOCHICA UND IHRE »KERAMISCHEN BILDERBÜCHER«

Der amerikanische Forscher Ephraim Squier, der in der Mitte des 19. Jahrhunderts das nordperuanische Tal des Flusses Moche (von dem der Name Mochica herkommt) und das benachbarte Chicama-Tal archäologisch erforschte, hat den aufschlussreichen Satz geprägt: »Die Sprache der Mochica ist ihre Keramik.« In der Tat haben uns die alten Peruaner mit ihren Tongefäßen »keramische Bilderbücher« hinterlassen, die beredte Zeugnisse vom Leben der Mochica abgeben. Ihre kunstfertigen Töpfer haben mithilfe der Plastik oder mittels linearer, naturalistischer Malerei verschiedenste Szenen aus ihrem Alltags- und Rituelleben dargestellt. Sie brannten ihre kugelförmigen Flaschen und Krüge, ihre breit ausladenden Schalen, ihre Vasen mit Reliefverzierung und ihre Figurengefäße mit darauf abgebildeten Menschen, Tieren und Gottheiten meist in offenen Gruben, in denen das mit Reisig, Schilfrohr und Lamamist genährte Feuer Temperaturen von fast 1000 Grad Celsius erreichte. Diese ihre Schöpfungen bemalten sie anschließend mit Pinseln aus Wildschweinborsten. Auf elfenbeinfarbenem Grund zeichneten sie mit rotem oder rötlich braunem feinem Strich realistische Bilder, die von der Lebensweise ihres Volkes kündeten. Ihre prächtigsten Kunstwerke sind Porträtvasen, auf denen die menschlichen Züge bis in die kleinsten Einzelheiten naturgetreu modelliert sind. Auf den bemalten Tonplastiken von Köpfen sind fast ausschließlich Männer zu erkennen, deren runde Gesichter sich durch hervortretende Backenknochen, eine mächtige Adlernase, einen ziemlich großen Mund, breite Lippen und gleichsam schräg stehende Augen auszeichnen.

Ein Volk von Bauern, Handwerkern und Kriegern

Zwischen dem 1. und 8. Jahrhundert n. Chr. stellten die Mochica in den nordperuanischen Tälern tausende solcher mit kunstvollen Malereien geschmückter Gefäße her. Über ganze 600 oder 700 Jahre hinweg beherrschten sie das Küstengebiet Nordperus, wo sie sich in von Flüssen durchzogenen Oasentälern immer weiter ausbreiteten.

Die Mochica-Handwerker haben sich auf das Töpfern und Weben verstanden. Auch beherrschten sie die Metallverarbeitung von Gold, Silber, Kupfer und deren Legierungen. Wer bei den Mochica nicht als Bauer, Fischer, Jäger oder Handwerker zum Reichtum des Königreiches beitrug, konnte als »Berufssoldat« die Macht des Staates festigen und vermehren helfen. Das alte vorinkaische Volk verfügte über eine schlagkräftige Armee, die mit Keulen, Kriegsäxten, Schilden, Speeren und Speerschleudern ausgerüstet war. Den Oberbefehl über das Heer führte wohl der allmächtige Alleinherrscher, der dem Staat vorstand und auch die Stelle des obersten Hohepriesters einnahm. In den eroberten Tälern setzte er Gebietsstatthalter ein, die in seinem Namen regierten. Die Untertanen des Königs waren von dessen göttlicher Herkunft überzeugt. Sie durften sich ihm nur mit tief bis zu den

Knien gesenktem Kopf nähern und mussten dabei ihre Hände demütig falten.

Die vornehmen Mochica lebten in großartigen Palästen. In bequemen Sänften, die von Sklaven getragen wurden, reisten sie zur Inspektion bis in die entlegensten Gebiete des Staates. Ihnen oblag auch die Rechtsprechung. Übeltäter, die die ungeschriebenen Gesetze des Reiches missachtet hatten, wurden von ihnen aufs Strengste bestraft. Von der Schwere und der Art des Vergehens hing es ab, ob dem Verurteilten nur die Nase, die Ober- oder Unterlippe, ein Bein, beide Beine oder sogar das Geschlechtsteil abgehackt wurden. Mitunter wurden dem Verbrecher auch die Augen ausgestochen. War jemand der Höchststrafe für schuldig befunden worden, zog man ihm die Haut vom Leibe, ehe man ihn öffentlich steinigte. Zur Abschreckung der anderen Bürger des Staates wurden die verstümmelten Rechtsbrecher durch die Straßen der Mochica-Ortschaften geschleift. Mit diesem abgestuften grausamen Strafensystem erzwang der König Ehrfurcht vor Gesetz und Religion.

Der »Fürst von Sipán«

Einen der spektakulärsten archäologischen Funde des letzten Jahrhunderts in Südamerika stellt die Entdeckung der unberührten letzten Ruhestätte eines Würdenträgers aus der Glanzzeit der Mochica im Jahr 1987 dar. Vor 1500

links Mochica-Porträtvase mit dem Antlitz eines jungen Kriegers.

oben In der Mitte der Grabanlage befindet sich der große Sarg mit den Gebeinen des »Fürsten von Sipán«, an dessen Kopf- und Fußende zwei Frauen aufgebahrt sind, wohingegen zwei Männer mit abgeschlagenen Füßen links und rechts neben dem Fürsten liegen.

Jahren war der Mann am Fuße der gewaltigen Lehmpyramiden von Sipán mit seinem Gefolge und tausenden von kostbaren Grabbeigaben aus Gold, Silber und Keramik bestattet worden. Der zwischen Zuckerrohrfeldern auf drei Hügeln gelegene Ausgrabungsort Huaca Rajada befindet sich etwa 40 Kilometer östlich der Küstenstadt Chiclayo im Norden Perus.

Beinahe so aufregend wie der Schatz selbst waren die Umstände seines Auffindens. Der Archäologe Walter Alva wurde nämlich mitten in der Nacht von aufgeregten Polizisten aus dem Bett geholt. Die Beamten wollten ihm umgehend 33 antike Gold- und Keramikstücke zeigen, die sie in Sipán an der Nordwestküste von Peru Grabräubern abgejagt hatten. Als Alva der Meisterwerke gewahr wurde, vor allem eines Menschenkopfes aus purem Gold mit silbernen Augenlidern und Pupillen aus Lapislazuli, wusste er sofort, dass es sich um wertvollen Schmuck für einen großen Herrscher handeln musste. Er ließ sich unverzüglich zum genauen Fundort führen, wo er fieberhaft im Lehm der ausgeraubten Grabkammer schaufelte, bis er in über 17 Metern Tiefe fündig wurde.

So siegten zum ersten Mal die Archäologen im aussichtslosen Kampf gegen Grabräuber, die schon seit Jahrhunderten nachts die Kultstätten ihrer Ahnen fleddern und dabei reichhaltige Beute abschleppen, wie Goldschmiedearbeiten oder Keramiken, die auf dem illegalen

Kunstmarkt verschoben werden und für immer in den Tresoren vermeintlicher Kunstliebhaber verschwinden.

Im Verlaufe eines Jahres legten Walter Alva und sein Team während einer umfangreichen, Tag und Nacht von der Polizei abgesicherten Grabungsaktion die intakte, reich geschmückte Ruhestätte eines Fürsten frei. Der ungefähr 35 Jahre alt gewordene Herrscher war nicht allein bestattet worden. Zwei Frauen, an seinem Kopf- und Fußende, und zwei Männer, links und rechts neben ihm aufgebahrt, waren ihm ins Jenseits gefolgt. Ob sie dies freiwillig taten, muss bezweifelt werden, denn zwei Begleitern waren die Füße abgeschlagen worden, vermutlich in einem Ritual, damit sie ihren Gebieter im Leben nach dem Tod nicht im Stich lassen konnten.

»Lord von Sipán« nennt Walter Alva den Regenten, den er mit prächtigen Grabbeigaben aus Kupfer, Gold und Ton ans Tageslicht holte. Kenner vergleichen seinen Fund mit der Entdeckung der Pharaonengräber in Ägypten und sprechen sogar von einem südamerikanischen Tut-ench-Amun. Der von mehreren perlenbestickten Gewändern umhüllte Kazike oder Fürst trug einen halbmondförmigen Kopfschmuck, an dem ursprünglich Federn befestigt waren, wobei sein Gesicht mit einer mehrteiligen goldenen Maske bedeckt war. Um seinen Hals hingen Ketten aus

massiven Goldscheiben oder in Form von Riesenerdnüssen, diese teils aus Silber, und aus aneinander gereihten Goldköpfen, von denen die eine Hälfte grimmig, die andere freundlich dreinblickt.

Neben ihm lagen zwei Pfund schwere Panzer, die wie ein Lendenschurz getragen wurden, und Rasseln aus Goldblech, die eine gottähnliche Gestalt mit abgetrennten Köpfen in den Händen zeigen. Auch die sechs Ohrgehänge aus Gold, die der Tote trug, zeugen von der hervorragenden Goldschmiedekunst dieser frühen indianischen Hochkultur. Der »Fürst von Sipán« hielt in jeder Hand ein Zepter, das zugleich als Opfermesser diente, wie sich an den darauf abgebildeten Würdenträgern erkennen lässt, denn

oben Goldarbeit, die den »Fürsten von Sipán« darstellt, der in beiden Händen ein Zepter hält (Museum von Sipán, Peru).

rechts »Tönerne Armee«: Grabbeigaben in der letzten Ruhestätte des »Fürsten von Sipán«.

ganz rechts Das Mochica-Gefäß mit Bügelhenkel zeigt einen Fischer in seinem Boot.

vor jedem dieser Würdenträger kniet ein durch einen Halsstrick gekennzeichneter Gefangener, dem gerade der Gnadenstoß versetzt wird. Rund um den »Señor von Sipán« waren Töpfe drapiert, die allesamt unterschiedliche, individuell geformte Gesichter aufweisen und als tönerne Armee Totenwacht halten.

Das immer wiederkehrende Ritual der Menschenopferung und die Art der Bestattung geben den Archäologen Anlass zur Vermutung, der Kazike sei oberster Kriegsherr und Priesterfürst in einer Person gewesen, ein Herrscher über Leben und Tod, der – seltsam genug – bereits mit 35 Jahren auf dem Höhepunkt seiner Macht starb.

Die das Land bewässerten

Mit dem Grab des »Lords von Sipán«, der als Perus geistiger Ahnherr gefeiert wird, taucht das Volk der Mochica, das zwischen 100 v. Chr. und 800 n. Chr. seine Blütezeit erlebte, aus dem Dunkel des Vergessens. Bislang weiß man nur wenig über dieses rätselhafte Volk von Bauern, Handwerkern und Kriegern, das zwar nie ein Imperium grün-

dete, aber einen etwa 350 Kilometer langen Küstenstreifen am Pazifik im Norden Perus bevölkerte, »wo es sich nach Art der alten Sumerer Mesopotamiens in bewässerten Flusstälern niederließ«, wie Walter Alva zu berichten weiß: »Indem sie Flüsse in ein imposantes Netz von Bewässerungsgräben und Kanälen umleiteten, verwandelten sie einen öden Landstrich in eine fruchtbare Zone des Überflusses. Die Tal-Oasen, die sie bewirtschafteten, ernährten weit über 50 000 Menschen – mehr als heute dort leben.«

Das Zentrum dieser altamerikanischen, präinkaischen Zivilisation war der namengebende Rio Moche, den sie auch in ihr raffiniert ausgeklügeltes Bewässerungssystem eingebunden hatten, das das Wasser aus dem Hochland über Kanäle so verteilte, dass auch an den Randzonen der Wüste eine ausreichende Agrarwirtschaft möglich wurde. Reste dieser Anlagen sind noch heute in der Form von Wasserreservoiren, Aquädukten und Kanalsystemen recht gut erhalten.

Über ihre durchdachten Bewässerungsanlagen vermochten die Mochica jeden Zentimeter bepflanzbarer Erde zu nutzen. Der zweimal, manchmal sogar dreimal im Jahr geerntete Mais war die Grundlage ihrer Ernährung. Daneben bauten sie Kartoffeln, Kürbisse, Chilipfeffer, Zimt, Ananas und Limabohnen an. Ihre sorgfältig bewässerten Felder düngten sie mit Guano, den Boden bearbeiteten sie mit hölzernen Grabstöcken sowie Hacken und in

ihren Anwesen hielten sie sich Truthähne, Enten und Meerschweinchen.

Die Mochica ernährten sich nicht nur vom Ertrag ihrer Felder, sondern betrieben auch Fischfang. Mit ihren aus Schilfrohr geflochtenen Booten wagten sie sich weit aufs Meer hinaus, wo sie Angelschnur und Haken auswarfen oder mit Harpune und Netz fischten. Auch nutzten sie gezähmte Kormorane für den Fischfang. Auf ihrer Keramik sind viele derartige Szenen dargestellt, aus denen wir ihre Methoden des Fischfangs und auch der Jagd ablesen können. Auf vielen Zeichnungen stellen vornehme, mit Turbanen geschmückte Jäger peruanischen Hirschen nach, die sie mit Speeren zur Strecke bringen. Auf den Jagdbildern sind auch Jagdhunde und Treiber zu sehen. Während der Fischfang von lebenswichtiger Bedeutung war, blieb die Jagd wahrscheinlich als Ritual oder als Vergnügen nur der Herrscherkaste vorbehalten.

Der Jehova der Mochica

Bereits einige Jahre vor der Entdeckung des »Señors von Sipán« hatten die beiden amerikanischen Archäologen William Duncan Strong und Clifford Evans im Viru-Tal eine rechteckige Mochica-Grabkammer aus Lehmziegeln freigelegt. In einem kleinen, aus Schilfrohr geflochtenen

unten Hier ist wahrscheinlich die Hauptgottheit der Mochica wiedergegeben, eine Art Jaguar-Gott in Menschengestalt mit furchtbaren Reißzähnen, der vielleicht in Südamerika die erste Äußerung des Glaubens an einen einzigen Gott darstellt.

rechts oben Die Sonnenpyramide im Moche-Tal (Huaca del Sol) aus dem 5. bis 6. Jahrhundert n. Chr. ist 340 Meter lang, 220 Meter breit und 41 Meter hoch.

rechts unten Die Sonnenpyramide besteht aus mehr als fünfzig Millionen Lehmziegeln. Auf dieser Aufnahme sieht man die einzelnen aufeinander geschichteten Lehmziegelreihen.

Sarg ruhten die Gebeine eines greisen Würdenträgers, dessen Gesicht von einer kupfernen Totenmaske bedeckt war. An seiner Seite lagen ein etwa zehn Jahre alter Junge, ein stattlicher Mann und zwei in einfache Kleider gehüllte Frauen, die alle vermutlich nach dem Hinscheiden des Krieger- und Priesterfürsten zu dessen Ehre geopfert worden waren, um ihn ins Jenseits zu begleiten und ihm dort zu dienen.

Auf einem der wunderschönen hölzernen Stäbe, die man als Beigaben über den Leichnam des vornehmen Greises gelegt hatte, prangt die Abbildung eines alten Mannes, der durch die großen, schrecklichen Reißzähne auffällt, die aus seinem Mund herausragen. Diesen Alten mit den furchtbaren Jaguarzähnen halten die Forscher für den Hauptgott oder einen der Hauptgötter der Mochica. Rafael Larco Hoyle geht sogar in seinen Vermutungen noch einen Schritt weiter und sieht in ihm die erste Äußerung des Glaubens an einen einzigen höchsten Gott. Diesen Jehova der Mochica nennt er in Anlehnung an die viel jüngere Chimu-Sprache Aiapaec, was so viel bedeutet wie »jener, der schöpft« oder auch »der Schöpfer«.

Der Aiapaec hat menschliche Züge, abgesehen von den Schrecken erregenden Reißzähnen, und wurde als guter Gott verehrt, der stets den Sieg über seine bösen Widersacher davontrug. Dieser Gott in Men-

schengestalt, der sich mit dem halbmondförmigen Axtmesser der Mochica, dem »Tumi«, gegen die Angriffe
abscheulicher Dämonen und sonsti-
ger ungeheuerlicher Ausgeburten der
menschlichen Fantasie zur Wehr
setzen musste, scheint tatsächlich in
der Religion dieser Indianer die Per-
sonifizierung des Guten dargestellt
zu haben. Ihm war auch die größte
Pyramide des ganzen Mochica-Rei-
ches gewidmet – die riesige Sonnenpyramide im Moche-Tal (nahe der nordperuanischen Stadt Trujillo), die
zusammen mit der Mondpyramide
und anderen Bauwerken das religiöse
Hauptzentrum dieses Volkes bildete.

Pyramiden als Todestempel

Das »Sonnenheiligtum«, der wuch-
tigste Kultbau an der Küste Perus, ist
eine mächtige Stufenpyramide, die
sich aus mehr als 50 Millionen
Lehmziegeln zusammensetzt und
eine Höhe von 41 Metern erreicht.
Ihr gegenüber erhebt sich die
21 Meter hohe Mondpyramide mit
einer Fläche von 80 mal 60 Metern.
Die Namen der zwei Bauwerke stammen von den heutigen Peruanern,
die sie Huaca del Sol (Heiligtum der
Sonne) und Huaca de la Luna (Heiligtum des Mondes) nennen.

Nicht nur im Moche-Tal, sondern
auch im Nepena-Tal bei Panamarca
haben die Archäologen Überreste von
Mochica-Pyramiden gefunden. Auf

den herrlichen Fresken, die der amerikanische Forscher
Richard Schaedel dort entdeckt hat, sind – wie übrigens
auch auf zahlreichen Gefäßen – viele militärische Szenen
abgebildet, die darauf schließen lassen, dass die Mochica
ein kriegerisches Volk gewesen sind, das seine Gefangenen
den Göttern opferte, vermutlich dem Mond, wenn dieser

voll am Himmel erstrahlte. In den Augen der Mochica
war das Blut der Menschenopfer der Lieblingstrank der
Götter. Durch die rituelle Tötung von Feinden, denen man
mit dem heiligen halbmondförmigen Messer die Kehlen
durchschnitt, wollten die Priester die Götter günstig stimmen und ihrem Volk damit Reichtum und Macht sichern.

grausame Tötungsriten an ihnen vollzogen wurden. Nackt, aus vielen Wunden blutend und mit Stricken gefesselt hauchten sie auf dem Kultplatz mit aufgeschlitztem Hals ihr Leben unter dem Messer des mit Gold geschmückten Priesters aus. Eine Helferin fing das Blut der Geschundenen in einem goldenen Kelch auf und reichte es dem Priester. Die gefundenen Knochen der Geopferten weisen Spuren extremer Folterungen auf und zeugen von der gewalttätigen Kultur der Mochica.

Im heiligen Bezirk der Mochica-Pyramiden fanden zudem Marathonläufe statt, die den Beistand der Götter erwirken sollten. Es wurden dort auch sozusagen »normale Gottesdienste« gefeiert, bei denen die Priester die Arme flehend gen Himmel streckten und alle Anwesenden Kokablätter kauten.

Als die Kultur der Mochica im 8. Jahrhundert n. Chr. plötzlich verschwand, blieben als Relikte nur hunderte von riesigen Lehmpyramiden zurück, zum Teil 40 Meter hoch, die, anders als in Ägypten, nicht von Anfang an als Mausoleen benutzt wurden, sondern vielmehr als religiöse Kultstätten und Verwaltungszentren.

Warum die Mochica untergingen, haben die Archäologen bislang noch nicht eindeutig klären können. Sie fanden Anhaltspunkte für Überschwemmungen und Erdbeben, die möglicherweise lebenswichtige Bewässerungskanäle zerstörten. Auch können Klimaveränderungen den Ertrag der Fischgründe beeinträchtigt und die Niederschlagsmengen dramatisch verstärkt haben.

Die Mochica-Glanzzeit muss eine Phase mit weiträumigen Verbindungen und Kontakten nach außen gewesen sein. Dafür spricht, dass Teile der Kultikonographie in den rund 2500 Kilometer entfernten Nordwesten Argentiniens weisen, dass ein Teil des Federschmucks der Totentracht aus den Urwäldern des Amazonas-Tieflandes stammt und dass die Muschelbeigaben in den Gräbern der Küstenzone Ecuadors zuzuordnen sind.

Alle Mochica-Pyramiden wurden von den Spaniern der Kolonialzeit mit dem indianischen Quechua-Wort »Huaca« bezeichnet, das »heilig«, »heilige Stätte« oder »heiliger Gegenstand« bedeutet. Auch die heutigen Peruaner halten noch immer an dieser Benennung fest. In den Kultbauten der alten Indianer glaubten die europäischen Eroberer das zu finden, was ihnen selbst am heiligsten war, näm-

Inmitten der Ruinen von El Brujo (gut fünfzig Kilometer weiter nordwestlich von der Sonnen- und Mondpyramide gelegen), deren Name identisch ist mit dem blutrünstigen Gott der Enthauptung (El Brujo – spanisch für: der Hexer), erhebt sich unweit des Pazifiks die Huaca Cao Viejo, eine Lehmziegelpyramide, mit einem unterirdischen Labyrinth aus Kammern und Terrassen, die mit farbigen Wandmalereien verziert sind. Der Furcht erregende Gott El Brujo, dessen Gestalt halb Mensch halb Spinne ist und dessen Mund mit Hauern bewehrt ist, bewacht dort auf einer Abbildung die Tür zu einem Raum für Kultzwecke, wobei er einen abgetrennten Kopf in der Hand hält. Kunstvolle Lehmreliefs und Keramiken, die Forscher im Innern der Pyramide fanden, erzählen die blutige Geschichte der Todgeweihten im Tempel der Entleibung. Der Fries der Gefangenen in der Huaca Cao Viejo zeigt, wie

Dukaten. Im Moche-Tal plünderten sie auf ähnliche Art noch weitere Mochica- und insbesondere Chimu-Heiligtümer.

Aus dem Namen Huaca für die heiligen Stätten der präkolumbischen Indianer Altperus leitet sich übrigens auch die Bezeichnung für ihre Plünderer ab, die »Huaqueros« genannt werden – laut Miloslav Stingl »ein schimpfliches Wort für einen schimpflichen Beruf«. Die ersten Huaqueros hatten noch die Gewohnheit, die von ihnen erbeuteten Schmucksachen in Goldbarren und -ziegel einzuschmelzen. Doch heute wissen die kaum des Lesens und Schreibens kundigen Grabräuber um den unschätzbaren kulturellen und künstlerischen Wert der Mochica-Goldschmiedearbeiten, für die ihnen weit mehr Geld geboten wird als für deren Gewicht in Edelmetall.

lich jenes funkelnde Metall, nach dem sie begehrlich suchten. Um die Goldschätze der Mochica an sich zu bringen, ließen sie sich originelle Plünderungsmethoden einfallen. So grub ein Spanier namens Montalva mit seinen Kumpanen ein neues Bett für den Moche-Fluss und lenkte dessen Wassermassen direkt gegen die Sonnenpyramide. Durch die Wucht des Aufpralls brach eine Wand des »Sonnenheiligtums« zusammen und ein Eingang entstand, durch den die Konquistadoren ins Innere des damals schon über 1000 Jahre alten Kultbaus gelangten. Die Umleitung des Moche hatte sich gelohnt, denn in der Pyramide stießen die Spanier auf Gefäße, Schalen und sonstige Gegenstände im Wert von insgesamt 800 000

Tönerne Erotik

Nicht nur die goldenen Kleinodien und die stattlichen Pyramiden, sondern vor allem die geradezu massenhafte Keramikproduktion der Mochica kündet von Glanz und Größe ihrer Kultur. Denn hier haben sie alles »verewigt«, was ihr Leben ausfüllte. Ihr »keramisches Bilderbuch« enthält sogar sehr freizügige Szenen, die sittenstrenge Zeitgenossen eher einer dekadenten Zivilisation als einer Hochkultur zuschreiben würden.

In der Tat haben die Mochica mit einer verblüffenden Offenheit rituellen Geschlechtsverkehr auf ihrer Keramik dargestellt, was jedoch nicht auf das alltägliche Sexualleben dieses Volkes übertragen werden kann. Dabei treten insbesondere einige Formen sexueller Intimitäten auf, die in der westlichen Welt verpönt sind. So soll an der Küste Perus der anale Geschlechtsverkehr am meisten verbreitet gewesen sein. Über diese »sodomitische Liebe« der peruanischen Küstenbewohner waren nicht nur die christlichen Patres aus Spanien empört, sondern auch die Inkas hatten

links Diese schrecklichen Gesichtszüge einer katzenartigen Raubtiergottheit tauchen als Detail auf einer der farbigen Wandmalereien der Mondpyramide (»Huaca de la Luna«) auf.

oben So könnte die Mondpyramide einst ausgesehen haben.

bereits nach der Zerstörung des späteren Chimu-Reiches den Versuch unternommen, den analen Koitus von Mann und Frau zu unterbinden, da aus ihm keine Kinder hervorgingen. Für die Inkas war der Analkoitus eine »eitle Verschwendung von Samen«, die sie wegen der von ihnen benötigten Anzahl von Soldaten nicht billigen konnten. In den Augen der spanischen Geistlichen war diese Form des Beischlafes eine abscheuliche Sünde, die sie als wahren Gräuel empfanden. Blutschande, Tempelprostitution und rituelle Homosexualität sollen bei den Mochica ebenfalls vorgekommen sein. Sogar die Syphilis, die sich nach der Entdeckung Amerikas rasch über ganz Europa ausbreitete, soll angeblich von der Küste Perus ausgegangen sein. Sie soll eine Folge der altindianischen Zoophilie, des sexuellen Verkehrs mit Tieren, gewesen sein.

Es muss jedoch betont werden, dass die Keramikmalereien der Mochica nirgendwo sexuelle Beziehungen zwischen Mensch und Tier oder den homosexuellen Kontakt zwischen zwei Männern zeigen. Auch wenn die erotischen Bilder auf den Gefäßen den Anschein erwecken, die Indianer hätten sich ungehemmt und schamlos allen möglichen Formen des Liebeslebens hingegeben, sah die

Wirklichkeit anders aus. Die Mochica hatten für ihr Sexualleben sogar ganz bestimmte Normen, die eingehalten werden mussten, ganz genaue Vorstellungen dessen, was erlaubt und was als widernatürlich verboten war. Überschritt ein Mitglied ihrer Gesellschaft die moralische Grenze, wurde es dafür hart bestraft.

Im Liebesspiel ergriff der Mann die Initiative, die Frau musste ihm »zu Willen« sein. Dass die Frau sich den Wünschen des Mannes ohne jegliche Begeisterung fügte, offenbart ihr im Allgemeinen gleichgültiger oder sogar völlig uninteressierter Gesichtsausdruck auf den Gefäßmalereien. Der steif aufgerichtete Penis des Mannes ist das häufigste Motiv dieser erotischen Keramik, die nur ausnahmsweise die weiblichen Genitalien zeigt. Wird der Liebesakt selbst dargestellt, erbringt die Keramik eindeutig den Nachweis, dass die sexuellen Praktiken, die den ersten spanischen Chronisten 1000 Jahre später bei den

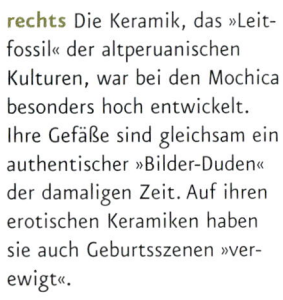

rechts Die Keramik, das »Leitfossil« der altperuanischen Kulturen, war bei den Mochica besonders hoch entwickelt. Ihre Gefäße sind gleichsam ein authentischer »Bilder-Duden« der damaligen Zeit. Auf ihren erotischen Keramiken haben sie auch Geburtsszenen »verewigt«.

Nachfahren dieser Indianer auffallen sollten, schon zur Blütezeit der Mochica, gegen 500 n. Chr., fest verankert waren. Die weitaus gebräuchlichste Form der geschlechtlichen Liebe war der Analkoitus, danach folgte die Lustbefriedigung durch den Mund; am wenigsten geschätzt war der vaginale Geschlechtsverkehr, durch den Kinder gezeugt werden konnten.

Die erotische Keramik der Mochica, dieses tönerne Bilderbuch ihrer Liebessitten, spricht eine offene Sprache, die nichts verschweigt. Ihre Gefäßmalereien sind ein aufrichtiges Selbstbekenntnis aller Aspekte ihres täglichen Lebens. Ihre Sprache, mit der sie sich verständigten: das Mochica, das im späteren Chimu-Reich erneut aufblühte und die spanische Kolonialzeit überlebte, wurde in der nordperuanischen Ortschaft Eten sogar noch im 20. Jahrhundert gesprochen.

Die Bohnenschrift der Mochica

Heute ist diese Sprache erloschen, sodass die Mochica – so scheint es – allein durch die Keramik zu uns sprechen. Damit ist jedoch der Forscher Rafael Larco Hoyle nicht einverstanden. »Nein, es ist nicht wahr, dass uns die Mochica schriftliche Mitteilungen nur in Gestalt ihrer Zeichnungen hinterlassen haben. Diese Indianer haben eine Schrift gekannt. Sie haben ein eigenes, äußerst originelles Schriftsystem verwendet, das keinem anderen der Wissenschaft bisher bekannten ähnelt.«

Da er – wie er sich selbst äußerte – von der Voraussetzung ausging, »Es ist unmöglich, dass ein so fortgeschrittenes Volk keine Schrift gehabt hat«, begann er, auf den Gefäßmalereien der Mochica nach einer Form der Aufzeichnung von Nachrichten und Mitteilungen zu suchen. Im Laufe seiner langjährigen Recherchen bemerkte er, dass auf vielen Gefäßen Limabohnen abgebildet sind, die man mit aus Punkten und Strichen bestehenden Zeichen beschriftete. Auf verschiedenen Töpfereien werden außerdem Männer dargestellt, die mit einem spitzen Griffel diese Zeichen in die Bohnen einritzen. Darüber hinaus sind auf anderen Gefäßen Priester zu sehen, die anscheinend auf den Stufen einer Pyramide Dutzende von »beschriebenen« Bohnen aneinander gereiht haben, um aus der richtigen Anordnung den Inhalt der Nachricht zu entziffern. Auch hat Rafael Larco Hoyle auf hunderten

von Mochica-Krügen Läufer entdeckt, die kleine Lederbeutel mit »beschrifteten« Bohnen in der Hand halten und angeblich als »Bohnenpost« weiterbefördern. Auf diese »Beweise« gründet der Gelehrte seine originelle Theorie von der Existenz der seltsamen Bohnenschrift der Mochica, die nur den Geistlichen und der Elite bekannt gewesen sein soll. Als ihr Reich von Tiahuanaco und dessen Kulturkreis unterworfen wurde, soll es zur Unterdrückung und schließlich zum völligen Verbot dieser angeblich ältesten Schrift der Peruaner gekommen sein.

DIE CHIMU, DIE VEREHRER DES BLEICHEN MONDES

Als sich im Jahr 1931 zwei junge Amerikaner zusammenfanden, der Pilot Robert Shipees und der Spezialist für Luftaufnahmen George Johnson, um vom Flugzeug aus die Denkmäler des präkolumbischen Peru zu erforschen, ernteten sie ungläubiges Kopfschütteln oder gar beißenden Spott. Unbeirrt und hartnäckig erkundeten sie dennoch acht Monate lang mit ihrem kleinen Flugzeug die Sierra und die Costa. Unmittelbar im peruanischen Küstengebiet wurden sie fündig. Dort, im Santa-Tal, erspähten sie von hoch oben einen 80 Kilometer langen Wall, der von den Bergen bis zum Meer hin verlief – eine wirkliche »Chinesische Mauer Perus«. Diese Bezeichnung, die sich schnell in den Zeitungen und in der Fachliteratur einbürgerte, wäre besser durch »Große Chimu-Mauer« ersetzt worden. Denn der von 14 Bollwerken gesäumte Grenzwall diente dem Chimu-Reich als Schutz vor empfindlichen Angriffen und Einfällen aus dem Süden. Robert Shipees, der junge »fliegende Archäologe«, der bei seinem Flugabenteuer das größte, ausgedehnteste Bauwerk der präkolumbischen peruanischen Architektur gefunden hatte, machte kein Hehl aus seiner Überraschung: »Wir können es noch immer kaum glauben, dass wir wirklich eine Entdeckung von so außerordentlicher Bedeutung gemacht haben und noch dazu in einem Gebiet, dessen Ruinen schon 75 Jahre lang Gegenstand sorgfältiger Untersuchungen namhafter Archäologen waren.«

Nicht minder bewunderungswürdig als militärische Verteidigungsanlage ist die 80 Kilometer weiter südlich

pyramidenartig errichtete Chimu-Festung Paramonga, deren raffinierter Terrassenbau eine Eroberung nahezu unmöglich machte. Dieses Adlernest, das sich auf einem hohen Berg erhebt und die gesamte Umgebung beherrscht, entstand zur Zeit der größten Machtentfaltung der Chimu.

Die altperuanische Großstadt Chan-Chan

Bereits im 14. Jahrhundert hatte dieses vorinkaische Volk an der Nordküste Perus einen der zentralisiertesten und mächtigsten Staaten des Andengebiets geschaffen. Das Reich von Chimor zog sich 1000 Kilometer weit von Tumbez im Norden bis Paramonga im Süden hin und setzte sich ausschließlich aus Küstentälern zusammen, die durch gewaltige Bewässerungsanlagen miteinander verbunden waren. Die Metropole des Küstenstaates war die prächtige altperuanische Großstadt Chan-Chan im Moche-Tal. Sie erstreckte sich über eine Fläche von 18 Quadratkilometern und umfasste zwischen 50 000 und 100 000 Ein-

wohner. Von zwei mächtigen Wehrmauern umgeben, war sie in zehn Viertel eingeteilt, die wiederum von einem bis zu zwölf Meter hohen Wall umschlossen waren. Jede dieser ummauerten Ministädte besaß einen eigenen Tempel, palastähnliche Plätze und Gärten. Zwischen den einzelnen Stadtbezirken dehnten sich Sümpfe, Friedhöfe und bebautes Ackerland aus. Auf den Feldern war der Boden ausgehoben worden, wodurch man an das Grundwasser gelangte und eine intensive Landwirtschaft betreiben konnte. In den Ruinen Chan-Chans, die noch heute den Besucher beeindrucken, finden sich überall Wasserkanäle und -becken, die davon zeugen, dass das Leben spendende Nass seinerzeit durch die ganze Stadt geleitet wurde und allen Bewohnern zur Verfügung stand.

Inmitten der einst märchenhaft schönen öffentlichen Gärten erheben sich die Trümmer zweier Paläste, in denen eine ganze Reihe von winzigen Kammern die Aufmerksamkeit der Forscher erregte. Zunächst glaubten sie, es handele sich um Gefängniszellen für Chimu-Sträflinge – bis vor einigen Jahrzehnten der Altamerikanist Hermann Leicht den Verdacht äußerte, die kleinen Kämmerchen seien möglicherweise die Aufenthaltsräume heiliger Schlangen gewesen. Diese interessante Idee untermauerte der Kenner des alten Peru durch seinen Hinweis auf die Bedeutung des Wortes »Chan« in einigen mexikanischen Indianersprachen. Im präkolumbischen Mexiko hieß »Chan« nämlich »Schlange«, und »Na-Chan« war gleichbedeutend mit »Haus der Schlangen«. Da die Chimu in

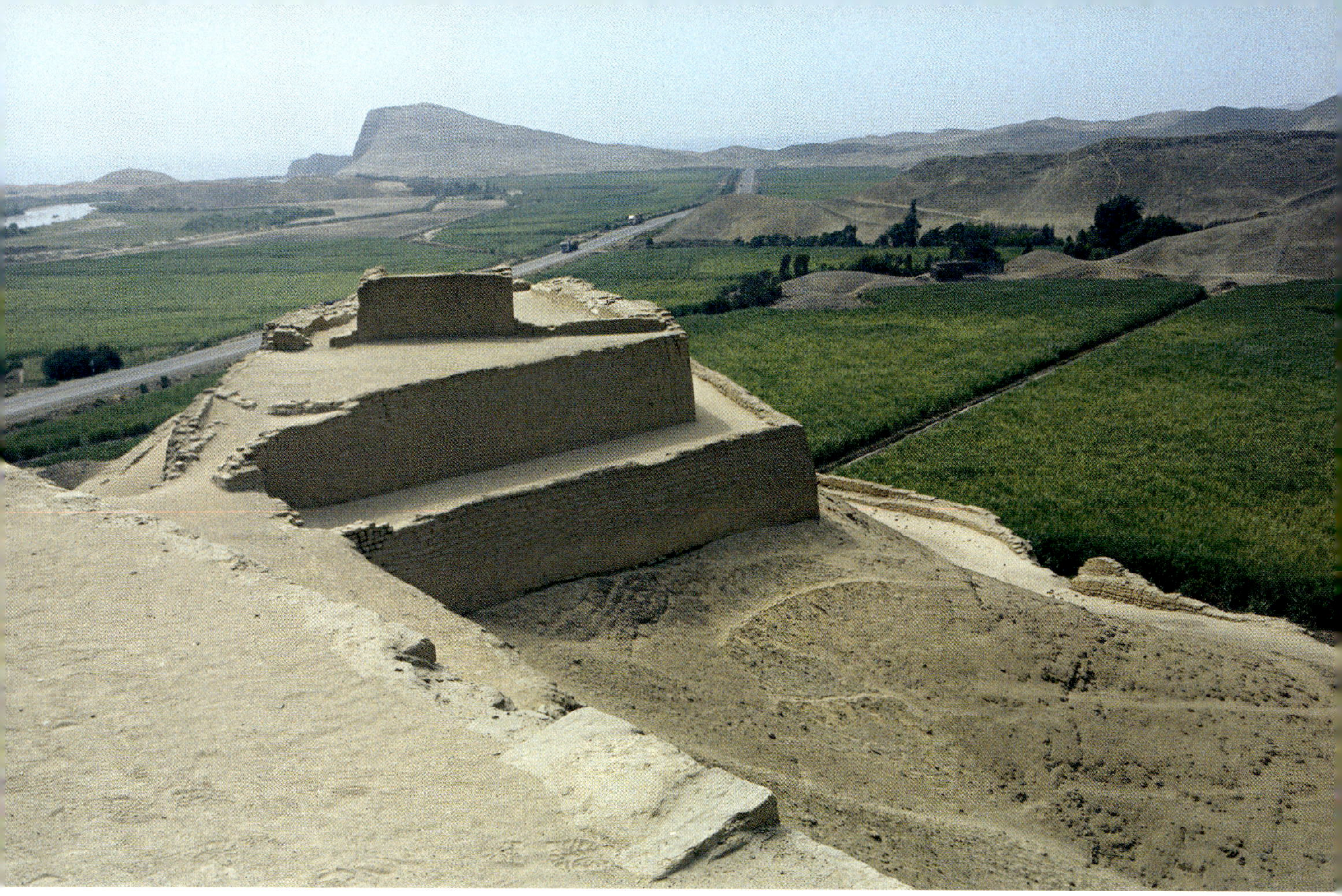

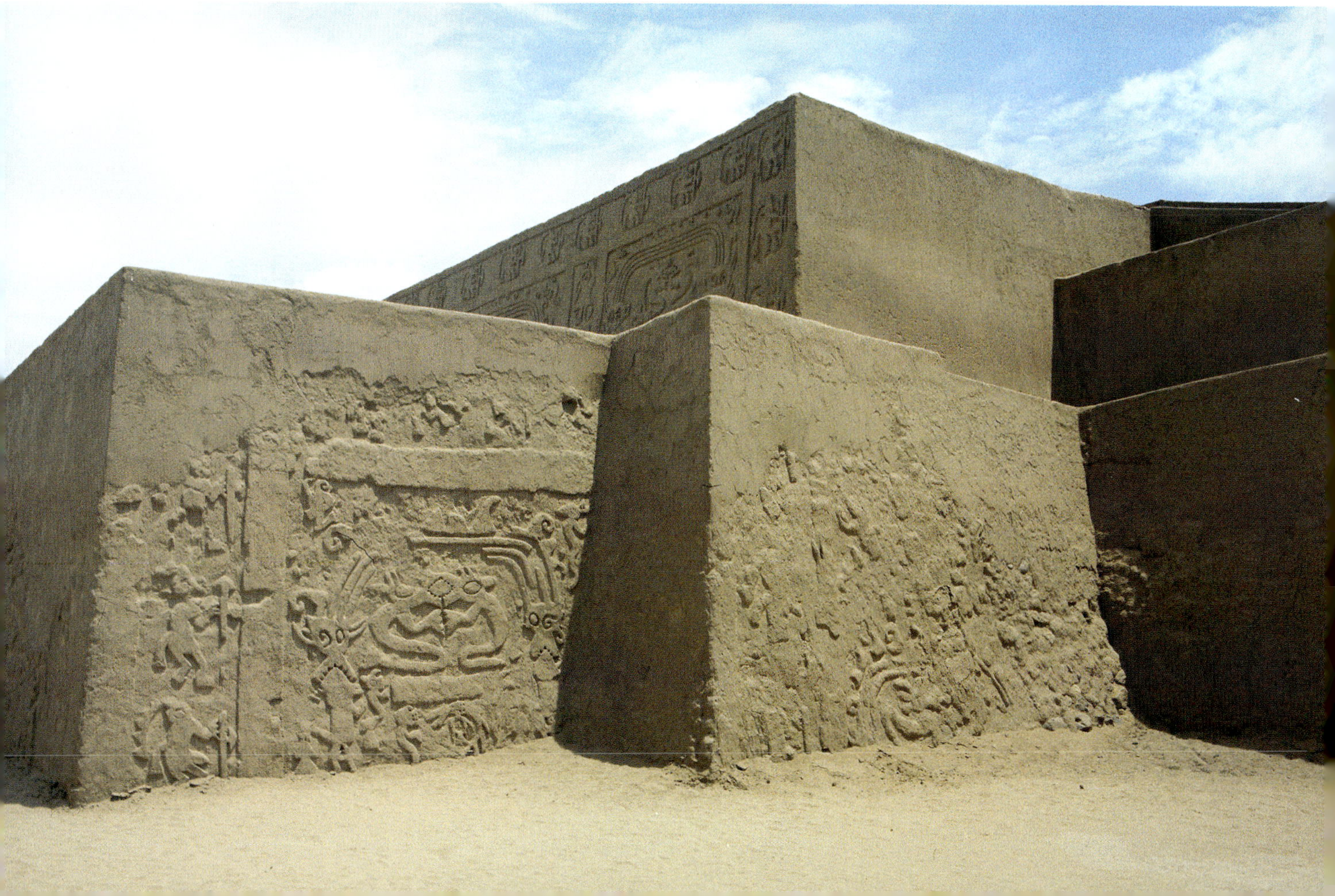

ihrer Muttersprache den Begriff Haus mit der Silbe »an« bezeichneten, liegt die Vermutung nahe, Chan-Chan könne wie in Mexiko auch »Haus der Schlangen« bedeuten.

Heilige Schlangen gibt es jedoch lange nicht mehr in dieser toten Stadt, deren Lehmbauten immer mehr zerfallen. Benötigte Chan-Chan einst zu seiner Entfaltung am dringendsten Wasser, so ist das kostbare Nass heute sein größter Feind. Prasseln Wolkenbrüche auf die aus getrockneten Lehmziegeln errichteten Mauern nieder, werden nicht wieder gutzumachende Schäden angerichtet. Zum Glück öffnet der Himmel seine Schleusen nicht allzu oft über der einstigen Chimu-Metropole, sonst hätten die Unbilden der Witterung sie schon längst vollständig zerstört.

Der »König vom Balsafloß« und seine Nachfahren

Die Bewohner der Nordküste Perus beherrschten die Mochik-Sprache, die sich völlig vom Quechua und Aymara des Hochlands unterschied. Über den Ursprung der Chimu berichten verschiedene Legenden, die von spanischen Chronisten aufgezeichnet wurden. So soll Naymlap, der Vorfahre der Gründer des größten Küstenstaates und letzten vorinkaischen Reiches in Peru, von Norden her auf einem Balsafloß übers Meer gekommen sein. Dieser tüchtige und tapfere Mann erschien mit einem großen Gefolge von Würdenträgern, deren Namen und Funktionen die Sagen überliefert haben. In Naymlaps Begleitung befanden sich sein Herold Pita Zofi, sein Zeremonienmeister Fonga Sigde, sein Oberkoch Occhocalo, sein Schneider Llpachillulli und sein Kosmetiker Xam Muchec. Der »König vom Balsafloß« hatte auch eine ganze Schar von Frauen mitgebracht, darunter seine Gattin Ceterni.

Die erlauchte Gesellschaft landete an der Mündung eines Flusses, zog ins Innere des Landes und gründete dort die Ansiedlung Chot. Inmitten zahlreicher Paläste ließ Naymlap einen Tempel errichten, in dem eine steinerne Stele von grüner Farbe verehrt wurde. Dieses Idol besaß die Züge des Fürsten und trug den Namen Llampallec, was »Bildnis und Statue des Naymlap« bedeutet. Naymlap war also nicht nur der Herrscher seines Volkes, sondern wurde auch als dessen Gott angesehen.

In seiner neuen Heimat war ihm das Schicksal hold. Er durfte viele Jahre mit seinem Volk in Frieden und Ein-

tracht leben. Als er spürte, dass die Stunde seines Ablebens gekommen war, befahl er seinen Angehörigen, ihn heimlich in seinem Palast zu bestatten. Sein erstgeborener Sohn Cium verbreitete im ganzen Land die Kunde, Naymlap habe sich dank seiner göttlichen Macht Flügel wachsen lassen und sei zum Himmel emporgeflogen.

Nach der Himmelfahrt des Königs, an die Naymlaps Untertanen glaubten, bestieg Cium den Thron in Chot. Aus der Vereinigung mit seiner Gemahlin Zolzdoni gingen zwölf Söhne hervor, die wie die zwölf Apostel der Bibel nach allen Richtungen auszogen, um sämtliche Flusstäler an der peruanischen Nordküste zu bevölkern. Naymlaps Lieblingssohn Cium schied ebenso heimlich aus dieser Welt wie sein Vater. Seine letzte Stunde verbrachte er in einer unterirdischen Gruft, wo er still und ohne Zeugen verstarb. Nachdem er in den Tiefen der Erde verschwunden war, wurde Esqunam zu seinem Nachfolger bestimmt. Nach ihm herrschten Mascuy, Cuntipallec, Allascunti, Nofan Nech, Mulumuslan, Llamecoll, Lanipateum und Acunta.

Der letzte Angehörige dieses Herrschergeschlechts, Fempellec, war durchaus kein weiser König. Er hatte es sich in den Kopf gesetzt, das grüne steinerne Standbild Llampallec aus dem Tempel von Chot zu entfernen und an einen anderen Ort zu bringen. Als der »Teufel« erkannte, dass dieser Fürst keiner Versuchung würde widerstehen können, erschien er ihm in der Gestalt einer wunderschönen Dirne, die sich ihm an den Hals warf und ihn sofort verführte. Gleich darauf ging eine wahre Sintflut auf das trockene Land nieder, die dreißig Tage währte. Die verwerfliche Liebeslust des Königs brachte seinem Volk Überschwemmung, Missernte und Hungersnot ein. Seine Untertanen weigerten sich, ihn künftig als ihren Gott anzuerkennen und warfen ihn, an Händen und Füßen gefesselt, ins tiefe Meer, wo er ein unrühmliches Ende fand.

Mit Fempellecs gewaltsamem Tod erlosch die einheimische Herrscherdynastie. Das Land blieb jedoch nicht lange ohne einen Herrn, denn schon bald ging die Macht in die Hände des Fürstengeschlechts der Chimu über, die aus dem Moche-Tal herstammten und sich nach und nach aller angrenzenden Küstenstreifen bemächtigten. Die Bezeichnung »Chimu« bezog sich ursprünglich nicht auf ein Volk oder ein Land, sondern war der Eigenname der Könige dieses aufstrebenden Reiches. Erst viel später wurden auch die Bürger dieses Staates Chimu genannt.

Als die Chimu auf die Inkas stießen

Die eigentlichen Chimu kamen ebenfalls – so will es jedenfalls die Legende – auf Balsaflößen von Norden her über den Ozean gesegelt. Tacaynamo, der Gründer der Dynastie, soll in der ersten Hälfte des 14. Jahrhunderts n. Chr. an der Mündung des Moche gelandet sein und im dortigen Tal einen heiligen Tempel erbaut haben. Als dieser kluge Mann starb, folgte ihm sein Sohn Guacri-Caur auf den Thron. Erst der dritte Chimu, Nancen-Pinco, erweiterte ab 1370 die Macht des Staates durch eine konse-

quent durchgeführte Eroberungspolitik. Unter dem König Minchancaman reichte das Imperium der Chimu vom äußersten Norden Altperus bis ins Tal des Carabayllo im Süden und umfasste einen zusammenhängenden Küstengürtel von 1000 Kilometern Länge.

In den 60er Jahren des 15. Jahrhunderts kam es zum Zusammenstoß zwischen den beiden größten Staaten des präkolumbischen Peru, zwischen den Chimu und den Inkas. Dem mächtigen Minchancaman erwuchs ein erbitterter Gegner im Inka Pachacuti, der den Heerführer Tupac Capac mit einer riesigen Armee von 30 000 Mann gegen das Chimu-Reich aufmarschieren ließ. Als Minchancaman zur Kapitulation aufgefordert wurde, antwortete er den Unterhändlern der Inkas: »Ich bin bereit, für die Verteidigung des Landes meiner Väter, seiner Gesetze und Sitten mit der Waffe in der Hand zu sterben. Ich lehne es ab, mich neuen Göttern zu beugen.« Trotz hartnäckigen Widerstands unterlagen die Chimu den Angreifern bei Paramonga. Der Inka-General Tupac Capac, der die raffiniert ausgeklügelten Bewässerungsanlagen des Gegners systematisch zerstört und somit schon früh in der Weltgeschichte auf Umweltkriegführung zurückgegriffen hatte, erbeutete nicht nur die Goldschätze der Chimu, er plünderte auch ihre Paläste und Tempel und brachte sogar den tapferen Minchancaman und dessen Söhne in seine Gewalt. Die drei letzten Chimu-Herrscher, Chumun-Cuar, Huaman-Chumu und Anco-Cuyuch, mussten wohl oder übel unter der Botmäßigkeit der Inkas leben. Sie waren Könige ohne Thron, »Schatten aus dem Reich der Toten und Schatten eines toten Reiches«, wie Miloslav Stingl sie beschrieb.

Die Anbeter der silbernen Luna

Im Gegensatz zu den Inkas, die oben im Bergland die goldene Sonne als größte Gottheit anbeteten, stand bei den entlang der Küste siedelnden Chimu der bleiche Mond in höchstem Ansehen. Sie waren von der Vormachtstellung der silbernen Luna überzeugt, die sie für mächtiger und stärker als die Sonne hielten. Den Mond vermochten sie bei Tag und Nacht am Himmel zu sehen, während die Sonne in der Nacht aus ihrem Blickfeld verschwand. Sie wussten auch, dass der Mond oft die Sonne verdunkelte, wohingegen ihnen der umgekehrte Fall, die Verfinsterung

links Die Chimu verfügten über zahlreiche Legenden und Mythen. So zieren mythische Wesen aus ihrer Gedankenwelt die Lehmmauern des Regenbogentempels bei Trujillo.

des Mondes durch die Sonne, unbekannt war. Bei einer Sonnenfinsternis begingen sie den Sieg des Mondes über die Sonne mit großen Festlichkeiten. Fiel aber der Schatten der Erde auf den Mond, brachen sie in Klagelieder aus, in denen ihre ganze Verzweiflung zum Ausdruck kam. Bei einer Mondfinsternis pflegten sie außerdem ihre Hunde zu prügeln, damit diese durch ihr Geheul den Mond zurückriefen. War der Mond an zwei aufeinander folgenden Tagen nicht sichtbar, glaubten sie, das Himmelsgestirn habe sich ins Jenseits begeben, um die gestorbenen Diebe ihrer gerechten Strafe zuzuführen.

Als Küstenvolk fühlten sich die Chimu dem Mond zutiefst verbunden, weil er »über das Meer herrscht« und dabei mit seiner ausgleichenden Kraft auf Ebbe und Flut einwirkt. Die Sonne, die am Tage erbarmungslos auf die trockenen Wüsten ihrer Küstenheimat glühte, sahen sie nicht als »Lebensspenderin« an, sondern als einen bösen Geist, der sie durch seine Hitze unnütz quälte. In ihren zahlreichen, zu Ehren des silbernen Mondes errichteten Tempeln, die sie »Mondhäuser« nannten, opferten die Chimu auch gelegentlich Kinder.

Neben dem Mond verehrten sie eine Reihe anderer Gestirne und Sternbilder, so zum Beispiel die Venus, der sie als Morgen- und als Abendstern Achtung erwiesen. Nicht minder beeindruckt waren sie von der Sterngruppe der Plejaden, dem »Siebengestirn«, dessen Erscheinen am Nachthimmel in ihrem Reich ein neues Jahr »einläutete«.

Vom Liebesleben zum Strafrecht

Das tägliche Leben und die einfachen Gepflogenheiten im Chimu-Reich hatten manche Gemeinsamkeiten mit unserer heutigen Zeit. Die Ermahnungen, die bei Eheschließungen ausgesprochen wurden, erscheinen auch heute noch aktuell: »Jetzt seid ihr miteinander verheiratet. Aber beachtet wohl, ihr müsst euch so lieben, dass der Mann so zu arbeiten hat wie die Frau; denn aus diesem Grunde habt ihr zusammen das Feuer geschürt. Und der eine von euch darf nicht müßig gehen, wenn der andere arbeitet. Auch darf, wenn in dem einen das Feuer der Liebe sich entzündet, der andere nicht kalt sein. Ihr sollt vielmehr in der Liebe einander nicht nachstehen, denn ihr wollt ja im Stande gleich sein.« Das Liebesleben war den Chimu über alle Maßen wichtig. Ihre erotischen

Gewohnheiten waren den puritanischen Inkas stets ein Dorn im Auge.

Die Küstenbewohner hatten ein sehr strenges Strafrecht. Fahrlässige Ärzte, deren Schlamperei einem Patienten das Leben gekostet hatte, wurden grausam bestraft. Mit einem Seil wurde der Heilkundige auf dem Verstorbenen festgebunden, den man bestattete, während der Körper des Arztes über dem Grab verblieb, damit die Raubvögel ihn bei lebendigem Leib zerfleischen konnten. Diebe wurden aufgehängt. Dasselbe Schicksal erwartete auch die Brüder und sogar den Vater des Delinquenten, weil dieser einen so missratenen Sohn in die Welt gesetzt hatte. In der Tat waren drakonische Strafmaßnahmen vonnöten, weil die fenster- und türenlosen Häuser Spitzbuben ungeschützt offen standen. Die Chimu erzwangen also Respekt vor dem Besitzrecht, indem sie nach dem primitiven Grundsatz »Auge um Auge, Zahn um Zahn« verfuhren.

Eine Goldschmiedekunst von höchster Vollendung

Auf handwerklichem Gebiet erzeugten die Chimu-Künstler Produkte unterschiedlicher Qualität. Ihre meist schwarz, manchmal rot gefärbte Töpferei wirkte plump. Mit der Zeit artete ihr Keramikschaffen in eine regelrechte Serienproduktion aus. Die Verarbeitung von Vogelfedern zu Mänteln und ärmellosen weiten Umhängen gereichte ihnen allerdings zu größerer Ehre. In der Metallverarbeitung gelangten sie jedoch zu höchster Vollendung. Ihre Goldschmiede, Juweliere und Metallschläger hatten eine künstlerische Fertigkeit entwickelt, über die die Inkas nur staunen konnten. So verwundert es nicht, dass der Inka-Feldherr Tupac Capac nicht nur das von ihm erbeutete Gold der Chimu nach Cuzco bringen ließ, sondern auch zugleich die besten Chimu-Handwerker, damit sie sofort an Ort und Stelle das eingeschmolzene Edelmetall zu Ehren des Sonnengottes Inti in große Kunstwerke verwandeln konnten. Die schönsten aller Wunder der Inka-Metropole, wie das riesige goldene Bildnis des Sonnengottes im Haupttempel und der mit goldenen Pflanzen, Blumen, Büschen und Tieren geschmückte Garten, wurden zweifelsohne von Chimu-Künstlern geschaffen.

Letztendlich hatte also die goldene Sonne der Inkas den bleichen Mond der Chimu überstrahlt und die Söhne der Sonne hatten die Mondanbeter besiegt.

DIE CHIRIBAYA UND IHRE »VERDORRTEN ZEITZEUGEN«

Obwohl Roberto vor über 650 Jahren lebte, sieht er mit seinen langen, sorgsam geflochtenen Zöpfen und seinen immer noch imposanten schwarz schimmernden Federn auf dem Kopf recht gut aus. Ein Bündel aus braunen und rötlich violetten Stoffen, die mit einem dicken Seil verschnürt sind, enthalten den Rest seines Körpers, der im heißen, salzigen Wüstenboden austrocknete, bevor er verwesen konnte. In der Tat ist Häuptling Roberto eine Trockenmumie, die von der peruanischen Archäologin Sonia Guillén im Süden Perus gefunden wurde. Sie hat ihm auch seinen heutigen Namen gegeben. Wie er vor hunderten von Jahren hieß, war bislang nicht in Erfahrung zu bringen.

Eine einzigartige Kollektion von Mumien

In ihrem Museum Mallqui in der südperuanischen Stadt Ilo hat Sonia Guillén seit 1993 rund 500 Mumien angehäuft. Da die Museumsräume jetzt schon zu klein sind, um alle Mumien aufzunehmen, lagern viele in einfachen Holzkisten auf dem Museumsgelände. »Im peruanischen Wüstenboden ist ein einzigartiges Panoptikum von Trockenmumien erhalten geblieben, wahrscheinlich einer der bedeutendsten Mumienfunde der Welt«, begeistert sich die Archäologin, wenn sie von ihren Prachtstücken spricht.

Roberto und die anderen von ihr aufgespürten »verdorrten Zeitzeugen« gehören dem Volk der Chiribaya an, das zwischen 1000 und 1350 n. Chr. in den Ausläufern der Anden lebte, wohin die Inkas erst später aus dem Norden vordrangen. Nur wenige schriftliche und architektonische Zeugnisse belegen die Existenz der Chiribaya, an denen die Geschichte beinahe vorbeigegangen wäre, wenn nicht das trocken-heiße Wüstenklima und die nitrat- und salzhaltigen Böden die Leichen und die Totenbeigaben haltbar gemacht hätten.

Die Untersuchung der Mumien hat ergeben, dass die Chiribaya ein Volk von Bauern, Jägern und Fischern waren. An den Auswertungen beteiligte sich auch der Wiener Humanbiologe Horst Seidler, der als Vorsitzender der Ötzi-Forschungskommission die Sonderstellung der peruanischen Wüstenkadaver herausstreicht: »Ötzi war ein Einzelfund, ein Individuum. In seinem Fall stehen die Aussagen über die Lebensgewohnheiten seiner Mitbevölkerung auf wackeligen Beinen. Bei den Chiribaya hingegen wird aufgrund der Vielzahl der Funde Geschichte lebendig.«

Als Bauern waren sie aus den Bergen zur Küste herabgestiegen, weil sie mit dem Ertrag der höher gelegenen Felder ihre Familien nicht mehr ernähren konnten. Im Lauf von Generationen entwickelte sich im Tal ein großes Gemeinwesen, dessen Männer aufs Meer hinausfuhren, um mit Fisch und Seefrüchten den täglichen Speiseplan zu bereichern. So wurden viele Bauernsöhne zu Fischern, die mit Balsaholz aus den Bergwäldern einfache Flöße aus drei oder fünf Stämmen zusammenfügten und mit Hanfseilen fest verknoteten. Mit diesen schwankenden Fahr-

zeugen paddelten sie weit hinaus aufs Meer, wo sie Jagd auf Schwertfische und Rochen, aber auch auf Haie und Buckelwale machten.

Aus den Gräbern der Chiribaya hat Sonia Guillén bislang 120 Miniaturflöße geholt, die neben einem winzigen Paddel oft mit einem »Seil« und einer Mini-Harpune bestückt waren, der nötigen Ausrüstung für das Erlegen größerer Meerestiere. Diese Holzfloß-Modelle, von denen die meisten ebenfalls aus Balsaholz gefertigt waren, sollten den Verstorbenen dazu dienen, auch die Wasser des Jenseits zu befahren, ohne dass es ihnen auf ihrer Fahrt ins Schattenreich an etwas mangelte.

Das Andenvolk beerdigte seine Toten – wie es auch bei benachbarten Kulturen üblich war – in fötaler Position, was einer Symbolik entspricht, die den ewigen Kreislauf von Leben und Ableben versinnbildlicht. Textilien, Tongefäße und Kokablätter, die zu den mit in die Mumienbündel geschnürten Gegenständen gehörten, waren dazu ausersehen, die Verbindung zur Welt der Lebenden zu erhalten. In den von ihr geöffneten Gräbern fand die Archäologin Sonia Guillén zudem mumifizierte Katzen, Hunde und Meerschweinchen, die sich als Grabbeigaben auch im Jenseits für die Verstorbenen als nützlich erweisen sollten. Bei den Chiribaya galten Katzen als heilig und bedeutungsvoll in der Religion, wohingegen Hunde und

Meerschweinchen lediglich der Verspeisung dienten. Dass die Chiribaya einen unerhörten Kult mit ihren Toten trieben, belegt Sonia Guillén anhand der Beschaffenheit einiger Mumien: »Manchmal, bei besonderen Ritualen, wurden die Mumien wieder ausgegraben, teilweise neu angezogen.« Diesbezüglich geht die Archäologin von der Vermutung aus, dass in außergewöhnlichen Stresssituationen die Ahnen auf diese Weise gleichsam um Rat gebeten wurden.

Mit der Konsultation der Vorfahren war es um das Jahr 1350 endgültig vorbei. Denn laut den letzten Untersuchungsergebnissen der Klimaforscher wurden damals die Siedlungen der Chiribaya nach sintflutartigen Regenfällen unter einer teilweise neun Meter dicken Schlammschicht

oben Mumienfunde der Chiribaya mit den Grabbeigaben, ausgestellt im Museum Mallqui in Ilo, Peru.

rechts Dieses Gebäude mit kreisförmigem Grundriss und typischem Zickzack-Fries steht in Ollape, einer der sieben »weißen Städte« der Chachapoya, der »Wolkenmenschen«. Die Stadt liegt im Tal des Rio Utcubamba in der Region Amazonas/Peru.

begraben, wodurch ihre Kultur beendet und der Grabfrieden der Mumien wieder hergestellt wurde – bis Sonia Guillén auftauchte und fündig wurde.

DIE CHACHAPOYA, DIE »WOLKEN-MENSCHEN«

Die amerikanische Weltraumbehörde NASA fotografierte 1985 von einem Satelliten aus geheimnisvolle Ruinen im nördlichen Urwaldgebiet Perus zwischen den Flüssen Maranon und Huallaga. »Wir sind damit vermutlich auf eine untergegangene Kultur gestoßen, die lange vor dem 1533 von den Spaniern zerstörten Inka-Reich existierte«,

erklärte damals in Washington der NASA-Experte Tom Sever, als er diese Entdeckung bekannt gab.

Nach seinen Angaben wurden Aufnahmen von über 250 steinernen Gebäuden gemacht, was nur mithilfe von Spezialkameras und besonderen Methoden der Filmentwicklung möglich gewesen sei, weil ein dichtes Urwalddach alle Ruinen verborgen habe.

Peruanische Wissenschaftler nahmen jedoch den NASA-Fund mit Skepsis zur Kenntnis. »Vermutlich handelt es sich um dieselben Ruinen in der Nähe der Stadt Gran Pajatén, die wir seit mindestens zwanzig Jahren kennen«, erklärte in Lima Professor Federico Kauffmann-Doig, der als namhaftester Archäologe Perus gilt. »In diesem menschenleeren Gebiet haben wir über 200 Kilometer hinweg zahlreiche Ruinen gefunden, und sicherlich gibt es im Urwald versteckt noch weitere«, sagte Kauffmann-Doig, der schon so manche Expedition in diese entlegene Zone des südamerikanischen Landes geleitet hatte.

Der »Indiana Jones des Amazonas«

Nach eigener Aussage hatte der amerikanische Forscher Gene Savoy bereits 1966 eine »verlorene Stadt« in diesem Gebiet aus der Luft mit einer damals neu entwickelten Infrarot-Kamera fotografiert, mit der er die »Tarnung« des Urwalddaches erstmals durchbrechen konnte. Der Abenteurer Savoy, auch »Indiana Jones des Amazonas« genannt, weil er den Hollywood-Regisseur Stephen Spielberg zu seiner berühmten Archäologenfigur inspirierte, begnügte sich nicht nur mit Forschung von oben, sondern bahnte sich auch unten am Boden mit der Machete einen Weg durch schier undurchdringlichen Dschungel, bis er schließlich nach unmenschlichen Strapazen vor den Stadtanlagen Gran Pajatén und Gran Vilaya stand, den mächtigen steinernen Bollwerken der rätselhaften Zivilisation der Chacha-

poya, die bei den Inkas »Wolkenmenschen« hießen, da ihre Bergheimat in den Anden ständig von Nebelschwaden heimgesucht wurde.

Auch wenn Gene Savoy noch als Siebzigjähriger auf schlüpfrigen, schmalen Pfaden Jahr für Jahr durch halsbrecherisch schwieriges Gelände in unzugängliche Urwaldregionen vorstößt, sieht er trotz Schlapphut und Cowboystiefeln, trotz seiner drahtigen, sportlichen Erscheinung und seiner charismatischen Persönlichkeit Indiana-Jones-Darsteller Harrison Ford nicht ähnlich. Er erweist sich als einer der letzten romantischen Forschungsreisenden, der wirklich (er)lebt, wovon andere nur träumen: »Ich bin kein professioneller Wissenschaftler. Ich bezeichne mich einfach als Entdecker. Mich motiviert vor allem die Liebe zur Wissenschaft und Mythologie. Es waren die Faszination des Abenteuers und der Drang eines Mannes, sich auszuleben, die mich anregten. Ich war gelangweilt und enttäuscht von einem Zeitalter, in dem wir mithilfe der Technik das Universum erobern und unsere Welt in eine mechanisierte Massengesellschaft verwandeln, in der sich der Einzelne in seiner verrückten Suche nach

materiellem Gewinn verliert. Ich dachte mir, dass man in Südamerika noch weiße Flecken von der Landkarte tilgen kann. Ich bin mit dem Traum ausgezogen, verlorene Städte im Regenwald zu finden.«

Gene Savoy wollte nicht den Fehler aller Entdecker machen und den Flussläufen in die Niederungen des Urwalds nachgehen. Er dagegen entschied sich dafür, den Wasserströmen und überwucherten Steinwegen der alten Völker aufwärts zu folgen – bis hin zum Regenwald der Anden-Hänge, die sich bis zu einer Höhe von 3000 Metern erstreckten. Auf diese Weise gelang es ihm, im wolkenumhüllten Dschungel von Perus Amazonas-Provinz eine Chachapoya-Stadt nach der anderen zu finden.

Das Imperium der »Wolkenmenschen«

Nach den bisherigen Feststellungen der peruanischen Archäologen, zu deren Kenntnisstand auch ein Abenteurer wie Gene Savoy tatkräftig beigetragen hat, beherrschten die Chachapoya seit etwa 600 n. Chr. die Urwaldgegend der Montana im Nordosten Perus, wo vom elften bis zum fünfzehnten Jahrhundert in der Region zwischen dem Rio Maranon im Westen und dem Rio Huallaga im Osten, zwischen dem Rio Apisoncho im Süden und der Grenze zu Ecuador im Norden das Reich der »Wolkenmenschen« blühte, die aus dem Dunkel der Geschichte auftauchten und vor Jahrhunderten plötzlich wieder mitsamt ihren sieben geheimnisvollen »weißen Städten« vom Urwald verschlungen wurden.

Mehrere unabhängige Fürstentümer haben aller Wahrscheinlichkeit nebeneinander existiert und waren durch eine gemeinsame Religion, Sprache und Kultur eng miteinander verknüpft. Die Chachapoya kannten eine Zwei-

oben Diese antropomorph ausgebildeten Lehmsarkophage mit aufgesetzten Köpfen, in eine steile Felswand eingefügt, wurden erst 1998 von Einheimischen in der Region Lamud-Luya entdeckt. Das Foto wurde kurz nach der Entdeckung aufgenommen und dokumentiert den guten Erhaltungszustand der Sarkophage.

rechts Bemalte Grabbauten am steilen Felshang in Revash.

klassengesellschaft mit einer Adelsschicht und möglicherweise auch einer Priesterkaste, die sich von den Bauern ernähren ließen. Alte Chroniken betonten immer wieder die ungewöhnliche Schönheit der Frauen. So schrieb Pedro Cieza Léon: »Die Chachapoya sind die weißesten und schönsten Indianer, denen ich bei meinen Reisen begegnet bin.« Je attraktiver das schwache Geschlecht war, desto schrecklicher gaben sich die Krieger, die rot bemalt, die Schädel rasiert und die Nase mit Knochen durchbohrt in den Kampf zogen und darauf aus waren, bei ihren Feinden allein durch ihr Aussehen Entsetzen zu verbreiten. Wandbilder lassen dabei die Vermutung aufkommen, dass all ihr kriegerisches Trachten insbesondere den Köpfen der Gegner galt, die sie gerne im Triumphzug vorführten. Der Chronist Blas Valera wusste auch zu berichten, dass die Chachapoya-Indianer Schlangen anbeteten. Ist das vielleicht die Erklärung für die vielen Zickzacklinien, die die Friese der Chachapoya-Bauten zieren?

Ihr Imperium wurde um 1480 – rund fünfzig Jahre vor der Ankunft des spanischen Eroberers Francisco Pizarro – von den militärisch stärkeren Inkas unterworfen. So berichtete Garcileso de la Vega in der 1606 in Lissabon veröffentlichten Chronik »El Inka«, dass der Inka-Eroberer Tupac Yupanqui gegen 1480 Militärstraßen von Huanuko aus ins Land der Chachapoya bauen ließ, bevor er nach langen, verlustreichen Kämpfen ihr Gebiet einnahm und ihre Städte besetzte, von denen sieben namentlich genannt wurden. Nach dreißig Jahren Inka-Herrschaft lehnten sich die Chachapoya gegen ihre neuen Herren auf, und Tupac Yupanquis Sohn, Huayana Capac, musste in Eilmärschen herbeieilen und die Aufständischen erneut unterwerfen. Dass es damals zu einer großen Zwangsumsiedlung der Chachapoya kam, die in die Gegend von Cuzco ziehen mussten, ergeht aus alten Texten, die Gene Savoy im Nationalarchiv von Lima fand. Die ungewöhnlich groß gewachsenen Männer dieses sagenhaften Volkes stellten später die Gardetruppen des Inka-Fürsten.

Die sieben »weißen Städte« der Chachapoya

Auf der Suche nach dem südlichsten Vorposten des Reiches der Chachapoya mussten sich Gene Savoy und sein Team 1965 durch eine kontrastreiche Landschaft hindurchquälen: »Dort die kahle, braune Hochebene und

hier überquellende, wuchernd grüne Wälder, die der Regen aus Wolken von der dampfend heißen Amazonasebene im Osten feucht hält.« In der nassen Schattenwelt des Nebelwaldes, dort wo ganze Moskitoheere seine Mannschaft in dichten Wolkenhaufen angriffen, fand er hinter endlosen Schlingpflanzen, unter von dichtem Moos und Schmarotzergewächsen umhüllten Baumriesen die eindrucksvollen Überreste eines großen Komplexes voller stilisierter Rundbauten, die kunstvoll aus Schiefer aufgeschichtet und mit Mörtel verfugt waren. Nach einer alten, fünf Tagesreisen weiter nordöstlich gelegenen, längst verfallenen Missionsstation der Franziskaner, die Jesus de Pajatén hieß, nannte Savoy die von ihm aufgespürte Anlage Gran Pajatén. Auf der Fassade eines Rundbaus von 15 Meter Durchmesser und über vier Meter Höhe entdeckte der Amerikaner Abbildungen von ein Meter breiten und sechzig Zentimeter hohen Vögeln mit ausgebreiteten Schwingen – von Kondoren –, unter denen nebeneinander zehn seltsame Wesen aus der Wand hervorragten, einfach stilisierte menschliche Gestalten aus Schiefer mit merkwürdigen Köpfen, aus denen entweder Flügel wuchsen oder Sonnenstrahlen hervorkamen. Savoy war auf die Zeugnisse einer hoch stehenden Zivilisation gestoßen, deren Architektur ganz anders war als die Bauweise der Inkas.

1984 entdeckte Gene Savoy eine weit verzweigte Ansammlung von 24 000 runden und ovalen Steinstrukturen westlich des Rio Utcubamba und östlich des Maranon, die sich über ein Areal von 160 Quadratkilometern hinzog und mit einem Netz von Verbindungswegen ausgestattet war. Er vermutete, möglicherweise die größte altamerikanische Metropole aus präkolumbischer Zeit, die einstige Hauptstadt des Chachapoya-Reiches, Rabantu, aufgespürt zu haben, die er nach dem größten Fluss der Region in Gran Vilaya umtaufte.

rechts Eindrucksvolles Mauerwerk der Festung Kuélap, des größten Bauwerks Südamerikas, eines steinernen Zyklopen-Forts, das die Chachapoya hoch oben auf einem Bergkamm in 3400 Meter Höhe errichteten.

Dass er die Chachapoya wegen ihrer meisterhaften Architektur- und Steinmetzarbeiten hochschätzte und in ihnen bereits eine entwickelte Hochkultur sah, vermerkte er damals in seinem Tagebuch: »Wir bewunderten die Fähigkeiten der Baumeister, schwer zugängliche Berglandschaften in ausladende Stadtanlagen zu verwandeln. Wir haben mit Sicherheit eine der prestigeträchtigsten archäologischen Stätten Perus gefunden, einen gewaltigen Stadtkomplex, wie ich ihn nie vorher gesehen habe. Das ist ein lang gestrecktes, tief gestaffeltes Verteidigungssystem, das am besten mit der Maginotlinie, der Verteidigungsanlage der Franzosen im Ersten Weltkrieg, zu vergleichen ist. Das zeugt von einer zentral organisierten Macht, die von Gran Vilaya aus das Chachapoya-Reich beherrschte.«

Neben Gran Pajatén und Gran Vilaya gehört auch noch Gran Saposoa, administratives Zentrum und zeremonieller Ort mit Tempel, zu den sieben verlorenen Städten der Chachapoya, die schon von den Chronisten aus der Zeit der Conquista als »weiß« bezeichnet wurden, wohl weil ihre steinernen Gebäude, einst mit einem Gemisch aus Tierkot und Lehm bedeckt, weiß gestrichen waren.

Die von ihm gefundenen Ruinen einer kleinen Chachapoya-Siedlung nannte Gene Savoy »Las Cruces«, weil auf allen Gebäuden Steinkreuze eingelassen sind, über deren Bedeutung noch Unklarheit herrscht. Ob auch diese Anlage eine der sieben Städte ist, entzieht sich unserer Kenntnis.

Das »Machu Picchu Nordperus«

Zu den steinernen Hinterlassenschaften der Chachapoya zählt auch die mächtige Festung Kuélap, das größte Bauwerk Südamerikas, das hoch oben auf einem Bergkamm in 3400 Meter Höhe allen feindlichen Angriffen trotzte. Dieses Zyklopen-Fort, das von schroff abfallenden Felsen umgeben ist, besitzt äußere Mauern, die aus ein Meter langen und fünfzehn Zentimeter dicken Kalksteinblöcken aufgeschichtet sind. Die Außenwand des steinernen Kolosses ragt bis zu fünfzehn Metern hoch und umfasst einen sechshundert Meter langen Felsgrat. In diese gigantische Verteidigungsanlage floss dreimal mehr Baumaterial als in die gesamte Cheops-Pyramide. Zweihundert Jahre benötigten ihre Schöpfer, um 200 000 bis zu zweihundert Kilogramm schwere Steinblöcke zu uneinnehmbarem

Teil des Touristenstroms in die Provinz Amazonas umzulenken. Denn Kuélap ist nicht nur höher gelegen, sondern auch noch viel ausgedehnter als Machu Picchu.

In der Region östlich von Kuélap entdeckte Gene Savoy ab 1966 Ruinenfelder von mehr als vierzig Siedlungen und Tempel unter meterdicken Humusschichten und Wurzelgewirr: »Steinfiguren waren in die typischen, aus Kalksteinziegeln aufgeschichteten Wände eingelassen, grimmige Zwillingsgestalten mit fletschenden Zähnen und hervorstehenden Phallussymbolen. In eine Wand war ein vierzig Zentimeter großer Kopf mit einer Krone in Form eines umgedrehten T, langen Ohren und spitzem Bart gemeißelt. Mit dem Fernglas waren auf den umliegenden Höhenzügen zwischen dem Grün des Urwalds überall zerfallene Terrassenanlagen auszumachen, die bis zu den Gipfeln anstiegen. Jeder Bergrücken war mit einer kleinen Stadtanlage bebaut.«

Mauerwerk hoch zu wuchten. Durch drei nach oben spitz zulaufende Maueröffnungen gelangt man wie durch schmale Korridore in eine weitflächige Einfriedung, in der sich Grabstätten, Grüfte und vierhundert runde Fundamente von turmartigen Häusern befinden, von denen einige mit konisch zulaufenden, strohgedeckten Dächern rekonstruiert wurden. Bis zu 2000 Menschen bevölkerten die Garnison dieser außergewöhnlichen Festung. Kuélap wird heute von den lokalen Behörden werbewirksam als das »Machu Picchu des Nordens« angepriesen, um einen

Die heiligen Schreine der Chachapoya

Ab 1966 stieß Gene Savoy immer wieder in der östlichen Montana auf wie Schwalbennester an steilen Gebirgswänden hängende Kliffhäuschen, die auf künstlich angelegten Überhängen aus den Felsen herausragten und ganze Reihen von Steinkammern beinhalteten, in denen seltsame, anthropomorphe Mumiensärge herumlagen, die aus einem Gemisch aus Lehm und Pflanzenfasern geformt und mit geometrischen, purpurroten, weißen und schwarzen Mustern bemalt waren. Zwischen den Särgen verstreute Töpferwaren zeichneten sich durch das typische Zickzack-Design der Chachapoya aus. Zwei dieser luftigen Nekropolen taufte der Amerikaner »Pueblo de los Muertos« (»Stadt der Toten«) und »Pueblos de los Condores« (»Städte des Kondors«), weil die am steilen Fels kleben-

oben Jede dieser Lehmfiguren an der Grabanlage Karajìa, die zur Chachapoya-Kultur gehört, enthält ein Mumienbündel. Die Köpfe sind einfach aufgesetzt.

rechts oben Auch die Ruinen der Chachapoya-Siedlung Yalape waren einst unter einem dichten Urwalddach verborgen.

rechts unten Dieser Blick in das Innere der befestigten Stadtanlage von Kuélap verdeutlicht die Größenverhältnisse der inneren Umfassungsmauern.

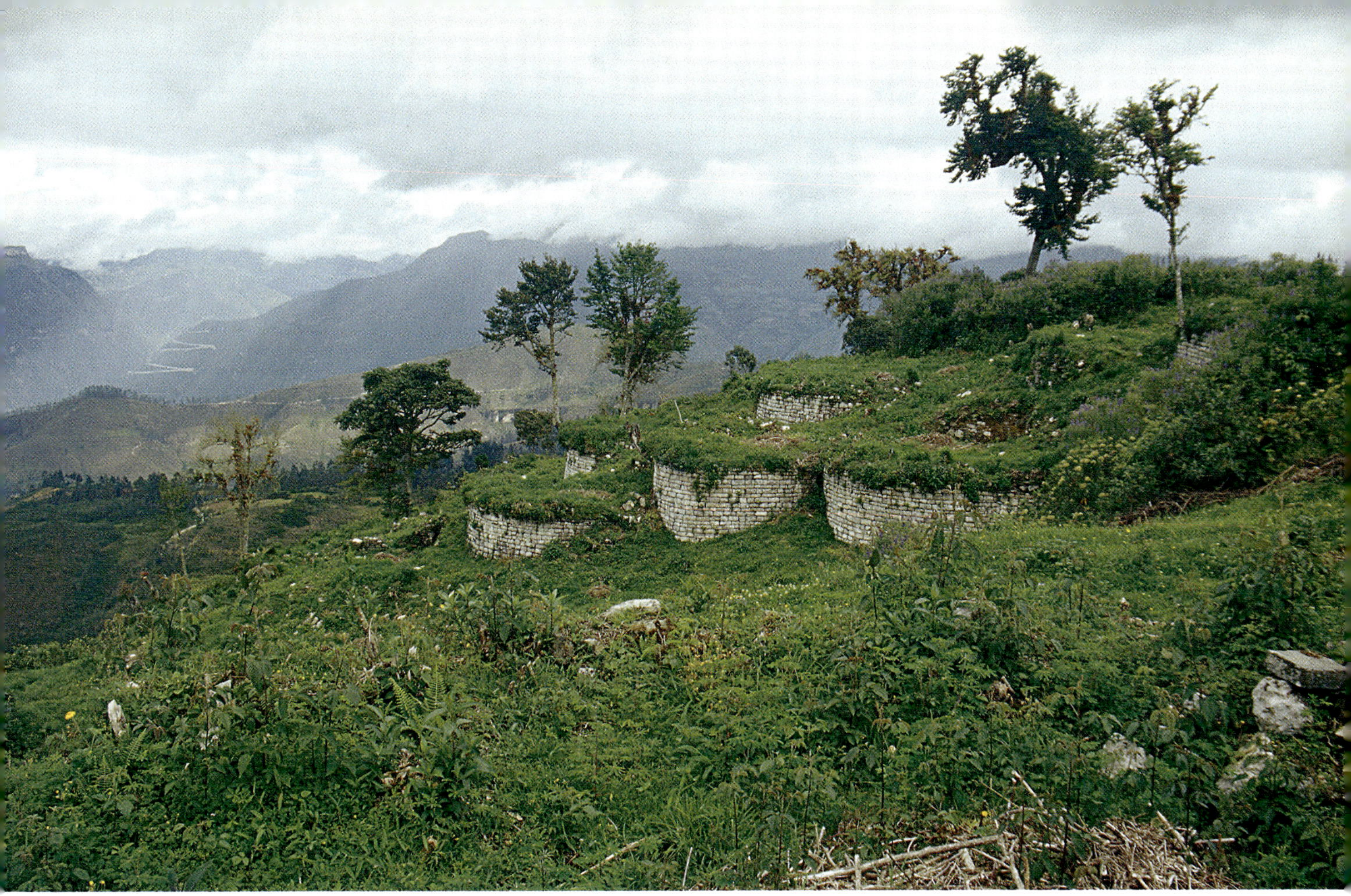

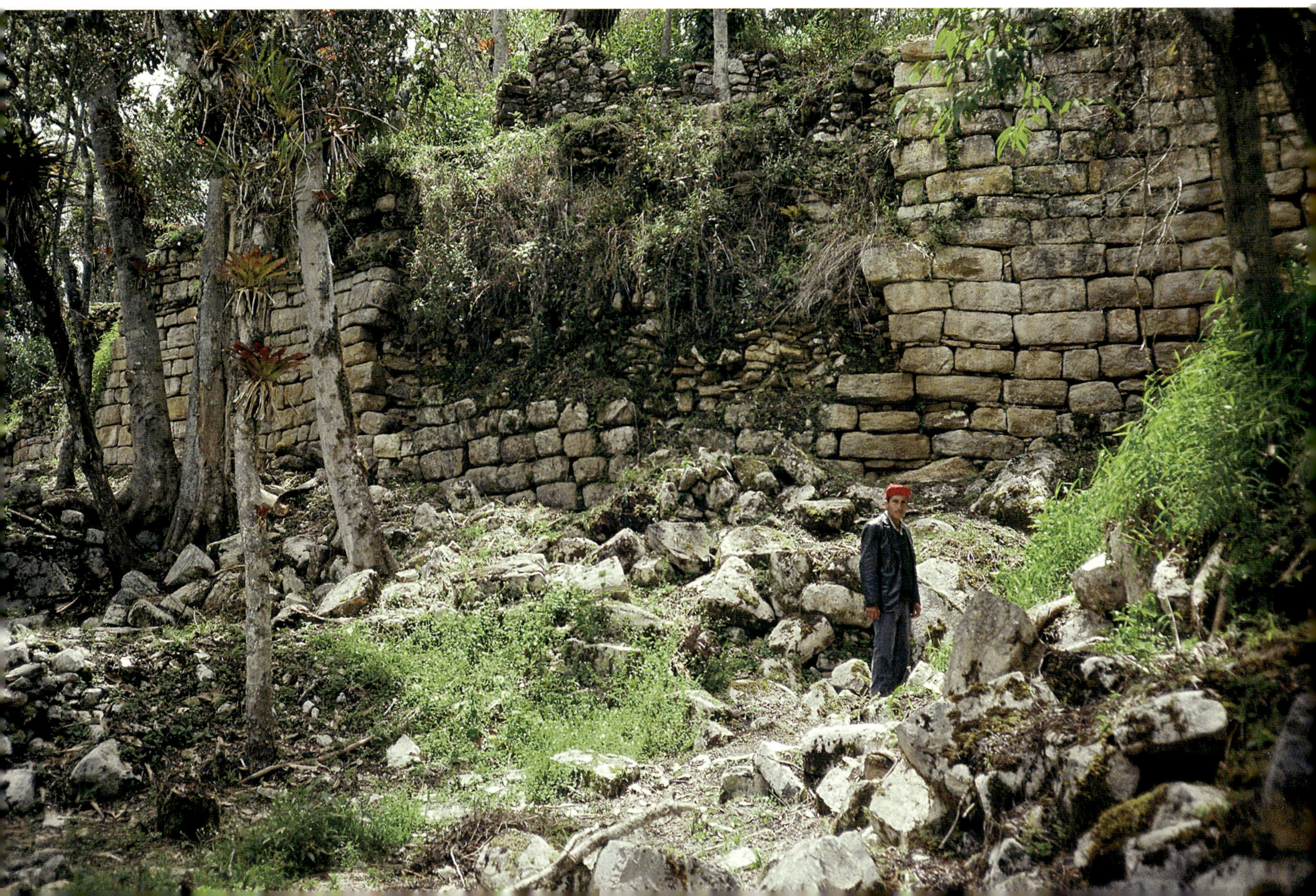

den Anlagen als Begräbnisstätten dienten und an von Kondoren in die Felswand gebaute Nester erinnerten. C-14-Tests haben ergeben, dass die Chachapoya ihre Verstorbenen bereits um 800 n. Chr. in Steingräbern bestatteten, die als hüttenartige Grabkammern an unzugänglichen Stellen steiler Felswände kunstvoll verankert wurden und den Mumienbündeln durch ein trockenes, natürlich klimatisiertes Umfeld ermöglichten, die Jahrhunderte unbeschadet zu überstehen. Die Bauherren der Grabstellen an den schroffen Felshängen wollten scheinbar ihren Toten auch eine schöne Aussicht gewährleisten So saß zum Beispiel ein Skelett in einer fensterartigen Öffnung, als ob ihm viel daran gelegen sei, die grandiose Landschaft zu genießen. Da bislang in keinem Grab der Chachapoya Goldfunde gemacht wurden, kann man davon ausgehen, dass Gold bei ihnen nicht denselben sakralen Stellenwert hatte wie bei den Inkas.

Wolfgang Ebert und Michael Tauchert aus einem ZDF-Team, das sich Gene Savoy, jenem Jäger verlorener Schätze, angeschlossen hatte, waren öfters dabei, wenn neue Gräber an Felswänden entdeckt wurden: »Die Bestattungsmeister der Chachapoya müssen die Toten in die extreme Hocklage gepresst haben, bevor der Körper erstarrte. Die Hände liegen eng an den Kopfseiten, als ob sie die Ohren zuhalten wollten. Das Gesicht scheint mich klagend anzustarren, mit weit aufgerissenem Mund, als wäre es ein letzter Aufschrei, die Augen weit geöffnet und nach oben gewandt. Die Toten strahlen nichts vom maskenhaften Frieden der Verstorbenen aus, die wir aufbahren. Es ist ein bewegender existenzieller Moment. Ich schäme mich bei diesem Anblick wegen unserer voyeuristischen Neugier. Warum achten wir die Ruhe der Toten nicht?!«

Dass das erschreckende Aussehen, das bei den Chachapoya-Mumien der ZDF-Mannschaft bereits aufgefallen war, auf »einem konkreten Hintergrund« fußt, erläutert der Altperu-Spezialist Federico Kauffmann-Doig wie folgt: »Selbst noch im Tod sollten die Verstorbenen den Regengott in betender Haltung anflehen, damit er stets zur rechten Zeit den nötigen Regen für ihre Felder schickt. Es ist aber auch möglich, dass es sich in einigen Fällen um Personen handelt, die geopfert wurden. Wegen des Glaubens an ein Leben nach dem Tod haben viele Frauen ihren Mann ins Jenseits begleitet... Sie töteten sich oder ließen sich töten, um dem Mann auch dort dienen zu können.«

Auch die Archäologin Sonia Guillén hat sich mit den Mumien der Chachapoya befasst, die zu hockenden Bündeln verschnürt wurden, damit sie das Aussehen eines Fötus, eines Kindes im Mutterleib, hätten, wodurch der Anschein erweckt wird, sie wären allzeit bereit, wieder neu geboren zu werden, womit der ewige Kreislauf von Leben und Tod dargestellt wird: »Chachapoya-Mumien riechen anders als andere. Sie müssen einbalsamiert worden sein, wie die Mumien in Ägypten, sonst hätten sie nicht die hohe Luftfeuchtigkeit überstanden. Die Chachapoya müssen bestimmte Chemikalien und Pflanzensäfte gekannt haben.« Dass die Altamerikanistin Recht hat, ergibt sich aus der Tatsache, dass den Mumien dieses Volkes alle inneren Organe fehlen, die ihnen während der Einbalsamierung bewusst entfernt wurden.

Babylonische Glyphen auf »sprechenden Felsen«

Noch sind nicht alle Geheimnisse, die sich um die Chachapoya ranken, aufgedeckt, wie zum Beispiel das Rätsel der »sprechenden Steine«, womit mysteriöse Glyphen gemeint sind, die auf glatt geschliffene Felswände eingemeißelt sind und an babylonische Schriftzeichen erinnern. Wie diese antiken Ideogramme ihren Weg bis ins Hochland der Anden fanden, stellt sich Gene Savoy wie folgt vor: »Vielleicht hatten die Chachapoya Verbindungen zu den Chimu, die Küstenschifffahrt betrieben, oder sie sind über die Amazonas-Route gekommen, das Einfallstor von der atlantischen Seite. Vielleicht trug ein Schiff aus einem entlegenen Hafen das heilige Zeichen. Wir haben Straßen entdeckt, die von den Siedlungen der Chachapoya zum Rio Mayo führen, dessen Wasser in den Huallaga, in den Amazonas und schließlich in den Atlantik fließt. Wir spekulierten, dass dieses Flusssystem als Wasserstraße genutzt wurde und Kontakte möglich machte.«

Savoy versteigt sich sogar zu der phantastischen Vorstellung, dass phönizische Schiffe auf dem Seeweg über das Rote Meer, den Indischen und schließlich den Pazifischen Ozean bis nach Südamerika gelangt sein könnten, wo sie für König Salomo das Gold von Ophir geladen hätten, was er folgendermaßen begründet: »Mündliche Überlieferungen in Peru und bedeutsame historische

links Die Nekropolen der Chachapoya sind – wie hier in Revash –
aus Lehm, Holz und Rohrmaterialien
errichtet und direkt in die steilen
Felswände gebaut.

Texte stützen die These ... Alte Völker waren in der Lage, lange Distanzen auf See zu überwinden und ihre Kultur und ihren Glauben zu verbreiten. Es ist keine Frage mehr, ob solche Überfahrten stattgefunden haben, sondern eher wann und zu welchem Zweck.«

Selbstvernichtung durch Umweltzerstörung?

Waren die meisten Archäologen bislang von der Voraussetzung ausgegangen, dass die steilen, regnerischen, wolkenverhangenen Hänge der Ostanden zur Zeit der Inkas so gut wie unbesiedelt gewesen waren, so mussten sie nach Gene Savoys einzigartigen Funden gänzlich umdenken.

Das regenreiche und von fast ständigem Nebel bedeckte Hügelland in etwa 2600 Meter Höhe, das heute praktisch menschenleer ist, muss vor fünfhundert Jahren eine zahlreiche Bevölkerung gekannt haben. Die in wohl generationenlanger Arbeit angelegten Terrassen an den Bergen weisen auf eine intensive Landwirtschaft hin. Die peruanischen Wissenschaftler haben jedoch noch nicht eindeutig klären können, warum die Menschen verschwunden sind.

In der nächst gelegenen Ortschaft Pataz, deren rund 5000 Einwohner noch einige wenige Worte der sonst ausgestorbenen Chachapoya-Sprache verwenden, sprechen die Alten von einer »großen Pest«, die die Bevölkerung der Ruinenstätten dahingerafft habe. Für wahrscheinlicher aber wird von Forschern die Theorie gehalten, dass dieses Reich durch eine von ihm selbst verursachte Umweltzerstörung zusammenkrachte.

Seine Menschen, die auf der Suche nach Farmland vermutlich aus dem Hochland in den Urwald zogen, wählten als neue Bleibe die so genannten Nebelwälder, weil dort fruchtbarer Terrassenbau möglich schien. Sie begannen vor etwa neunhundert Jahren mit der Rodung von Feldern. Wegen der schnellen Erschöpfung des auf die Dauer wenig ertragreichen und dünnen Urwaldbodens mussten sie für ihren Ackerbau immer neue Flächen kahl schlagen. Nach etwa vierhundert Jahren, etwa zur Ankunft der Spanier, war möglicherweise das gesamte Gebiet entwaldet und unfruchtbar geworden.

Die Menschen mussten abziehen, und der Urwald rückte wieder nach. Nach den Feststellungen der Wissenschaftler ist dort der Baumwuchs heute an keiner Stelle älter als vierhundert Jahre. Der Boden gibt derzeit so wenig her, dass er im Gegensatz zu anderen Urwaldzonen noch keine neuen Kolonisten angelockt hat.

Im Bannkreis geheimnisvoller Ruinenstädte

Peru hofft, die neu entdeckten »verlorenen Städte« der Chachapoya in seinem nördlichen Urwald einmal auch als Attraktion für den Tourismus erschließen zu können, so wie schon jetzt die Ruinen von Machu Picchu bei Cuzco jährlich Zehntausende von Besuchern anlocken. Bisher sind einige der majestätischen Steinbauten zwischen den Flüssen Maranon und Huallaga nur strapazenerprobten Abenteuertypen mit viel Zeit zugänglich.

Im besten Falle dauert die Reise dahin von Lima aus neun Tage: Mit dem Flugzeug landet man in der nördlichen Küstenstadt Trujillo. Auf hochbeinigen Lastwagen kann man bis zum kleinen dreihundert-Seelen-Hafen Chagual am Maranon-Fluss gelangen. Dann geht es auf dem Pferderücken in das 2600 Meter hoch gelegene Dorf Pataz,

und von dort folgt ein Fußmarsch von drei Tagen bis an die 1965 entdeckten Ruinen von Gran Pajatén.

Was Gene Savoy verspürt hat, als er das Chachapoya-Reich wieder aus der Versenkung der Geschichte hervorzog, in der dieses geheimnisvolle Volk über Jahrhunderte verschwunden war; als er unmenschliche Anstrengungen auf sich nahm, um dessen vom Dschungelwildwuchs überwucherte Städte wie Gran Pajatén dem Regenwald wieder zu entreißen, hat er ausgezeichnet zu Papier gebracht: »Wenn man an Orte kommt, die seit Jahrhunderten vom Regenwald verschlungen waren, wenn man nachempfindet, wie die Menschen da gelebt haben, Keramik auf dem Boden liegen sieht, mit Lianen, die sich durch die Henkel winden, wenn schreiende Affenhorden aus dem Wald springen und sich an die Brust schlagen, weil wir in ihre

Privatsphäre eingedrungen sind, Vögel und Papageien kreischend über einen fliegen, dann fühlt man Geschichte lebendig werden, spürt etwas, was nur ein Entdecker erfahren kann. Wir fühlen alle das Gleiche. Woher du auch kommst, wie alt du auch bist. Es ist etwas, das ans Herz geht. Wir haben aus Legenden Realität gemacht. In vergangene Zeiten zurückzugehen und so ein Teil der Geschichte zu sein, dieses Gefühl erleben nur wenige Menschen.«

DIE INKAS, DIE »RÖMER« ALTAMERIKAS

Der Inka geht in Pizarros Falle

16. November 1532: Der dreieckige Stadtplatz des hoch in den Anden gelegenen Schwefelbads Cajamarca war gegen Abend gänzlich verlassen. Keine Sterbensseele war weit und breit zu erblicken. Plötzlich wurde die Stille durch hunderte von Straßenfegern unterbrochen, die den Weg vom Schmutz befreiten. Ihnen schloss sich eine Gruppe an, die sozusagen als »Luftauffrischer« duftende Elixiere versprengte. In prächtige Gewänder gehüllte Beamte folgten ihnen. Danach erschienen die »Großohrigen«, die durch ihre vergrößerten, lang gezogenen Ohrläppchen als Blutsverwandte des Herrschers zu erkennen waren. Nach ihnen trat die Leibwache des Inka ein und schließlich wurde der »göttliche Sohn der Sonne«, der Inka Atahualpa, in einer goldenen Sänfte inmitten seiner 5000 Krieger auf den Platz getragen, wo er sich mit den Spaniern Francisco Pizarros verabredet hatte. Atahualpa war verärgert, weil die weißen Ankömmlinge nirgendwo zu sehen waren.

Auf einmal stand dem Inka der Mönch Vicente Valverde, der Geistliche der Expedition, als einziger Spanier in seiner zerschlissenen Dominikanerkutte gegenüber. In

der einen Hand das Kreuz, in der anderen die Bibel, redete er auf den verdutzten Atahualpa ein, dem er von der Erschaffung der Welt, von der Erlösung durch Jesus Christus, vom Papst als dem Stellvertreter Gottes auf Erden und vom mächtigen spanischen König erzählte, in dessen Auftrag er und sein Befehlshaber, Don Francisco Pizarro, gekommen seien. Er beschwor den Inka, sich dem großen König Spaniens unterzuordnen und den heidnischen Göttern zu entsagen. Auf die lange Rede Valverdes, die der Dolmetscher Filipillo übersetzte, reagierte Atahualpa sehr zornig. Er rief aus, er wolle nicht zum Glauben der weißen Menschen bekehrt werden. Für ihn gebe es nur einen einzigen wahren Gott, die Sonne, die am Himmel auf- und untergehe und dort ewig lebe. Auch habe er nicht die Absicht, dem weißen König jenseits des Meeres zu gehorchen. Atahualpas Frage, wer ihm, dem Mönch, überhaupt das Recht gegeben habe, so mit ihm, dem Inka, zu sprechen, beantwortete Valverde wortlos, indem er einfach auf die Bibel zeigte und dem Herrscher das heilige Buch in die Hand drückte. Atahualpa blätterte kopfschüttelnd darin und warf es wütend zu Boden.

Für die Spanier, die sich in den ebenerdigen Gebäuden rund um den Platz versteckt hielten, war dies das Zeichen zum Angriff. Zwei Kanonen feuerten, das Fußvolk versperrte die Ausgänge des Stadtplatzes, die Reiterei preschte heran und das Gemetzel konnte beginnen. Im Handumdrehen hatten die Spanier Atahualpa gefangen genommen und somit augenblicklich jeden Widerstand gebrochen. Während 3000 Indianer ihr Leben aushauchten, erlitt nur ein einziger Spanier eine Verwundung, nämlich Pizarro selbst.

Nachdem der spanische Abenteurer Francisco Pizarro mit 62 Reitern, 105 Fußknechten und zwei kleinen Kanonen in der nordperuanischen Bergstadt Cajamarca den dreizehnten und letzten unabhängigen Inka-Kaiser Atahualpa in eine Falle gelockt und sich seiner im Handstreich bemächtigt hatte, wurde er mit seinen hart gesottenen Söldnern von einem regelrechten Goldrausch überfallen. Die mit Helmen und Brustpanzern, mit Lanzen, Degen und primitiven Hakenbüchsen ausgerüsteten Spanier hatten beobachtet, wie sich der Inka mit einem riesigen Gefolge näherte, das reich mit Gold und Edelsteinen geschmückt war. Als sie den Inka auf einem goldenen, von Leibsklaven getragenen Thronsessel erblickt hatten, waren ihnen die Augen beinahe übergegangen. Sogar das Abzeichen seiner Würde, die rote Kopfbinde aus Vicunawolle, besaß eine Stirnquaste, deren Fransen am Ende Goldhülsen trugen. Die beutehungrigen Spanier fühlten sich im Reich der Inkas wie in einem Zaubergarten, in dem das Gold sie von allen Seiten anlachte.

Da dem eingekerkerten Atahualpa die Goldgier der Spanier bekannt war, ließ er sich auf einen großartigen Handel ein: Für seine Freilassung erbot er sich, den acht Meter langen und fünf Meter breiten Raum, in dem er gefangen gehalten wurde, binnen zwei Monaten bis zur Höhe der erhobenen Hand einmal mit Gold- und zweimal mit Silberschätzen zu füllen. Edelmetalle wie Gold und Silber waren in seinem Reich zwischen Ecuador und Nordchile, zwischen Peru, Bolivien und Nordwestargentinien noch nie ein Zahlungsmittel gewesen, sondern dienten ausschließlich zur Herstellung von Kult- und Kunstgegenständen. Die Untertanen des göttlichen Inka kannten kein Geld. Steuern zahlten sie in Form von Arbeitsstunden und Naturalabgaben. Gold galt als Schweiß der Sonne, des höchsten Gottes im Inka-Pantheon, Silber als die Tränen des Mondes.

Der Besitz von Gold und Silber war Monopol des jeweiligen Herrschers, der das Gold für die Aufwendungen seiner Staatskirche, also für den Sonnenkult, gebrauchte. Das kostbare Metall wurde zu Schmuck, Bechern, Figuren und Gerät aller Art verarbeitet und in Grabkammern und Tempelanlagen gehortet.

Auf Geheiß Atahualpas wurde ein wahrlich königliches Lösegeld von unvorstellbarem Wert nach Cajamarca geschleppt. Die schönsten Schöpfungen der Inka-Kunst türmten sich im Kerker des »Sohnes der Sonne« auf. Neun Schmelzöfen, so erzählen spanische Chronisten, wurden in Betrieb genommen, um die 22 Tonnen schweren Kunstwerke aus Gold und Silber in Barren zu verwandeln, damit man sie bequemer abtransportieren konnte. Mit Tieremblemen verzierte Becher und Schüsseln, Lamastatuen in Lebensgröße, Standbilder früherer Inkas und ihrer Lieblingsfrauen aus Gold wurden rücksichtslos eingeschmolzen. Nicht einmal Atahualpas Sänfte, die mehr als 100 Pfund wog und aus reinem Gold war, blieb verschont. Dass damit die prachtvollsten Zeugnisse indiani

scher Goldschmiedekunst für immer vernichtet wurden, kümmerte die Spanier nicht im Geringsten. Ihr Goldhunger war einfach unersättlich. Auch Atahualpa sollte ihm zum Opfer fallen, denn die Konquistadoren wurden wortbrüchig. Aus Angst, der Inka könne ihnen als freier Mann gefährlich werden, machten sie ihm den Prozess. Sie beschuldigten ihn des Brudermordes, der Verschwörung gegen den spanischen König, der Vielweiberei und des Götzendienstes. Als Atahualpa sich dazu bereit er-

klärte, den christlichen Glauben anzuneh-
men und in die Taufe einwilligte, wurde das
Urteil abgeändert. Er wurde nun nicht als
Ketzer auf dem Scheiterhaufen verbrannt,
sondern erdrosselt. Am 19. August 1533 er-
mordeten sie den letzten Inka, den Kaiser
des größten südamerikanischen Indianerrei-
ches, der als Gott auf Erden, als Sohn der
Sonne, als Ahne der Sonnensöhne, als Spross
des Göttergeschlechts galt, das einst der
Legende nach die Erde bevölkert und die
Inka-Dynastie begründet hatte.

Die göttlichen Kinder der Sonne

Am Anfang der Geschichte der Inkas steht
die göttliche Sonne, wie die Legende erzählt:
Vor vielen Jahren schaute sie mit Wehmut
auf die Menschen hinab, die damals noch
wie wilde Tiere auf der Erde lebten. Voller
Mitleid für die von Elend geplagten und von
Unwissenheit heimgesuchten Geschöpfe er-
teilte sie ihren beiden Kindern Manco Capac
und Mama Occlo den folgenden Befehl:
»Steigt zur Erde hernieder und richtet dort
eure Herrschaft auf. Doch nicht ein Regiment der Stärke
und der Unterdrückung, sondern eine Herrschaft der
Freundlichkeit und Toleranz; eine Herrschaft der Erkenntnis und Erleuchtung. Ihr sollt auch die Unwissen-

links Inka-Statuette mit Einlagen aus Gold, Silber
und Muschel: Bei der Figur fallen dem Betrachter
sofort die Ohrläppchen auf, die die Adligen bei den
Inkas seit frühester Kindheit in die Länge verzerr-
ten, was die Spanier dazu brachte, die Mitglieder
der Inka-Aristokratie »orejones« zu nennen, d. h.
»Großohren«. Außerdem ist die Statuette durch
ihre kegelstumpfförmige Kopfbedeckung und durch
die auf der Brust gekreuzten Arme gekennzeichnet.

oben Dieses Ölgemälde auf Holz, das aus der
Kolonialzeit stammt, stellt den Gründer der Inka-
Dynastie dar, den legendären Monarchen Manco
Capac, von dem man aber nicht mit letzter Sicher-
heit weiß, ob er wirklich gelebt hat.

den lehren, die Felder zu bestellen und Tiere zu züchten.
Und du, meine Tochter, lehre sie, Stoffe zu weben, am heimischen Herd zu wirken – und allerlei Handwerk. Und
bringet, mein Sohn und meine Tochter, den Menschen das
Licht der wahren Erkenntnis. Und unterweiset sie in der
rechten Religion. Und gebt ihnen auch Gesetze, gebt
ihnen eine Ordnung. Denn ohne Gesetz und Ordnung gibt
es kein Leben auf Erden.«

Als Wegweiser gab die Sonne ihren Kindern einen
Zauberstab aus purem Gold mit, der sie zum gelobten
Land führen würde. An der Stelle, wo sie ihn leicht und
tief in den Boden stoßen könnten, sollten die göttlichen
Geschwister ihr irdisches Reich errichten. Manco Capac
und seine Schwester Mama Occlo, zugleich auch seine
Frau, stiegen vom Himmel zu den Gestaden des heiligen
Titicaca-Sees hinab und wanderten nach Norden, bis sie
in das Tal von Cuzco gelangten. Dort steckten sie den goldenen Stab mühelos in den Boden, worauf Manco Capac
zu seiner Schwester sprach: »Sieh, unser Vater, der Sonnen-

gott, wünscht, dass wir in diesem Tal bleiben, uns hier niederlassen, hier leben und so seinen göttlichen Willen erfüllen.« Am Zusammenfluss zweier peruanischer Wasserläufe, des Huatanay und des Tullumayo, gründeten sie die Stadt Cuzco. Den Menschen, die bereits hier siedelten, brachte das Götterpaar die ersten Umrisse einer Religion und einer Rechtsordnung. Darüber hinaus unterwies Manco Capac die Männer im Pflanzenanbau, während

Mama Occlo die Frauen lehrte, Stoffe zu weben und ihre Kinder zu pflegen.

Die beiden Geschwister und zugleich königlichen Eheleute werden in den Legenden vom Ursprung der Inkas als Begründer des späteren Reiches gefeiert. Tatsächlich waren sie wohl nur Gestalten der Sage, denn der Beginn der inkaischen Geschichte im Süden der Anden verliert sich im mythischen Dunkel.

Zunächst war der Titel »Inka« (Herr) dem Herrscher vorbehalten, der ihn zum Beweis für seine göttliche Abstammung von der Sonne trug. Zuletzt wurde diese Bezeichnung für alle Angehörigen des Stammes verwendet. Genauso wie die heilige Sonne bei ihrer Erschaffung durch den Gottschöpfer Viracocha ihre eigene Schwester Luna, den Mond, zur Frau nahm und mit ihr den ersten Inka, Manco Capac, und die erste Königin, Mama Occlo, zeugte, mussten auch die Nachkommen des legendären Paares Kinder eines Vaters und einer Mutter sein. Der jeweilige Herrscher musste seine eigene Schwester heiraten, weil angeblich nur aus dieser göttlichen inzestuösen Verbindung Sprösslinge von reinem Blut hervorgehen konnten.

Von Indianerhäuptlingen zu Indianerkönigen

Der »Sonnensohn« Manco Capac, dem die Legende die Gründung einer kleinen Stadt im Cuzco-Tal zuschreibt, soll um 1200 n. Chr. regiert und ein biblisches Alter von 140 Jahren erreicht haben.

Der zweite Inka, sein Sohn Sinchi Roca, der sich durch große Körperkraft und Tüchtigkeit auszeichnete, widmete sich dem Aufbau des jungen aufstrebenden Staates. Durch seine umsichtige »Politik der kleinen Schritte« schuf er die Grundlagen für das größte indianische Reich aller Zeiten.

Sein Nachfolger, Lloque Yupanqui, der dritte Inka, war zu faul und träge, um Eroberungsfeldzüge zu führen. Dieser traurige, in sich gekehrte Melancholiker kümmerte sich um die Organisation der Hauptstadt seines Staates, die in einem Hochtal an den Westhängen der Anden in 3400 Meter Höhe lag.

Sein Sohn Mayta Capac, der vierte Inka, war hingegen darauf bedacht, seinen Herrschaftsbereich auf das ganze Tal von Cuzco auszudehnen und die unterworfenen Bevölkerungsgruppen zu Bürgern eines gemeinsamen Staates zu verschmelzen. Er setzte sich mit aller Kraft für den Sonnenkult ein und förderte die Lehre von der Auserwähltheit der Inkas, die sich aus der Anbetung des »Sonnengottes« Inti ergab. Er hielt die Inkas als eingeborene Söhne der heiligen Sonne allen anderen Völkern überlegen. Mayta Capac, ein außergewöhnlicher Mann mit fast übermenschlichen Fähigkeiten, gilt als der wirkliche Begründer nicht nur des »Inka-Staates«, sondern auch des »Inka-Volkes«, um dessen nationale Einheit er sich als Erster bemühte.

Mayta Capacs Sohn, Capac Yupanqui, der fünfte Inka, wagte sich bereits zu militärischen Unternehmungen bis in die Nachbartäler, wo er in einer furchtbaren Schlacht die Antahualla-Indianer bezwang und die Besiegten zu Vasallen seines Reiches machte.

Erst unter dem sechsten Herrscher, der seinem Namen den eindrucksvollen Titel »Inka« beifügte und sich Inka Roca nannte, neigte sich die Zeit der Indianerhäuptlinge dem Ende zu und es begann die Epoche der Indianerkönige. Inka Roca war so sehr von seiner eigenen Erhabenheit und Außergewöhnlichkeit überzeugt, dass er einen übertriebenen Kult um seine Person betrieb und die Bürger seines Reiches zwang, sich ihm, gebückt oder auf den Knien, barfuß zu nähern und mit leiser, demütiger Stimme zu ihm zu sprechen. Während seiner 60 Jahre dauernden Regierungszeit versuchte er erstmals, die Macht der Inkas in nordöstlicher Richtung auszudehnen und in den Niederungen der tropischen Urwälder Fuß zu fassen. Doch erst der siebte Inka, Yahuar Huacac, schuf mit dem Aufbau eines kleinen, aber gut ausgebildeten Berufsheeres die Voraussetzung für die weiteren Expansionsbestrebungen seines Volkes.

Weil seinem Nachfolger, dem achten Inka, angeblich der Gottschöpfer Viracocha im Traum erschienen war, nannte dieser sich Viracocha Inka. Mithilfe zweier sehr talentierter Heerführer, Apo Maytas und Vicaquirao, gelang ihm die Unterwerfung der Aymara sprechenden Stämme, die im Süden des heutigen Peru und auf dem bolivianischen Hochland siedelten. Da er sich von den Strapazen der langen Kriegsjahre erschöpft fühlte, zog er sich mit seinem Lieblingssohn Inka Urcon, den er zu seinem Nachfolger auserkoren hatte, in ein gut befestigtes Adlernest zurück, das er hoch über der zauberhaft schönen Stadt Pisac errichten ließ. In diesem abseits gelegenen königlichen »Paradies« führte er das prunkvolle Leben eines Müßiggängers, als die gefährlichen und mächtigen Chanca an die Tore des Reiches pochten.

Als die Chanca die Inkas bedrohten

In einem Bergtal der mittleren Anden hatten die Chanca eine ähnliche Entwicklung wie die Inkas durchlaufen. Nachdem sie alle Nachbarstämme unter ihre Gewalt gebracht hatten, schwärmten die aggressiven Indianer immer weiter aus, bis sie eines Tages den Inkas gegenüberstanden. Bisher hatten die Quechua (die Leute aus dem warmen Tal) die erdrückende Macht der Chanca am stärksten zu spüren bekommen. Sie waren aus ihrem Stammesgebiet, dem halbtropischen Tal rings um die Stadt Abancay, vertrieben worden und hatten sich den Inkas angeschlossen, die den Quechua-Dialekt wegen seines reichen Wortschatzes zur offiziellen Reichssprache erhoben.

Als die Chanca zum ersten Mal an die Grenzen des Inka-Staates stießen, war es nur eine Frage der Zeit, wann und wo der Entscheidungskampf der beiden kriegerischen Völker um die Vormachtstellung in den mittleren Anden entbrennen würde. Da der alternde Viracocha Inka sich von den Staatsgeschäften zurückgezogen hatte und sein Mitregent, der Taugenichts Inka Urcon, weit mehr Interesse für die Frauen als für die Verteidigung des Reiches aufbrachte, war der Augenblick so günstig wie noch nie für die Chanca, den »Staat der Sonnensöhne« niederzumachen. »Mit 100 000 Mann, dem größten ›Nicht-Inka‹-Heer, das je durch die Hochebenen des indianischen Peru zog« (Miloslav Stingl), machten sie sich 1437 auf den Weg nach Cuzco, wo eine unbeschreibliche Panik ausbrach.

Nur eine kleine Schar von Unerschrockenen harrte in der Stadt aus, um den rasch vorrückenden Chanca die Stirn zu bieten. Die in Cuzco verbliebenen Inka-Truppen befehligte der kaum zwanzigjährige Cusi Yupanqui, ein verstoßener Sohn des aus der Metropole schmählich geflohenen Viracocha Inka. Als die Chanca zum Sturm ansetzten, gelang dem äußerst intelligenten Jüngling ein taktisches Meisterstück. Mit einer Hand voll tapferer Getreuer brachte er den Kampfesmut seiner Feinde ins Wanken, indem er sich ihres heiligen Symbols bemächtig-

te. An der Spitze des gewaltigen Heeres der Chanca wurde nämlich die Mumie ihres Staatsgründers, Uscohuilca (Wilde Katze), in einer goldenen Sänfte getragen. Nachdem Cusi Yupanqui in einem Handstreich die Mumie des

Chanca-Urvaters geraubt und nach Cuzco
entführt hatte, zauderten die Chanca und
ihre Angriffe büßten immer mehr an Kraft
ein, wurden ihnen doch durch den jungen
Inka-Feldherrn gewaltige Verluste zugefügt.
Aus dem lange unentschieden verlaufenden
Kampf ging letztlich Cusi Yupanqui als Sieger hervor.

Aus eigenem Ansporn hatte er seine Heimat vor dem Zugriff des Feindes bewahrt,
während sein Vater Viracocha Inka und sein
Halbbruder Inka Urcon, die beiden offiziellen Staatsoberhäupter, feige das Weite gesucht hatten. Auf erniedrigende Weise
demütigte der siegreiche Prinz nicht nur die
besiegten Chanca, denen er bei lebendigem
Leibe die Haut abziehen ließ, sondern auch
seinen eigenen Vater, der ihn um Vergebung
bitten und einen mit Exkrementen gefüllten
»Nachttopf« bis zur Neige austrinken musste. Als die in Cuzco versammelten Edlen des
Reiches den Retter in der Not zum neuen
Inka wählten, ohne sich auch nur im Mindes-
ten um Viracocha Inkas Willen zu kümmern,
war dessen Entwürdigung besiegelt. Den bit-
teren Kelch der Herabsetzung musste er bis
auf den Grund leeren, ehe er schließlich
doch noch begnadigt wurde und in seine
Bergfestung hoch über der Metropole Pisac
zurückkehren durfte.

Pachacuti, der »Veränderer der Welt«

Den Thron Viracochas bestieg Cusi Yupanqui für lange
Jahre, von 1438 bis 1471, unter dem Namen Pachacuti
Yupanqui (»Veränderer der Welt« oder »Weltenwender«),
dem der neunte Inka alle Ehre machte, denn wie kein
Herrscher vor oder nach ihm hat er die Verhältnisse in
seinem Land völlig umgestaltet. Der als Heerführer so
begabte Pachacuti eroberte zunächst ganz Peru. Mit seinem
ersten Feldzug unterwarf er das Volk der Sora, dessen
Kriegsgefangene er in Zellen mit wilden, ausgehungerten
Raubtieren einsperrte: Wer nach drei Tagen noch lebte,
musste in Zukunft dem Inka-Kaiser zu Diensten sein.

Dann knöpfte er sich das Riesenreich der Colla im Süden
unter dem Herrscher Chuchi Capac vor, den er in einer
vom Morgengrauen bis zum Abend dauernden Schlacht
besiegte, die mehr als 100 000 Mann das Leben kostete.
Nachdem er die Hauptstadt seines Feindes eingenommen
und Chuchi Capac mitsamt beiden Söhnen ergriffen hatte,
zog er weiter nach Westen, bis er kurz darauf als erster
Inka ergriffen vor den Wassern des Pazifiks stand. Erst
nachdem er den kleinen Andenstaat zum Großreich aus-
geweitet hatte, widmete er seine unglaubliche Energie der
von ihm angestrebten Veränderung der Welt. Während er

sich um die genaue Regelung der Rechte, Pflichten und Aufgaben aller Bevölkerungsklassen und -kasten kümmerte und nicht einmal vor der Umgestaltung der Inka-Religion zurückschreckte, führte fortan sein Sohn Tupac Yupanqui, der künftige zehnte Inka, die Eroberungszüge des Vaters weiter, um ein Reich zu schaffen, über dem die Sonne nicht untergehen würde.

Währenddessen ließ Pachacuti die Hauptstadt Cuzco (in der Quechua-Sprache: »Nabel« – zu verstehen als »Nabel der Welt«) gänzlich umbauen und zu ihrem Schutz die gewaltige Festung Sacsayhuaman errichten, die größte indianische Zitadelle der beiden Amerika, die noch heute über Cuzco zum Himmel emporragt. Auch war er bestrebt, den auf astronomischen Beobachtungen erstellten Inka-Kalender neu zu gestalten, um das Sonnen- mit dem Mondjahr in Einklang zu bringen. Seine Hauptaufmerksamkeit galt jedoch den religiösen Vorstellungen, die er in eine Religion für das Volk und eine Religion für die gehobene Schicht unterteilen wollte. Der gewöhnliche Sterbliche sollte weiterhin die Sonne – Inti – verehren,

die Spenderin allen Lebens, während den oberen Zehntausend eine komplexere Glaubenslehre vorbehalten sein sollte. Zu deren Ausarbeitung berief Pachacuti einen »Theologenkongress« nach Cuzco ein, auf dem er sich durch seine drei Haupteinwände gegen die Allmacht Intis

oben Die Festung Sacsayhuaman ist ein Musterbeispiel der Inka-Architektur: Typische Inka-Mauern sind aus mächtigen Granitblöcken zusammengefügt, die sorgfältig behauen, glatt poliert und ohne Mörtel nahtlos miteinander verzahnt sind.

rechts Die archäologisch bedeutsame Inka-Anlage von Ingapirca (in der Sprache der Canari-Indianer: »Steinmauer der Inkas«) wurde um das Jahr 1500 von Huayna Capac – vermutlich auf den Ruinen einer Kultstätte der Canari – an der Königsstraße der Inkas von Quito nach Cuzco errichtet. Auch wurde dort eine Garnison einquartiert, deren Soldaten die einheimische Bevölkerung des gesamten Landstrichs unter Kontrolle halten mussten.

hervortat: »Erstens: ›Die Sonne ist kein allmächtiger Gott, denn mit ihren Strahlen wärmt sie nur manche, während die anderen frieren.‹ Zweitens: ›Die Sonne kann nicht vollkommen sein, denn sie kann sich niemals ausruhen, sie muss ständig am Himmel ihre Bahn ziehen.‹ Drittens: ›Die Sonne kann auch schon deshalb nicht allmächtig sein, weil auch das kleinste Wölkchen ihr goldenes Antlitz zu verdunkeln vermag.‹«

Für Pachacuti war die Sonne als Gottheit zu unmittelbar und sichtbar. Weil im Religionssystem der Inkas kein echter Gottschöpfer vorhanden war, trat er auf dem Priesterkonzil dafür ein, den uralten Kult des in Peru früher angebeteten Weltenmachers Kon-Tiki Viracocha wieder zu beleben. Diesen unsichtbaren, weltenfernen Gott, der über der Sonne – Inti – stehe, könne nur derjenige verstehen und auch anbeten, der über eine höhere Bildung und echte philosophische Kenntnisse verfüge. Trotz Pachacutis Bestrebungen konnte sich der ausschließlich den Edlen des Staates vorbehaltene Viracocha-Kult auf die Dauer nicht durchsetzen. Das Reich der Sonnensöhne blieb weiterhin dem magischen Symbol des Sonnengottes treu.

Als Pachacuti sein Ende nahen fühlte, wurde er von düsteren Visionen geplagt. Nach dem Ableben seines Enkels Huayna Capac werde die nächste »pachacuti«, die Weltenwende, einsetzen, die noch gründlicher ausfallen werde als die von ihm initiierte, für die sein Name einstehe, prophezeite der Greis: »Weiße, bärtige und sehr große Männer werden kommen. Sie werden das Reich heimsuchen und das Zeitalter der Inkas beenden.« Seinen eigenen Abgang inszenierte er wie ein rauschendes Fest, an dessen Höhepunkt hunderte seiner Frauen, Diener und Freunde ihm in den Tod folgen sollten. Bevor Pachacuti

1471 das Zeitliche segnete, hob er noch einmal die Stimme auf dem Totenbett und stimmte einen letzten Gesang an, zugleich auch seinen Abgesang an das von ihm geprägte Jahrhundert in der Geschichte der Inkas: »Gerechtigkeit und Ordnung habe ich gebracht in dieses Leben, in diese Welt.«

Gebieter über ein unermessliches Reich

In Pachacutis Zeichen unternahm sein Nachfolger, sein Sohn Tupac Inka Yupanqui (1471–1493), die größten militärischen Operationen des präkolumbischen Amerika. Nachdem der zehnte Inka das mächtige Königreich der Chimu an der Nordküste Perus bezwungen, ihre Hauptstadt Chan-Chan völlig vernichtet, das Indianervolk der Quito in den Bergregionen Ecuadors unterworfen und die rebellischen Aymara am Titicaca-See überwunden hatte, wandte sich dieser außergewöhnliche, oft mit Alexander dem Großen verglichene Eroberer nach Süden. Mit seinen kampferprobten Armeen hatte er die höchsten Gletscher der Anden überschritten und sich sogar mit Flößen auf den Stillen Ozean gewagt, wo er das einsamste Eiland der

Welt, die Osterinsel, angelaufen haben soll. Deshalb zauderte er auch nicht, mit seinen Truppen durch die endlose, glühende Atacama-Wüste Nordchiles zu ziehen. Weitere 1000 Kilometer marschierte er nach Süden ins chilenische Herzland, bis er den Rio Maule erreichte, wo die besten Krieger ganz Südamerikas, die heldenmütigen Araukaner, ihm in einer drei Tage währenden Schlacht eine schwere Niederlage bereiteten.

Als Tupac Inka Yupanqui 1493 verstarb, konnte sein Sohn Inka Huayna Capac (Wanderer zwischen den Welten) über ein ins Unermessliche angewachsenes Großreich gebieten, das sich über eine Million Quadratkilometer ausdehnte und sich etwa 5000 Kilometer von Norden nach Süden über 37 Breitengrade erstreckte. So hatten die Inka-Herrscher binnen weniger Jahrzehnte die Herrschaft über 250 Völker mit rund neun Millionen Menschen errungen – ohne Pferde, ohne Rad, ohne Eisen.

Während der elfte Inka im Süden nach dem Rechten sah, entbrannte im Norden ein gewaltiger Aufstand der streitbaren Carangui, den Huayna Capac nur mit äußerster Anstrengung niederzuwerfen vermochte. Erst nach zwölf langen Jahren gelang es ihm, die Nordgrenze gänzlich zu befrieden.

Kaum hatte er sich nach Quito, seinem Lieblingsort im Norden, zurückgezogen, von wo aus er sein Reich regierte, musste er bereits einen neuen Kampf austragen, der weitaus gefährlicher war als sein zwölfjähriges Duell mit den Carangui: Eine unbekannte Seuche war ausgebrochen und raffte die Indianer dahin. Zu Recht war Huayna Capac der Meinung, die weißen Männer, von deren Landung an der Küste Ecuadors er gehört hatte, müssten diese Epidemie ausgelöst haben. Weder strenges Fasten noch Gebete konnten den Vormarsch der schrecklichen Krankheit eindämmen. Auch der Inka selbst wurde ein Opfer der Beulenpest, die die weißen Konquistadoren aus Europa eingeschleppt hatten. Im Jahr 1527 verschied er so plötzlich, dass er seine Thronfolge nicht mehr ausdrücklich regeln konnte, was einen schrecklichen Bürgerkrieg oder besser Bruderkrieg zur Folge hatte.

In der Tat stritten sich seine zwei Söhne Huascar und Atahualpa um die alleinige Nachfolge. Etwa 320 000 Soldaten beteiligten sich an diesem unrühmlichen Familienstreit, der 100 000 Menschen in 15 großen Schlachten und unzähligen Gefechten und Scharmützeln das Leben kostete. Atahualpa hatte bei der Ankunft der Spanier gerade seinen Bruder Huascar besiegt und in seine Gewalt gebracht, als er selbst am 16. November 1532 in Cajamarca von Pizarro im Handstreich gefangen genommen wurde. Nachdem Atahualpa aus seinem spanischen Kerker den Befehl zur Tötung seines Bruders gegeben hatte, bezichtigten die Spanier ihn des Brudermordes und erdrosselten ihn – wahrlich kein rühmliches Ende für den Gott auf Erden, den mächtigsten Mann in ganz Südamerika.

Zum Ruhm der Sonne

Dem Sohn der Sonne mussten alle Bürger des Reiches Tribut zahlen. Der »kleine Mann« erfüllte seine Steuerpflicht gegenüber dem Staat, indem er einen Teil der von ihm erwirtschafteten landwirtschaftlichen Produkte ablieferte. Er konnte auch jederzeit zum Arbeitsdienst verpflichtet und in einem Bergwerk, einer Erzmine oder beim Bau öffentlicher Gebäude und gemeinnütziger Bauwerke eingesetzt werden. Für den Inka und zum Ruhme der Sonne musste er dann harte Fron leisten und sich an der Errichtung von Brücken, Wasserleitungen, Tempeln, Getreideschuppen, Palästen, Festungen und Straßen beteiligen. Darüber hinaus konnte er zum Sammeln von Kokosblättern herangezogen oder zum Dienst als Bote zwischen den zum Teil weit auseinander liegenden Städten des schnell wachsenden Herrschaftsgebietes abkommandiert werden. Durch das unglaubliche Organisationstalent des Inka wurde jeder Bewohner des Reiches, ob Kriegsgefangener, Sklave, Bauer oder Angehöriger der oberen Schichten, zur Teilnahme an den öffentlichen Aufgaben gezwun-

rechts Bei den Inkas erwies sich die Landwirtschaft als die wichtigste wirtschaftliche Einnahmequelle. Die Federzeichnung von Guamán Poma de Ayala aus dem 16. Jahrhundert zeigt, wie Männer Lebensmittel, die für die staatlichen Lagerhäuser bestimmt sind, herbeitragen. Jedes Familienoberhaupt musste an den regierenden Inka eine Steuer in natura entrichten. Staatliche Beamte überwachten die korrekte Durchführung dieser Bestimmung.

gen und sozusagen in das Räderwerk der staatlichen Aktivitäten eingefügt.

Alle Untertanen mussten dorthin ziehen, wo der Inka sie benötigte: Handwerker in die Städte, um dort zur Ehre des Staates zu arbeiten; Bergbauern in die Ebene, um dort mehr Nahrung für das Hochland zu ernten; Diener aus allen Teilen des Reiches auf die Landgüter der Edelleute, um dort der Elite ein angenehmeres Leben zu ermöglichen. Millionen von Bergleuten, Koka-Pflanzern und Soldaten waren an dieser Umsiedlung beteiligt, fast ein Drittel der Gesamtbevölkerung.

Wer den Tribut nicht in Form von Feldfrüchten, Tieren oder sonstigen Materialien entrichten konnte, musste auf ein anderes Zahlungsmittel zurückgreifen. So lebte einst am Titicaca-See ein Stamm, der so arm war, dass er nichts

besaß, womit er dem göttlichen Herrscher seine Ehrerbietung erweisen konnte. Da es dort einzig und allein Flöhe in reichlichen Mengen gab, schickten die Ärmsten der Armen ihrem Inka jährlich einen Sack mit Ungeziefer, den dieser dankend annahm. Als Zeichen ihrer Reverenz genügte ihm diese merkwürdige Gabe, mit der sie ihn als ihren Gebieter anerkannten – und mehr wollte er nicht.

Mit Flöhen allerdings hätten sich die Spanier Pizarros kaum zufrieden gegeben. Als sie wie die Heuschrecken über das Inka-Reich herfielen, wurden sie von dem für sie magischen Reizwort Gold angelockt. Sie begnügten sich nicht mit dem ersten »Inka-Schatz«, der auf Befehl Atahualpas zusammengetragen worden war und ihm dennoch nicht die erhoffte Freiheit gebracht hatte. Den zweiten Schatz rissen sie an sich, als Pizarro sich 1533 des hoch in den Anden gelegenen Cuzco bemächtigte. In der Hauptstadt des herrscherlos gewordenen Riesenreiches warf er sein Augenmerk auf den gewaltigen Sonnentempel. Der Goldfries an den Außenmauern, die goldenen oder silbernen Kultbilder von Sonne und Mond, der Innenhof mit seinen edelsteinbesetzten Nischen, in denen lebensgroße goldene Lama-Standbilder prangten, und seinen fünf Springbrunnen, deren Röhren goldene Mündungen hatten, versetzten die habgierige Soldateska abermals in einen Goldtaumel. Erneut verschwanden alle Kostbarkeiten im Schmelzofen.

Aus dem weit verzweigten Herrschergeschlecht setzte Pizarro hernach einen neuen Inka ein, Manco Capac II., dem er weitere Kubikmeter Gold und Silber abjagen wollte. Aber seine Rechnung sollte nicht auf gehen. Der Reichtum der Inkas war bereits aufgezehrt, Manco Capac II. besaß keine Schätze mehr. Als die Spanier im Jahr 1572 den letzten Inka-Herrscher, Tupac Amaru I., hinrichten ließen, war es endgültig um dieses Schatten-Inkatum geschehen. Und trotzdem wollte die Sage über einen Kaziken, der nach seiner Wahl zum König mit Goldstaub überschüttet worden sei, nicht verstummen. Verbissen hielten die Spanier auch weiterhin an der Legende fest. Ihre Fantasie erhitzte sich am Mythos vom goldbedeckten Mann, den der Dichter Castellano, der als Soldat in Südamerika weilte, so beschrieb: »Der König fuhr unbekleidet in einem Boot auf einen See hinaus. Er war von Kopf bis Fuß mit Harz eingesalbt und über und über mit Goldstaub

Machu Picchu, die »verlorene Stadt der Inkas«

Als der amerikanische Archäologe Hiram Bingham 1911 die sagenumwobene Inka-Festung Machu Picchu, die »verlorene Stadt der Inkas«, mitten in den peruanischen Anden auf einem Bergsattel entdeckte, glaubten viele, das legendäre El Dorado wäre aufgespürt. Die aus tonnenschweren Granitblöcken gebaute Terrassenstadt, eine der großartigsten archäologischen Stätten, wurde schon im 16. Jahrhundert von den Spaniern gesucht, die dort eine weitere gigantische Goldbeute witterten. Sie wurden aber nicht fündig, weil in 2000 Metern Höhe über dem Meeresspiegel, auf dem Bergrücken, wo Machu Picchu 500 Meter oberhalb des Urubamba-Flusses angesiedelt ist, einst mehrere 1000 Inkas bequem leben konnten, ohne von unten aus dem engen Tal bemerkt zu werden.

In der zerklüfteten Bergwelt der Anden fand Professor Bingham intakte Häuser und Tempel, ein verwirrendes Durcheinander von Treppen, Gängen und riesigen Mauern, deren Steine so exakt zusammengefügt sind, dass nicht einmal eine Messerklinge dazwischenpasst. Auf Goldschätze stieß er allerdings nicht. Er wurde auch keiner Zeichen gewahr, die auf Kampf, Zerstörung oder hastige Flucht hingedeutet hätten. Bis heute entzieht es sich unserer Kenntnis, was sich einst in dieser mächtigen Feste abgespielt hat, wann und warum ihre Bewohner verschwanden und wo ihre angeblichen Reichtümer geblieben sind. Immer noch durchstreifen Abenteurer die Andenlandschaft um Machu Picchu – auf der Suche nach dem sagenhaften Goldschatz der Inkas, der entweder allzu gründlich versteckt wurde oder nur als Hirngespinst goldsüchtiger Spanier existierte.

Machu Picchu, die rätselhafte Ruinenstadt auf einem abgeflachten Berggipfel am Rande des Urwaldes, gilt zu Recht als eine der besuchenswertesten Sehenswürdigkeiten Perus. Doch die meisten heutigen Touristen benutzen kaum noch den alten Inka-Trail, um von Cuzco aus, der einstigen Hauptstadt des Reiches, auf dem »Camino Inca«, dem Weg der Inkas, nach Machu Picchu zu wandern – auf den Spuren der Ureinwohner Südamerikas über Wildbäche, halbmeterhohe Steinstufen, rutschige Trampelpfade und steile Berghöhen.

Vor drei Jahrzehnten noch war es fast unmöglich, der alten inkaischen Pilgerstraße nach Machu Picchu zu fol-

bepudert, sodass er strahlte wie eine Sonne … Am Abend badete er im See, und das ganze Gold, mit dem er bedeckt war, löste sich von ihm.«

Ging es in der ersten Version der Sage noch ausschließlich um das Ritual, einen neu gewählten Häuptling ganz in Goldstaub zu hüllen, so überlieferten spätere Varianten die Geschichte über das goldene Floß, von dem aus Gold und Juwelen als Geschenk für den Seedämon während einer jährlich stattfindenden Zeremonie in die Tiefe versenkt worden seien. Eine noch grandiosere Auslegung machte dann aus dem »Hombre dorado« ein El Dorado, ein wahres Goldland, dem Abenteurer, Forscher und Grabräuber nun schon seit über 450 Jahren erfolglos nachjagen (siehe auch Seite 13/14). Existiert das sagenumwobene El Dorado irgendwo im unzugänglichen Dickicht des tropischen Urwalds oder in der Schwindel erregenden Höhe eines abgelegenen Andentals?

(siehe auch Seite 13/14)

oben Die Indianer, denen die Goldgier der Spanier und deren Suche nach El Dorado ein Gräuel waren, rächen sich an einigen gefangenen Spaniern, denen sie flüssiges, heißes Gold in den Mund gießen.

rechts Die gesamte Anlage der Ruinenstadt Machu Picchu konnte vor kurzem auf das Jahr 1450 zurückdatiert werden.

gen, war doch der Pfad, wie die gesamte heilige Stadt, meterhoch von Bäumen, Büschen und dicken Moosschichten überwuchert. Erst in den 70er Jahren des 20. Jahrhunderts begann die peruanische Regierung, den Trail freizulegen. 1981 wurde er in den Nationalpark Machu Picchu eingegliedert.

Von den Schwindel erregenden Bergkuppen schweift der Blick über unendliche Täler in die Tiefe herab und über verschneite Sechstausender am Horizont. Der Inka-Trail ist nicht nur ein Weg zum Ziel, sondern gehört bereits zum Ziel mit dazu wie eine Dramaturgie der Annäherung an das Heiligtum. Er wird immer beschwerlicher, immer mühevoller, bis er in eine kaum begehbare, schräge Linie einmündet. Wenn man dann noch eine letzte Anhöhe überwindet, zeigt sich das Wunder, gleichsam als Belohnung für die erlittenen Strapazen. Die Sicht ist endlich frei auf die verwinkelten Mauern der Ruinen-

stadt Machu Picchu, die bis heute noch genau so stehen wie zur Zeit ihrer Errichtung. Mithilfe der Radiokarbonmethode konnte die gesamte Anlage vor kurzem auf das Jahr 1450 zurückdatiert werden, in eine Zeit also, als der große Inka-Herrscher Pachacuti die Macht innehatte.

Zahlreiche vorher kursierende Theorien konnten somit widerlegt werden. So dachten einige, die Stadt hätte eine mehr als tausendjährige Geschichte hinter sich, während andere glaubten, sie wäre ein kleines Fort zur Eindämmung der spanischen Eroberungswelle gewesen.

Doch trotz nunmehr jahrzehntelanger Forschungen ist Machu Picchu, der »Alte Gipfel«, in mancherlei Hinsicht ein unbekannter Ort geblieben. Keine Urkunde nennt die »verlorene Stadt«, und so blieben ihr Name, ihre Entstehung, ihre Funktion und ihre Bewohner im Dunkeln. Der Durchbruch gelang erst vor kurzem. Wenn wir Felix Pallardel, dem Direktor des Kulturerbes am Nationalen

links Auf dem Bergrücken 500 Meter über dem Urubamba-Fluss ist Machu Picchu terrassenförmig angelegt. Enge, verwinkelte Gassen führen zwischen den Häuserruinen hindurch.

unten Der Stein des Intihuatana, die Sonnenuhr, war das bedeutendste Heiligtum der Stadt Machu Picchu. Im Vordergrund: Ruinen eines Inka-Hauses mit typischem Fenstergrundriss.

Kulturinstitut (INC) von Peru, Glauben schenken dürfen, wurde die Stadt Machu Picchu, die sich auf der Spitze des gleichnamigen Berges in einer subtropischen Zone zwischen den Anden und dem Amazonasurwald erhebt, im Jahr 1450 erbaut, um 1000 Menschen in einem Gebiet zu beherbergen, das dem König Pachacuti gehörte, dem »großen Baumeister«, der als Gründer des Inka-Reiches gilt.

Rezente Untersuchungen haben ergeben, dass Machu Picchu ein Verwaltungszentrum für den Ackerbau war. Gleichzeitig stellt die Stadt die erste Ausbreitung der Inka-Siedlungen in Richtung Amazonasurwald dar. Ihr Bau erfolgte zu einer Zeit, da König Pachacuti zur großen Neulandgewinnung aufgerufen hatte. So ist die Bergfeste ein beredtes Zeugnis ihrer Zeit mit ihren Brunnen, Plätzen, Geschäften und Tempeln sowie ihrem kleinen Gefängnis. Aus bisher noch unbekannten Gründen verließen die Inkas die Zitadelle ebenso wie die benachbarten Berge Huayana Picchu und El Mandor, wo sich ebenfalls noch Spuren der antiken Kultur finden. Die spanischen Eroberer haben niemals von der Existenz dieser Stadt erfahren. Trotz der neuen Erkenntnisse, die jetzt vorliegen, wird die Spurensuche des heutigen Besuchers zwischen den Mauern, Terrassen und Treppen von Machu Picchu zu einem regelrechten Gang durch Mythen, Rätsel und kultische Deutungsversuche: hier die Mauer mit den drei Fens-

links Aus dem engen Urubamba-Tal führt eine Schwindel erregende Serpentinenstraße hinauf nach Machu Picchu.

rechts Steile Wege durch Machu Picchu.

längst vergangenen Zeiten gedeutet werden können.

Umhüllt von tropisch dicht bewaldeten smaragdgrünen Gebirgshängen liegt dieses Schmuckstück der Inka-Baukunst in einer zauberhaften Lage, scheinbar dem Himmel näher als den Tiefen der Urubamba-Schlucht, inmitten des betörenden Dufts von Orchideen und Bromelien. Und doch ist die 550 Jahre alte Inka-Feste in größter Gefahr. »Jeden Augenblick kann ein Erdrutsch losbrechen, die Ruinenstadt auseinander reißen und teilweise oder ganz vernichten«, warnt der japanische Katastrophenforscher Professor Kyoji Sassa von der Universität Kyoto. Das Erdreich unter dem Unesco-Weltkulturdenkmal bröckelt bereits, was der japanische Wissenschaftler als »Besorgnis erregend« einstuft. Teile des 2550 Meter hohen Bergsporns sinken jährlich bis zu zwölf Zentimeter talwärts. »Das ist ziemlich schnell und stellt die Vorlaufphase zu einem Geröllschlag oder Felsrutsch dar«, befürchtet der Geologe. »Der Erdrutsch könnte die Stadt binnen Sekunden über 100 Meter in die Tiefe reißen und restlos zerstören.« Wann genau diese Naturkatastrophe sich ereignen kann, lässt sich nicht vorhersagen.

Trotz der Gefährdung durch Risse im Felsmassiv hat Machu Picchu für die direkten Nachfahren der Inka-Kultur nie aufgehört, Religions-, Kult- und Besinnungsstätte zu sein. Von hier aus rufen die Indios und Mestizen noch heute ihre Götter und Geister an. Einmal im Jahr, so will es der Brauch, ziehen Dorf- und Bauerngemeinschaften

tern, während die meisten Häuser nicht über solche verfügten, dort die zyklopischen vieleckigen Steinblöcke, von denen einer mit 32 Winkeln präzise in eine Wand eingefügt ist; dann der Intihuatana (der Ort, an dem die Sonne festgebunden wird), jener zur astronomischen Beobachtung bearbeitete Quarzstein, mit dem auch die Sonnenwenden zu bestimmen sind; des Weiteren der Tempel des herrschenden Inka, den angeblich im Vorraum ein Puma bewachte, der an eine in den Fels gemeißelte Öse angebunden war; und schließlich die heiligen Plätze, die für Riten und Opferfeiern benutzt wurden und die als königliche Hinterlassenschaften göttlicher Verbundenheit aus

mit ihren Andenpriestern nach Machu Picchu – zu einem geheimnisvollen Mondscheinritual, über dessen Inhalt und Zweck sie sich beharrlich ausschweigen.

Selbst die Wissenschaft begegnet der Mystik und Magie dieser Stätte voller Ehrfurcht: Bevor die Archäologen mit ihren Ausgrabungen beginnen, stimmen sie erst einmal die Pachamama, die Mutter Erde, mit Schnaps, Zigaretten und einem geschlachteten Lama gnädig.

Apus und Pachamama, die Götter der Andenvölker, sollen auch ihm gewogen sein – deswegen begab sich der neu gewählte Staatspräsident Perus, Alejandro Toledo Manrique, einen Tag nach der Vereidigung seiner Regierung im Jahr 2001 in die sagenumwobene Ruinenstadt Machu Picchu. Die pittoreske Beschwörung der alten inkaischen Gottheiten in der legendären Bergfestung in Anwesenheit des spanischen Thronfolgers Don Felipe de Bourbon hätte symbolträchtiger nicht sein können. Knapp 500 Jahre nach der blutigen Eroberung des Inka-Reichs durch Francisco Pizarro übernahm ein Nachfahre der damals Unterlegenen die Macht im ehemaligen Vizekönigreich Peru, das bis zur Unabhängigkeit im Jahr 1821 – neben dem Vizekönigreich Neuspanien, heute Mexiko – das wertvollste Kronjuwel der Spanier in ganz Iberoamerika war. Indem er den Gottheiten der Anden in der »verlorenen Stadt der Inkas« seine Aufwartung machte, wollte der 55 Jahre alte Wirtschaftswissenschaftler, der aus einer armen, kinderreichen Indio-Familie stammt, eine Rückbesinnung auf die indianischen Traditionen seines Landes bewirken, das wieder erwachende Selbstbewusstsein der Eingeborenen in den Andenländern stärken, zugleich aber auch das Interesse der Welt an Peru, seinen Kulturen und Schätzen aus der Vergangenheit wecken und den Tourismus als Quelle von Arbeitsplätzen und Deviseneinnahmen fördern. Dafür kann er die Hilfe der alten Götter gut gebrauchen.

Das letzte Refugium der Inkas

In den peruanischen Anden etwa 35 Kilometer südwestlich von Machu Picchu, der berühmtesten Inka-Stadt, haben der britische Fotograf und Bergführer Peter Frost und der amerikanische Psychologe und Entdecker Scott Gorsuch 1999 die Ruinen einer noch älteren und ungewöhnlich großen Inka-Stadt gefunden. Nach einem

rechts Cuzco: Das Kloster Santo Domingo errichteten die Spanier auf den Überresten eines Inkatempels, wie die erhaltenen Mauerreste noch heute bezeugen.

viertägigen strapaziösen Fußmarsch erreichten sie das 3885 Meter hohe Bergplateau des Cerro Victoria, wo sie plötzlich vor den Überresten von mindestens hundert Gebäuden standen, darunter kreisförmige Wohnhäuser, Vorratsräume für Lebensmittel, Plattformen für rituelle Handlungen und die Beobachtung der Sterne, Friedhöfe, Begräbnistürme, Straßen, Aquädukte, Terrassen und Staubecken. Ein Damm und der Stumpf einer Pyramide lagen dagegen unter dichter Vegetation versteckt.

Ähnlich wie Machu Picchu befindet sich die Anlage auf einem Bergrücken mit einem wunderbaren Panoramablick auf die schneebedeckten Gipfel der Anden. »Diese Stätte übertrifft alles, was wir erwartet hatten«, bemerkt Peter Frost. »Sie erstreckt sich über sechs Quadratkilometer steilen Terrains. Und die Schönheit dieses Ortes ist atemberaubend.« »Bisher wissen wir nicht, wer hier lebte oder wie lange der Ort schon existiert«, erzählt der britische Archäologe. »Vermutlich haben sich die Bewohner aus zwei Gründen für diesen Ort entschieden: wegen der nahe gelegenen Silberminen und wegen seiner Eignung für Zeremonien. Dies ist die einzige Stelle, von der aus alle schneebedeckten Gipfel der Region zu sehen sind. Wahrscheinlich fanden hier religiöse Zeremonien zur Anbetung dieser Gipfel statt, und man nutzte diesen Ort zur Himmels- und Sonnenbeobachtung und zu Zwecken der Zeitrechnung.«

Diese Stätte auf dem Berg Corihuayrachina (in der Quechua-Sprache: »Gold, das dem Wind zum Schmelzen ausgesetzt wird«) in der Provinz Cuzco liegt in der Region Vilcabamba, dem letzten Rückzugsgebiet der Inkas, bevor sie im Jahr 1572 endgültig von den Spaniern überrannt wurden. Hierzu äußert sich die Altamerikanistin und Inka-Expertin Kerstin Nowack aus Bonn wie folgt: »Die spanischen Konquistadoren sind zwar 1572 bis nach Vilcabamba vorgedrungen, doch sie haben die Stätten der letzten Inka-Herrscher nur unvollständig beschrieben. Später

ist die Kenntnis von ihrer Lage verloren gegangen. Ob der neue Fund und die lang gesuchte sagenumwobene letzte Stadt der Inkas miteinander in Verbindung zu bringen sind, muss sich erst noch herausstellen.«

Im Juni 2001 kehrten Peter Frost und Scott Gorsuch mit einer von der National Geographic Society gesponserten Expedition zur Inka-Stadt auf dem Berg Corihuayrachina zurück. Da die ältesten Teile der einstigen Inka-Metropole aus der Frühzeit des Inka-Imperiums ab dem 12. Jahrhundert stammen könnten, was die beiden Archäologen aus der gefundenen Keramik ableiten, kommen sie zu dem Schluss, »dass die Inkas dieses Gebiet schon viel früher bewohnt haben als angenommen. Diese Fundstätte kann Zeugnis ablegen von den Ursprüngen der Inka-Kultur bis zu ihrem Ende, ungestört vom Einfluss der Spanier, denen dieser Ort ebenso entgangen zu sein scheint wie Machu Picchu. Vor allem die vielen Bauten, die im Gegen-

satz zur rechteckigen Architektur der Inkas in runder Form angelegt sind, lassen darauf schließen, dass schon vor den Inkas Angehörige eines alten Anden-Volks in Corihuayrachina siedelten.«

Wo einst die Sonne angebunden war

Wenig bekannt bei Liebhabern der Inka-Kultur sind die Ruinen von Pisac, die sich auf einem Bergvorsprung in 3300 Metern Höhe ausbreiten. Dorthin fährt man von Cuzco aus rund 30 Kilometer mit dem Taxi, wobei die Strecke durch das heilige Tal der Inkas führt, das einstige Jagdrevier der göttlichen Herrscher. Mit dem Auto kommt man bis in Sichtweite des alten Pisac, das man nur zu Fuß über einen schmalen Inka-Weg erreichen kann, der, wie an die Felswand geklebt, teilweise aus Stufen besteht. Durch gut erhaltene Stadttore – die einstigen Türen aus Holz sind ein Opfer der Jahrhunderte geworden – tritt man in die ehemalige Bergfeste und Metropole ein, deren Areal im Vergleich zu Machu Picchu fünfmal so groß ist und die als eine der größten Städte aus präkolumbischer Zeit gilt.

Da man nur wenig über Pisac weiß – die Forschungen und Ausgrabungen sind noch nicht abgeschlossen –, darf der Besucher sich eigenen Deutungen hingeben. Leicht wird er die Zweiteilung des Kerns des alten Pisac erkennen: die eigentliche Stadt und den heiligen Bezirk, zu dem eine lange Treppe von den Wohnquartieren hinauf auf das höchste Plateau der Siedlung führt. Hier oben können Spezialisten zwischen gewaltigen Mauern schnell die Reste von einem Intihuatana entdecken, jenes aus einem Felsblock gemeißelten Sporns, an dem einst – so glaubten die Inkas – die Sonne angebunden war. »Inti«

bedeutet ja Sonne, und »Huatana« bezeichnet den Ort, der etwas festhält. Dieser mächtige Steinblock markiert hier, wie in Machu Picchu und in anderen Orten der Inkas, den Mittelpunkt des Tempelbereichs, den Sonnentempel. Daneben befindet sich ein kleines, sicherlich sakrales Wasserbecken.

Die sich um das Intihuatana drängenden Tempel, Priesterpaläste und Mausoleen, denen die einst aus Holz und getrocknetem Blätterwerk gefertigten Dächer natürlich fehlen und auf deren Böden Gras wächst, stellen den reinsten klassischen Inka-Baustil dar: zyklopische Blöcke mörtellos aufeinander gefügt, trapezförmige Durchgänge mit zuweilen tonnenschweren Abdecksteinen, vollkommen symmetrische Nischen im Monumentalmauerwerk. Über Trampelpfade und inkaische Steintreppen durch-

links In 3300 Metern Höhe liegt Pisac (hier eine Gesamtansicht) – mit seinen schön behauenen Steinen ein Meisterwerk der Inka-Architektur.

rechts Wie hier im Colca-Canyon in Peru nutzten die Inkas beim Anbau von Mais und anderen Feldfrüchten den bewässerten Terrassenanbau und sicherten so die Versorgung der Bewohner ihres riesigen Reiches.

streift man heute das Gelände, wo im Grün zwischen den grauen Ruinen Blumen wachsen, meist mit gelben Blüten, wo es duftet, die Sonne brennt, überall Stille herrscht …

Pisac ist ein Ort mit außergewöhnlich gut erhaltenen Terrassenanlagen, von denen ein Teil als Meisterwerk der Landschaftsgestaltung den nährenden Brüsten der Erdmutter Pachamama nachgebildet ist. Wasserbau-Experten, die die Terrassen und ihre Wasserleitungen untersucht haben, sind zum Schluss gekommen, dass sie heutigen hydraulischen Anforderungen genügen.

Obwohl weder in Machu Picchu noch in Pisac Gold gefunden wurde, gereichten ihre Goldschätze den Inkas zum Verhängnis. Der Goldrausch und die Schmelzwut der europäischen Eindringlinge zerschlugen im Handstreich das größte Indianerreich aller Zeiten, hinter dem die Zivilisation der weißen Eroberer in vielerlei Hinsicht zurückstand.

Eine allumfassende Planwirtschaft

Das agrarische Riesenimperium der Inkas fußte auf einer frühen Form des Kommunismus: Der gesamte Boden war im Besitz des Staates und wurde von singenden Arbeitsheeren beackert, die sich noch mit dem Grabstock als Pflug abmühten. Die »Felder des Inka« dienten der Ernäh-

rung des Hofes und der Beamten, die »Felder der Sonne« versorgten die Priester, Tempeldiener und die religiösen Künstler, wohingegen den Bauern zugewiesene Äcker deren Selbsternährung mit Kartoffeln und Mais garantierten, so dass im ganzen Reich niemand zu hungern brauchte. Vorräte für den Fall von Missernten, Bränden, Erdbeben und Überschwemmungen wurden in staatlichen Magazinen gehortet und nach Bedarf verteilt.

Weil jeder sich im Inka-Staat satt essen konnte, musste auch jeder durch seine Arbeit das gewaltige Räderwerk mit antreiben helfen. Selbst die Kinder waren davon nicht ausgenommen. Auch sie mussten auf den Feldern schuften, Vögel aus dem Mais scheuchen, Stroh und Feuerholz heranschleppen sowie Schnecken und Pilze zusammentragen. Im Ameisenstaat der Inka-Herrscher wurden von allen Untertanen Verständnis und Einsatzbereitschaft für die Allgemeinheit erwartet. Müßiggang und Faulheit wurden als Sünde am Gemeinsinn angesehen und dementsprechend geahndet.

Die Arbeitshierarchie wurde vom voll schaffensfähigen Krieger angeführt, der 25 bis 50 Jahre alt war. Ganz unten rangierte dagegen der Neugeborene, der erst nach und nach im Laufe der Jahre in der Rangordnung der Arbeit aufsteigen konnte. Sogar Beinamputierte und Körperbehinderte waren der Beschäftigungspflicht unterworfen. Erst im Alter von 80 Jahren konnten sich die Männer dem Arbeitszwang entziehen: Sie wurden zu »Schläfern«.

Eine genauso straffe Disziplin sorgte dafür, dass die Inkas zu keiner aussterbenden Rasse wurden und dass der Staat zu jeder Zeit über genügend Krieger verfügte. Zur

Staatsbordell errichten, in dem unverheiratete Männer von kriegsgefangenen Frauen sexuelle Befriedigung erlangen konnten – mit der Folge, dass die hier gezeugten Kinder dem Staat geschenkt wurden. Ein »Geheimdienst« aus 1200 Staatsdienern hörte sich überall um – auf der Suche nach so genanntem »unreifem Benehmen«. Diese »Allesseher« (Tocoyricoc) waren Tag und Nacht auf Achse, um unsittliche Gespräche zwischen Männern und Frauen zu belauschen und die Verantwortlichen ihrer gerechten Strafe zuzuführen. Und jeder Bürger war gehalten, regelmäßig einen Priester aufzusuchen und ihm seine Verfehlungen einzugestehen; einzig der Inka selbst musste lediglich vor dem Sonnengott Rechenschaft ablegen.

Abhärtung wurde der Säugling gleich nach der Geburt in eiskaltes Bergwasser getaucht. Blieb ein Mann zu lange ledig, wurde ihm von Amts wegen eine Frau zugewiesen, damit sie ihm recht bald Söhne gebären würde, die später als Soldaten zum Ruhm des Staates in der Inka-Armee kämpfen könnten. Da ihm unkontrollierte Unzucht ein Gräuel war, ließ Pachacuti vor den Toren Cuzcos ein

Wegen seiner straffen Staatsführung, seiner militärischen Zucht und seines unbändigen Eroberungswillens haben Historiker das Inka-Reich oft mit dem römischen Imperium verglichen. Auch ein ausgedehntes Straßennetz, das mit kunstvoll geknoteten Seilbrücken selbst breite Schluchten und Flüsse bezwang, trug zu diesem viel benutzten Vergleich bei.

Ein Schnellstraßensystem wie bei den Römern

Cuzco, das goldene »Rom« der Sonnensöhne, dem die Inkas den stolzen Beinamen »Nabel der Welt« verliehen hatten, wurde bei der Ankunft der Spanier von mindestens 200 000 Indios bewohnt, die in 20 000 bis 25 000 Häusern lebten. Das ehemalige elende Dörfchen in den Anden, in dem einst vielleicht 200 Menschen gewohnt hatten, mauserte sich innerhalb weniger Jahrhunderte zur größten indianischen Metropole Südamerikas. In Cuzco liefen nicht nur die Grenzen der vier Glieder des Reiches zusammen, das wegen seiner administrativen Einteilung von den Inkas amtlich Tahuantinsuyu (Land der vier Teile) genannt wurde, sondern von dort gingen auch die vier wichtigsten Heerstraßen aus, die mit ihren 15 000 Kilometern Länge eine Hochleistung der Menschheit darstellen. Nicht einmal heute vermögen die südamerikanischen Staaten dieses Glanzstück der Straßenbaukunst nachzuvollziehen. So wurde das vor mehr als 60 Jahren in Angriff genommene panamerikanische Straßennetz bis heute noch nicht vollendet.

Die Inka-Straßen, die Alexander von Humboldt einst das vortrefflichste von Menschenhand geschaffene Werk nannte, überwanden die mehr als 5000 Kilometer zwischen Rio Ancasmayo im heutigen Kolumbien im Norden und dem chilenischen Rio Maule im Süden. Sie führten durch glühende Wüsten und über riesige Gebirge, umgingen Seen und verbanden die Ufer zahlreicher Wasserläufe mit Hängebrücken, deren Seilbefestigungen aus Lianen- und Rohrgeflecht bis in die Neuzeit überdauerten, sie stiegen mit aus dem Fels gehauenen Treppen in Schwindel erregende Abgründe hinunter und dann wieder hinauf in die eindrucksvollen Höhen der Anden. Auch wurden sie mit Steinplatten gepflastert, wo die Natur dies erforderlich machte. Ihre Erbauer gaben sich nicht damit zufrieden, mit den schwierigsten natürlichen Hindernissen fertig zu werden, sie berechneten auch die Tagesmärsche, die man je nach dem Gelände auf diesen Straßen zurücklegen

links Dieses Inka-Gefäß aus schwarzglänzender Keramik stellt einen Fischer dar, der mithilfe eines Korbs auf Hummerjagd geht.

rechts Um die einzelnen Regionen des riesigen Inkareichs zu verbinden, legten die Inkas ein ausgedehntes Straßennetz an. Wo es nötig erschien, waren die Wege sogar mit Steinplatten gepflastert.

konnte, und bauten dementsprechend Raststätten, in denen die Reisenden sich verpflegen und ausruhen konnten.

Von Jugend an trainierte Läufer, Chasqui genannt, wurden auf dem Straßennetz als Postkuriere eingesetzt. Pro Tag konnten sie über eine Entfernung bis zu 400 Kilometer weit mündliche Nachrichten übermitteln oder Meldungen in Gestalt von Knotenschnüren weiterreichen. Mithilfe dieser Quipu-Schnüre wurden meistens Informationen über Bevölkerungszahlen, Arbeitsleistungen, Steuern und wichtige Ereignisse, also vorwiegend grundlegende statistische Angaben, nach Cuzco überbracht und dort ausgewertet. Die Schnüre dienten also den Inkas zur Kommunikation und zur »Datenspeicherung«.

Knoten als Silben?

Ein Quipu bestand aus einer Hauptschnur, an der man weitere kleinere Schnüre vertikal angebracht hatte. Alle diese bunten Schnüre waren auf vielfältige Weise verknotet. Durch die Farbe der Schnur, die Anzahl der Knoten und die Art der Verknotung wurde eine bestimmte Mitteilung zum Ausdruck gebracht.

Archäologiestudenten der Huacho-Universität machten 1980 in der nordperuanischen Provinz Cajatambo einen Aufsehen erregenden Fund. Sie entdeckten fünf Quipu-Schnüre mit der ungewöhnlichen Länge von bis zu 250 Metern. Wie ein Sprecher der Universität betonte, ist die

Mehrzahl der in Museen ausgestellten Quipus nur bis zu drei Meter lang. Unter den Wissenschaftlern, die es einfach nicht glauben können, dass ein so hoch zivilisiertes Reich wie das der Inka-Herrscher keine Schrift gekannt haben sollte, entbrannte erneut die Diskussion, ob die außerordentlich langen Quipu-Schnüre nicht doch mehr sein könnten als nur eine Art von Schriftersatz. Immer wieder haben die Forscher versucht, in die zahlreichen Knoten und die verschiedenen Farben der Schnüre »Schriftzeichen« hineinzuinterpretieren. So fragten sie sich, ob die dicken Knoten nicht zum Beispiel für Konsonanten oder bestimmte Silben, die dünneren für Vokale stehen könnten; auch gingen sie der Überlegung nach, ob die verschiedenen Farben der Stränge nicht Aufschluss über Satzbau und Grammatik geben könnten. Alle ihre Bemühungen, eine wirkliche Schrift der Inkas nachzu-

weisen, erwiesen sich jedoch als erfolglos. Die Quipu-Schnüre stellten für die Wissenschaft in der Tat eine wesentlich härter zu knackende Nuss dar als beispielsweise die Entschlüsselung der Keilschrift oder der Hieroglyphen. Entmutigt mussten die Forscher aufgeben. Offensichtlich waren die Quipus doch nur ein Schriftersatz und keine »Urkunden« eines versunkenen Volkes. Somit scheinen auch die jüngsten Funde in Peru das Rätsel um Sein oder Nichtsein einer Inka-Schrift nicht lösen zu können. Vielleicht aber verbirgt sich die Antwort auf diese Frage in den Urwäldern der Anden, in den dort noch unentdeckten Inka-Refugien.

Ihre Götter wollten Menschenblut

Fünf Jahrhunderte dauerte die Totenruhe dreier Inkas in der am höchsten gelegenen Grabstätte der Welt. Im Jahr 1999 war sie dann allerdings zu Ende, als Archäologen aus den USA, aus Argentinien und Peru die drei Körper von zwei Mädchen und einem Buben entdeckten und aus dem 6706 Meter hohen Gipfel des argentinischen Vulkans Llullaillaco bargen. Die gefrorenen Leichen waren in außergewöhnlich gutem Zustand. »Es sind die besterhaltenen Mumien, die ich je gesehen habe«, sagte Johan Reinhard, Co-Leiter des Teams und Mitarbeiter der National Geographic Society in Washington.

Röntgenbilder und Computertomographien zeigten, dass alle Organe intakt waren und dass sich in Herz und Lungen sogar noch Blut befand. Ärzte verglichen den Zustand der Mumien mit demjenigen von erst kürzlich Verstorbenen. Ein Blitzschlag hatte lediglich einen der beiden weiblichen Körper leicht beschädigt. Die »Findelkinder« aus dem präkolumbischen Großreich lagen unter einer fast zwei Meter hohen Erd- und Geröllschicht auf einer eigens dafür geschaffenen Begräbnisplattform. Das eisige Grab enthielt auch reichhaltige Beigaben für die Götter der Inkas, darunter 35 Gold-, Silber- und Muschelfiguren sowie Schuhe, Kleidung und Tonbehälter mit Nahrung. Obwohl die Todesursache der drei Inkas noch nicht eindeutig geklärt ist, kann man vermuten, dass sie wahrscheinlich als den Göttern dargebrachte Menschenopfer starben. In der Tat hat man seit den 30er Jahren des 20. Jahrhunderts auf südamerikanischen Berggipfeln immer wieder Menschenopfer gefunden, meist Kinder

oder Jungfrauen, die bei den Inkas als besonders rein galten.

So entdeckte der US-Anthropologe Johan Reinhard, der auch als Abenteurer auf der Suche nach Inka-Heiligtümern durch die Hochanden klettert, bereits 1995, als er den Ampato im Süden von Peru erstieg, nahe dem Gipfel auf einer Höhe von 6380 Metern eine tiefgefrorene, mumifizierte Kinderleiche aus dem 15. Jahrhundert. Er war auf einen Eisklotz mit der Form eines prall gefüllten Kartoffelsacks aufmerksam geworden. Als er das seltsame Gebilde wendete, blickte er in die leeren Augenhöhlen eines bleichen Mädchengesichts von etwa 14 Jahren mit geschrumpelten Lippen.

Die in kunstvolle Alpaka-Webereien gepackte Gletschertote wurde nach ihrem Entdecker »Juanita« genannt. Sie gilt als die am besten konservierte Inka-Leiche, die das ewige Eis auf dem Andengipfel in eine der höchst seltenen Permafrostmumien verwandelt hat. Obwohl die kastanienbraune Haut der gefriergetrockneten und mumifizierten Kinderleiche schrumpelig ist, weil sie im Eis an Feuchtigkeit einbüßte, glänzen Ihre Haare noch immer wie frisch gewaschen. Ihre inneren Organe, die Muskulatur und die Knochen scheinen unversehrt, wobei ihre Finger, die seit 500 Jahren im Todesgriff ihre Kleidung umklammern, zerbrechlich und fast lebendig wirken.

Bei einer Computertomographie des Frostkindes hat der Radiologe Elliot Fishman von der John Hopkins University in Baltimore womöglich die Todesursache entdeckt: Risse in der rechten Stirn und die seltsam asymmetrische Position des Gehirns deuten darauf hin, dass eine starke innere Blutung das Gehirn zur Seite gedrückt hat. Demnach wäre Juanita hockend durch einen von hinten ausgeführten Keulenschlag niedergestreckt worden. Damit würden die Archäologen nicht falsch liegen, laut deren Vermutungen die Halbwüchsige irgendwann zwischen 1450 und 1530 den Ampato in Begleitung einer Priesterprozession hochgestiegen sein müsste, um am Kraterrand des erloschenen Vulkans zur Beschwichtigung der Götter geopfert zu werden. Dass die Geschichte von Juanita und anderen Permafrostleichen allerdings an alte Tabus rührt, bekräftigt Fernando Rosas, Direktor des Nationalmuseums für Archäologie in Lima, wenn er sagt: »Das Inka-Reich wird von einem großen Teil der indiostämmigen Bevölkerung als der perfekte Staat verehrt. Menschenopfer wurden bisher stets geleugnet.«

Die Funde Johan Reinhards scheinen jedoch eine klare Sprache zu sprechen und den eindeutigen Beweis dafür zu erbringen, dass die Inkas ohne Menschenopfer nicht auskamen. Sie lebten in einer Welt voller Unsicherheit und in ständiger Furcht vor der Rache der grausamen und gierigen Götter, deren Wirken sie in allen Naturkatastrophen, wie etwa einer Dürre, einer Missernte und erst recht einer Epidemie, zu erkennen glaubten. Sogar für jede Kleinigkeit, die die Götter den Menschen gewährten, ja selbst für das Strahlen der Sonne und das Leuchten des Mondes, verlangten diese ihren Preis, den die Inkas mit Menschenopfern bezahlten. Auch sie huldigten dem rituellen Töten, dem barbarischen Brauch, sich mit dem Leben anderer ein günstiges Schicksal zu erkaufen.

Um die Apus, die Berggötter, zu besänftigen, brachten Indios zu Zeiten der Inkas offenbar ihre eigenen Kinder als Opfer dar, was die Inka-Historikerin Maria Rostworowski auf den Punkt bringt: »Es waren immer die schönsten und makellosen Kinder, die dafür ausgewählt wurden. Kinder ohne Krankheiten und Muttermale.«

Als der Tag der Opferung gekommen war, erklomm Juanita den Ampato mit eigenen Füßen. Nachdem sie die von den sie begleitenden Priestern oben errichtete Kultstätte erreicht hatte, flößte man ihr Maisbier und Cocatee ein. Betäubt und schon halb tot wurde sie in die Hocke gezwungen, die traditionelle Bestattungsposition in den Anden, dreifach in feinste Stoffe eingewickelt, wobei Spangen aus Gold und Silber die Tücher zusammenhielten, und schließlich dem ewigen Eis übergeben.

Um die Götter auf den Andengipfeln und den Sonnengott gnädig zu stimmen, opferten die Inkas regelmäßig Halbwüchsige. Aus Berichten spanischer Chronisten und aus Dutzenden von Skelettfunden geht hervor, dass sie sich bezüglich der Tötungsart als äußerst erfindungsreich erwiesen: So wurden die Kinder lebendig in Erdlöcher und Abgründe geworfen, wo sie elend zugrunde gingen, dann wieder schlug man ihnen die Köpfe ein, erwürgte sie oder ließ sie auf einer Anhöhe der Anden erfrieren.

Alle diese Ritualmorde haben auf jeden Fall ihren Zweck verfehlt. Sie haben den Inkas nicht geholfen, als die Gefahr vom Wasser her kam und der spanische Goldsu-

cher Francisco Pizarro 1532 an der peruanischen Küste landete.

Den asiatischen Ahnen der Inkas auf der Spur

Und trotzdem kann Juanita, das vor 500 Jahren im Eis der Anden mumifizierte Kind aus der Glanzzeit der Inkas, der Wissenschaft heute vielleicht einen großen Dienst erweisen, denn mit ihrer Hilfe versuchen die Archäologen das Rätsel zu lösen, ob die Vorfahren der lateinamerikanischen Völker einst tatsächlich aus Asien zugewandert sein könnten. Wenn auch das Menschenopferritual der Inkas grausam war, bringen diese Tötungszeremonien jetzt möglicherweise Licht ins Dunkel eines wichtigen Kapitels der Menschengeschichte. Anhand der Erbgutinformationen der 1995 in Peru entdeckten Mumie will die nordamerikanische National Geographic Society DNA-Vergleiche an Menschen in Südperu, Korea und Taiwan vornehmen. »Ziel der Studie an den Einheimischen ist die Ermittlung von Gemeinsamkeiten beziehungsweise Verwandtschaftsgraden unter Menschen aus Südamerika und Asien«, erklärt der renommierte Historiker Carlos Rada in Lima.

Dass Juanitas Erbgut identisch ist mit jenem von Indianern aus Panama, teilweise aber auch Elemente enthält, wie sie für Menschen aus Korea und Taiwan typisch sind, ergaben erste Studien unter der Leitung des bekannten US-Anthropologen Johan Reinhard in Baltimore. Dadurch erhielt die alte Theorie neue Nahrung, die Besiedlung Südamerikas sei durch die Zuwanderung von Asiaten über die Bering-Straße, ganz Nordamerika und die mittelamerikanische Landzunge erfolgt.

Juanita erwies sich bislang als das erste solide, aber auch einzige konkrete »asiatische« Bindeglied in der Erforschung siedlungsgeschichtlicher Wurzeln Südamerikas. So fehlten zum Beispiel im Erbgut der drei 1999 im Hochgebirge Argentiniens entdeckten Mumien jegliche Bezüge zu Asien. Ihre Geninformationen stimmten nur mit jenen der Mapuche-Stämme Argentiniens und Chiles überein. Weitere DNA-Tests im Bevölkerungsraum nahe der Fundstelle Juanitas sollen erstmals repräsentativere Ergebnisse liefern. Je nachdem, wie viel oder wenig »asiatische Parallelen« zum Vorschein kommen werden, wird man die Siedlungsthesen weiter verfolgen oder ganz aufgeben müssen.

DIE ZEITGENOSSEN DER INKAS

DIE COLLA UND IHRE GRABTÜRME

An den Ufern des Titicaca-Sees, in der unmittelbaren Umgebung der Ruinen Tiahuanacos, gab es wahrscheinlich schon in Zeiten vor den Inkas einen Staat der Colla (Bewohner der Berge) oder Aymara. Dieses ausgedehnte Gebiet im Süden des heutigen Peru und auf dem bolivianischen Hochland (dem Altiplano) hieß bei den präkolumbischen Indianern Südamerikas Collasuyu oder Collac. Sich selbst nannten die Aymara »Haque« (Menschen).

Zapana, Cari und Chuchi Capac

Als der Inka Viracocha in Cuzco regierte, hatte sich hier eine Reihe von Aymara-Staaten gebildet, von denen sich der Colla-Staat mit der Hauptstadt Hatuncolla und der Staat Lupaca mit der Metropole Chucuito um die Vorherrschaft rund um den Titicaca-See stritten. Auf der Suche nach geeigneten Bundesgenossen baten die Herrscher der beiden Aymara-Staaten – Zapana von Colla und Cari von Lupaca – die Inkas um Hilfe. Für das expansive Cuzco war dies eine sehr willkommene Gelegenheit, bis weit in den Süden Perus und darüber hinaus bis in das heutige Bolivien, Chile und Argentinien vorstoßen zu können.

Viracocha Inka ergriff die Partei des Herrschers von Lupaca, dem er militärische Unterstützung gewährte. Als die Heere der Inkas am Titicaca-See eintrafen, hatte Cari bereits das Königreich von Zapana besiegt und Hatuncolla, die Hauptstadt von Colla, besetzt. So war es ihm ohne die Hilfe der Inkas gelungen, die Hegemonie im Aymara-Gebiet zu erringen. Doch Caris Nachfolger an der Spitze

rechts Auf der Halbinsel Sillustani am Umayo-See zeugen die Chullpas, kreisförmige Grabtürme aus großen Steinquadern oder Adobeziegeln, von der Kultur der Colla. Die fein bearbeiteten und rund behauenen Basalt- und Trachytsteine wurden meist fugenlos aufeinander geschichtet und von innen zum besseren Zusammenhalt mit Lehm verschmiert.

Gefechten – die blutigste Schlacht fand bei der Stadt Pucara statt – die ›Metropole‹ von Capacs Reich, die Stadt Hatuncolla. Chuchi Capac und seine beiden Söhne fielen in die Hände Pachacutis, der den ganzen Feldzug gegen die Colla persönlich befehligt hatte.«

Pachacutis Nachfolger, sein Sohn Tupac Yupanqui, musste mit seinem Heer in Gewaltmärschen ins Gebiet der Colla eindringen, weil diese sich gegen die Inkas erhoben hatten. Sie hatten die in ihrem Land stationierten Besatzungstruppen bereits vernichtet und die dort angesiedelten Inka-Kolonisten erschlagen. Tupac Yupanqui, der größte Eroberer aller Inka-Kaiser, schlug den Aufstand der Colla mühelos nieder. Der nächste Inka, Huayna Capac, richtete sein besonderes Augenmerk ebenfalls auf das Gebiet des bolivianischen Altiplano, denn das Land der Colla war reich an Silber und Soldaten. Um weitere Rebellionen zu verhindern, beschleunigte er die

des nun vereinten Colla-Staates, Chuchi Capac, der Hatuncolla als Residenzstadt ausgewählt hatte, sollte die Macht der Inkas bald kennen lernen. Pachacuti, Viracochas Thronfolger, war nicht darauf bedacht, seines Vaters freundschaftliche Beziehungen zum Colla-Reich weiterhin aufrechtzuerhalten. Er wollte dieses riesige Land nämlich dem Imperium der Inkas angliedern. Seine ultimative Aufforderung, die Colla müssten sich ihm unverzüglich unterwerfen, beeindruckte den mutigen Chuchi Capac nicht im Geringsten. Er ließ Pachacuti wissen, im Falle eines Angriffs werde er sich aus dem Schädel des Inka einen Becher machen, um daraus mit seinen Kriegern auf den Sieg zu trinken.

»Der große Klotz der Inkas« – so der Altamerikanist Miloslav Stingl – »war an den groben Keil der Colla geraten. Doch der Klotz der Sonnensöhne war härter. Ein großes Inka-Heer fiel wirklich in das Colla-Reich ein und eroberte nach schweren Schlachten und

links oben In der Vorinkazeit war Pikillaqta in einer Höhenlage von 3220 Metern eine ausgedehnte Aymara-Stadt, von der außer den Resten hoher Mauern nichts mehr erhalten ist.

links unten In Poopo, Oruru, haben sich auch eckige Chullpas erhalten.

rechts oben Die nach Osten zum Sonnenaufgang gerichteten kleinen Eingangsöffnungen der Chullpas waren ursprünglich vermauert. Hier fanden vermutlich nur wenige wichtige Persönlichkeiten der Colla und deren Familienangehörige ihre letzte Ruhestätte. Der mächtigste Grabturm Südamerikas ist der Chullpa del Lagarto (Eidechsenchullpa).

Zwangsansiedlung vieler Quechua sprechender Kolonisten, während eine große Anzahl Colla aus Bolivien »ausgesiedelt« wurde.

Vom »Großen Eidechsenturm« zum »Sonnenkreis«

Die hohen gemauerten, sowohl runden als auch eckigen Grabkastelle, die »Chullpas«, zeugen noch heute von der Kultur der Colla. Diese Grabtürme aus sorgfältig behauenen Trachyt- oder Basaltquadern oder aus luftgetrockneten Adobeziegeln sind übrigens die zahlreichsten Baudenkmäler des vorinkaischen Peru. Am Umayo-See, in der Nähe von Hatuncolla, der einstigen Metropole des untergegangenen Aymara-Reichs, erhebt sich auf der Halbinsel Sillustani das größte und auch heiligste Gebäude, der »Große Eidechsenturm«, an den der peruanische Chronist Cieza de Leon bestimmt dachte, als er sich in seinen Aufzeichnungen über die teils großen, teils kleinen »Chullpas« äußerte: »Im Lande der Colla verdienen meiner Ansicht nach jene Bauten, jene Orte die größte Aufmerksamkeit, in denen sie [die Aymara] ihre Toten bestattet haben.« Und: »Wenn der Tote ein großer Herr war, begleiteten die meisten Einwohner den Leichnam [zum Ort der Grabstätte]. Dann wurden zehn oder zwanzig Lamas verbrannt, je nach dem Rang des Toten, und auch die Weiber, Kinder und Diener des Verstorbenen wurden getötet, die man ihm ins Jenseits mitschickte, damit sie ihm dort dienten … Einige Personen wurden auch lebend [in die Chullpas] eingemauert.«

Dass man im Jahr 1971 einen reichen Goldschatz aus über 500 wunderschön gearbeiteten Gegenständen, wie gehämmerte Brustplatten in Form von Menschengesichtern, Glöckchen, Opferbecher und Halsbänder, in der unmittelbaren Umgebung des zwölf Meter hohen Eidechsenchullpa entdeckte, belegt die Bedeutung der Grabtürme im Aymara-Reich.

Auf der Halbinsel Sillustani befindet sich auch ein dem Kult der Himmelsgestirne geweihtes Baudenkmal, das aus kreisförmig angeordneten großen Steinquadern von ungleicher Höhe besteht. Dieses von den Archäologen einfach als »Sonnenkreis« bezeichnete Bauwerk stand vermutlich in engem Zusammenhang mit dem Totenkult der India-ner. Bei den Begräbniszeremonien der Colla wurden dort Tiere geopfert, deren Blut dazu bestimmt war, den Durst der Dahingeschiedenen zu stillen. Dass die Toten Blut trinken würden, ist eine altperuanische Vorstellung, die ins Gedankengut der Aymara einging. »Das Blut der geopferten Tiere … ist längst vertrocknet. Nur die Sonne, später die größte der Gottheiten der präkolumbischen Peruaner, geht auch heute noch über dem steinernen Kreis auf, der einst wohl vor allem zur Ehre des Taggestirns an diesem wunderschönen Ort im alten Reich der Colla errichtet worden ist. Noch heute spendet sie den Aymara-Indianern Wärme, Licht und Leben, die dort – und in der weiteren Umgebung – noch immer zu Hause sind, die diesem Teil des Altiplano, diesem Land der steinernen Chullpas und des steinernen Tiahuanaco, dieser Abendlandschaft, in der ihre Vorfahren einst ihr Reich der Colla geschaffen haben, für immer treu geblieben sind.« (Miloslav Stingl)

Antike Bootsbau-Technik – bis heute

Vier Brüder vom Volk der Aymara, die am Titicaca-See in Bolivien leben, waren 1970 vom norwegischen Forscher Thor Heyerdahl angeheuert worden, um für ihn ein Papyrusboot zu bauen – seefest genug, um damit den Atlantik zu überqueren. Die Ra II. war zwölf Meter lang, fünf Meter breit, zwei Meter dick und wog rund zwölf Tonnen – »ein schwimmender Heuhaufen«, wie der von den Wikingern abstammende Anthropologe scherzhaft sagte. Als Vorbild für das Boot gab es lediglich Jahrtausende alte Zeichnungen in ägyptischen Grabkammern. Die vier Aymara-Indianer hatten vorher noch nie von Pharaonen gehört und nie eine Abbildung altägyptischer Papyrus-Barken gesehen. »Und doch«, vermerkte damals Thor Heyerdahl, »konnten sie ein Schilfboot so vollendet bauen, dass kein Ingenieur, kein Modellbauer, kein Archäologe unserer modernen Welt es ihnen hätte nachmachen können.«

Heyerdahl hatte sich am Titicaca-See über den Bootsbau des indianischen Aymara-Volkes informiert: »Dort werden noch heute perfekte Schilfboote für den Fischfang auf dem See gebaut, und das in jener altertümlichen Art, wobei Bug und Heck hoch in die Luft gebogen sind. Allein die Aymara-Indianer waren fähig, ein Fahrzeug herzustellen, das diesem längst entschwundenen ägyptisch-mesopotamischen Typus entsprach.«

Er engagierte vier Aymara-Bootsbauer und einen Dolmetscher, ließ sie nach Casablanca in Marokko fliegen und die Ra II. zusammenfügen – nach den jahrhundertealten Erfahrungen ihres Volkes. Kein Nagel und kein Metalldraht durfte Stil und Konstruktion des Bootes entfremden, alle Bandagen und Bindungen bestanden nur aus pflanzlichen Faserstoffen. Für den Zusammenhalt des Bootes benutzten sie ein einziges mehrere hundert Meter langes dünnes Tau, mit dem die Papyrusrollen spiralenförmig festgezurrt wurden – vom Bug bis zum Achtersteven. Heyerdahl befürchtete zwar, bei einem Reißen des Seils könne das Boot auseinander fallen. Doch die Aymara beruhigten ihn: Selbst dann würde die Zurrung halten, weil nasser Papyrus das Tau festklemmt.

Das ehrgeizige Experiment gelang schließlich: Die Ra II., die einen Schrägmast auf Fußklötzen, ein trapezförmiges Segel und eine vier mal drei Meter große Korbhütte besaß, trug Thor Heyerdahl und seine fünf Gefährten 6000 Kilometer heil und sicher über den Atlantik, obwohl die Steuerruder sich als die Achillesferse des Schiffes erwiesen. Als das Boot am 14. Juli 1969 – nach einer Reise von 57 Tagen – auf der Karibik-Insel Barbados an Land gehievt wurde, hatte es nicht einen einzigen Papyrusstengel verloren. Die Indianer hatten nämlich den Papyrus aus Äthiopien so dicht zusammengepresst, wie es nur ging, wodurch die Ra II. sich auf dem Wasser wie eine Schnellfeder bewegte.

links In der Nordostecke der Halbinsel Sillustani befindet sich der so genannte »Sonnenkreis« aus der Vorinkazeit, eine kreisförmige Fläche mit einem Durchmesser von 9 Metern, die von behauenen Steinplatten unterschiedlicher Größe umgeben ist.

Die vier bolivianischen Bootsbauer, denen Thor Heyerdahl seinen Erfolg verdankte, die Brüder Demetrio, José, Juan und Paolino Limachi, die dem Norweger in den Jahren 1977/78 auch noch beim Bau des Papyrusbootes Tigris halfen, leben heute in Bolivien in oder nahe bei der Stadt Huatajata am Südostufer des Titicaca-Sees. In einem kleinen Museum, gleich neben dem Hotel »Inca Utama« (Haus des Inka), zeigen Demetrio und José nicht nur die Nachbauten der Papyrus-Boote Ra II. und Tigris, sondern auch die Bauentwürfe und Fotos verschiedener Heyerdahl-Expeditionen. Bruder Juan hingegen züchtet heute lieber Lamas, und Paolino ist wieder auf die Insel Suriqui im Titicaca-See zurückgekehrt, auf der alle Limachi-Brüder vor ihrer »Entdeckung« durch Thor Heyerdahl als Fischer ihren Lebensunterhalt verdienten.

DIE QUECHUA, DIE ERBEN DER INKAS

Das Stammesgebiet der Quechua (Leute aus dem warmen Tal) befand sich nördlich von Cuzco, im halbtropischen Tal rings um die Stadt Abancay. Schon unter der Herrschaft von Capac Yupanqui hatten die Inkas freundliche Kontakte mit ihnen geknüpft. Als ihre Heimat von den kämpferischen Chanca besetzt wurde, zog ein Teil der Quechua fort und schloss sich den befreundeten Inkas an. Nachdem die Sonnensöhne die aggressiven Chanca besiegt hatten, vertrauten sich die Quechua ganz ihrem Schutz an und verschmolzen mit ihnen zu einem Volk.

Von der Amtssprache der Inkas zum populärsten heutigen Indianeridiom

Die Inkas übernahmen ihren Dialekt, das Quechua, erhoben diesen zur Staatssprache und verbreiteten diese flexible Ausdrucksweise mit ihrem überaus reichen Wortschatz mit so viel Erfolg in allen Gegenden ihres ins Unermessliche angewachsenen Reiches, dass sogar noch heute das Quechua oder Ketschua das bei weitem populärste Indianeridiom ist, das von fast der Hälfte der noch lebenden Ureinwohner benutzt wird. Im Andengebiet, insbesondere in Peru und Ecuador, war das Spanische bislang außerstande, dem Quechua den Rang abzulaufen. Die ehemalige Amtssprache der Inkas beruht auf sehr viel komplizierteren grammatikalischen Prinzipien als die modernen europäischen Sprachen, lässt sich aber ohne weiteres in strenge Regeln fassen. Die aus dem Quechua ins Englische oder auch ins Deutsche übernommenen Wörter beziehen sich hauptsächlich auf Pflanzen, Tiere und charakteristische Eigenschaften wie beispielsweise die Begriffe Lama, Kondor, Guanako, Puma, Chinchilla, Coca, Chinin, Guano oder Pampa.

Heutzutage bezeichnet man sowohl die peruanischen Indianer als auch ihre Sprache allgemein als Quechua. Diese Namensgebung, die sich seit etwa einem Jahrhundert eingebürgert hat, ist unglücklich gewählt, weil die eigentlichen, »echten« Quechua, die als Erste das Quechua in seiner ursprünglichen Form sprachen, aus dem Gebiet von Abancay stammten und nur eine von vielen Gruppen waren, die sich rassisch, sprachlich und kulturell mit den Inkas vermischten.

Vollständige körperliche Anpassung an ein Leben in den Zentralanden

Der moderne Quechua-Indianer des Hochlands, der Nachkomme der Inkas, gleicht seinen Vorfahren im massigen Körperbau, den gut entwickelten Schultern und Hüften, dem kurzen Kopf, dem mittelkurzen, bartlosen Gesicht, der ziemlich kleinen Gestalt, der mittelbreiten, oft gebogenen Nase, den vorspringenden Backenknochen, der niedrigen Stirn, dem ziemlich tiefen Haaransatz, dem schwarzen, glatten und üppigen Haar, das nur selten ergraut, den nur mäßig entwickelten Augenbrauenbögen, den nicht sehr tief liegenden Augen und der als »dunkelbraun«, »kupferfarben«, »dunkeloliv« oder »olivgrau« beschriebenen Hautfarbe. Die auffallende Breite und Größe des oberen Rumpfes hängt zweifellos mit dem ungewöhnlichen Ausmaß der Lungen zusammen, die sich im Laufe der Zeit dem Sauerstoffmangel auf dem Hochland angepasst haben. So verfügt der Eingeborene der Anden über

eine viel größere Rumpf- und Lungenkapazität als der Bewohner tiefer gelegener Landstriche.

Auch in Hinsicht auf die Blutzusammensetzung gibt es einen wesentlichen Unterschied. In Höhenlagen müssen nämlich die Blutkörperchen imstande sein, Sauerstoff ganz schnell in sich aufzunehmen. Die fast um zwei Liter größere Blutmenge enthält ungefähr acht Millionen rote Blutkörperchen, das sind im Durchschnitt drei Millionen mehr als beim Weißen, der in Niederungen lebt. Auch ist der Herzschlag des im Gebirge heimischen Quechua merklich langsamer.

Arme Bauern auf kargem Land

Zurzeit gibt es mehrere Millionen Quechua sprechender Indios in Peru, Bolivien und Ecuador. Die Bewohner der fruchtbaren Hochtäler waren nicht nur ursprünglich, sondern sind noch heute vor allem Bauern. Mit ihren Familien leben sie in einfachen Häusern, die sie in der Mitte ihres Ackerlandes erbaut haben. Ihre Wohnungen fassen in der Regel nur einen engen Raum, der über keine Fenster verfügt. Die Fußböden bestehen aus gestampftem Lehm. Als Möbel dienen aus Felssteinen gemauerte Bänke, die mit Lama- und Schaffellen bedeckt sind und sich zum Sitzen und Schlafen eignen.

Die Indios besitzen für gewöhnlich nur wenig Ackerland. Trotz großer Arbeitsamkeit vermögen sie lediglich Erträge zu erwirtschaften, die gerade für ihren täglichen Eigenbedarf reichen. Finanzielle Mittel zum Ankauf künstlichen Düngers fehlen ihnen. Auch sind sie auf veraltete landwirtschaftliche Werkzeuge angewiesen, wie Hacke und Grabstock, die im Gegensatz zu früher keine Schneide aus Hartholz oder Stein, sondern Eisenklingen besitzen. Mit dem primitiven Hakenpflug lässt sich nur ebenes Gelände beackern. Die Bestellung von Feldern auf steilen Hängen ist damit nicht möglich. Da Zugtiere selten sind, muss der Bauer alle seine Geräte mühsam mit der Hand betätigen. Die Männer graben und pflügen, während die Frauen und Kinder die Schollen wenden und zerklopfen. Neben der Kartoffel, dem Hauptnahrungsmittel, werden andere Nutzpflanzen angebaut wie Gerste, Weizen und Puffbohnen.

Die meisten Familien halten auch einige Schafe, Schweine und Hühner, dagegen sind Ochsen und Pferde

rechts Ein heutiger Quechua-Indianer, der mit seinem primitiven Pflug aus Holz – gezogen von einer Kuh – sein karges Feld wie seine Vorväter bestellt.

Schon fünfjährige Kinder besorgen bei den Quechua das Weiden von Schafen und Lamas. Die Kleinen müssen auch Holz für die Herdfeuer herbeischleppen. Die Mädchen lernen bereits sehr früh mit der Handspindel umzugehen. Die Jungen hingegen helfen ihren Vätern bei der Feldarbeit. Obwohl in letzter Zeit besonders in den ländlich geprägten Gebieten nach und nach immer mehr Schulen eröffnet werden, können die meisten Indios noch immer weder lesen noch schreiben. Der Analphabetismus der Quechua sprechenden Bevölkerung ist zu einem großen Teil dabei auch dadurch bedingt, dass die Lehrer im Allgemeinen nur in der Fremdsprache Spanisch unterrichten.

Bei den Quechua heiraten die Jugendlichen stets im frühen Alter. Ehen auf Probe vor der offiziellen Heirat sind überall die Regel. Ob es zur gesetzlich anerkannten Lebensgemeinschaft von Mann und Frau kommt, darüber entscheidet in den allermeisten Fällen dann oft der Beginn einer Schwangerschaft.

Das alte Lendentuch als Bekleidung der Männer gibt es längst nicht mehr. Zur langen Hose aus selbst gewebtem Wollstoff trägt der Indio heute Jacketts europäischer Machart. Auch ist der Poncho, das viereckige Tuch mit einer Öffnung für den Kopf, noch immer in Mode. An alte Zeiten erinnert die früher fein gewebte, heute vielfach gestrickte Zipfelmütze mit den Ohrenklappen. Die Frauen haben bis zu den Knien reichende Röcke aus handgewebtem Wollstoff an, von denen bis zu acht oder gar zehn Stück übereinander getragen werden. Steife Filzhüte und farbenprächtige Schultertücher gehören ebenfalls zu ihrer Standardkleidung. An Festtagen schmücken sie sich mit Ketten aus Silbermünzen oder aus aneinander gereihten harten, roten Wildbeeren.

unerschwinglich. Die Kamelschafarten Lama und Alpaka eignen sich nicht als Haustiere. Sie werden für Transporte in unwegsame Gegenden eingesetzt, obwohl sich ihre Tragfähigkeit nicht mit der von Eseln messen kann. Für die Ernährung kommt Lamafleisch kaum infrage. Als Festbraten bevorzugen die Indios die in jedem Haus umherwimmelnden Meerschweinchen.

DIE ARAUKANER, DIE »COMANCHEN« SÜDAMERIKAS

In ihrem Drang nach Freiheit ähnelten die Araukaner, die Ureinwohner des mittleren Chile (zwischen 30 und 43 Grad südlicher Breite) den Indianern im »Wilden Westen« der Vereinigten Staaten. Weil die auch Mapuche, das

Sie widerstanden den Inkas und den Spaniern

In der Tat hatten die kriegerischen Indianer es sogar fertig gebracht, 1475 den größten Eroberer aller Inkas in einem erbitterten dreitägigen Ringen mit seinen Streitkräften an den Ufern des chilenischen Rio Maule vernichtend zu schlagen. Tupac Yupanqui, der »Alexander der Große« der Neuen Welt, war lediglich vom Volk der Arau-

heißt Landleute, genannten Indios die Spanier mit fast unglaublicher Hartnäckigkeit und Tapferkeit bekämpften und ihrem Vordringen beharrlich Einhalt geboten, wurden sie mit dem schmeichelhaften Beinamen die »Comanchen Südamerikas« bedacht. Viele Forscher zollten der Unerschrockenheit der Araukaner große Bewunderung. So sah der chilenische Amerikanist Ignacio Domeyko in ihnen »das edelste amerikanische Volk«. Und der spanische Dichter Don Alonso de Ercilla y Zuniga schrieb in seinem umfangreichen Epos »La Araucana« (1569–1589): »Die Araukaner gleichen Achilles an Kühnheit, Geist und Stärke.«

kaner in einer offenen Feldschlacht besiegt worden. Seitdem hatte er davon abgesehen, den Rio Maule mit seinem Heer zu überschreiten. In der Folge bildete dieser Fluss die Südgrenze des Riesenreiches der Inkas, das sich über eine Million Quadratkilometer ausdehnte. Vom Quechua-Wort »Auca«, das die Inkas für Rebell und Feind gebrauchten, leitet sich der Name der Araukaner ab, mit dem die nicht unterworfenen Grenzvölker bezeichnet wurden.

Der heftige Widerstand der Araukaner hielt nicht nur den Vormarsch der Inkas auf, sondern brachte auch den

Ansturm der spanischen Konquistadoren zum Erlahmen. Die Araukaner verteidigten die Unabhängigkeit und Unversehrtheit ihres Volkes über lange Zeit derart standhaft, dass die Chilenen den weißen Stern des araukanischen Banners für ihre Nationalfahne übernommen haben.

Als Diego Almagro (der Ältere) im Juni 1535 mit 570 Spaniern und 15 000 indianischen Hilfstruppen von Cuzco im heutigen Peru aufbrach, musste er zunächst die 4000 Meter hohen vereisten Pässe der Anden überqueren, ehe er zu den Küstenniederungen Nordchiles hinabsteigen konnte. Die Natur verlangte einen fürchterlichen Preis: Im ewigen Schnee kamen 11 000 Indianer mit all ihren mitgeführten Pferden um.

Mindestens 2000 Kilometer hatten die erschöpften Konquistadoren bereits zurückgelegt, als sie von etwa 100 bewaffneten Araukanern hart bedrängt wurden. Da Almagro bis dahin keine Spuren von Gold, Edelsteinen oder anderen Schätzen gefunden hatte, suchte er sein Heil in der Flucht und entschloss sich zum Rückzug nach Peru durch die glühend heiße, wasserlose, 800 Kilometer lange Atacama-Wüste. Nach dem unendlichen Marsch durch die sengende Hitze musste er erneut der eisigen Kälte der Anden die Stirn bieten, ehe er wieder in Cuzco einziehen konnte.

Sie waren ein wehrhaftes Feldbauernvolk

Wer waren diese Indianer, die die Spanier zur Umkehr zwangen? Die Araukaner lebten hauptsächlich vom Ackerbau, bestellten ihre Felder mit Mais, Pataten und Quinoa-Hirse und züchteten außerdem das Lama. Die Töpferei, die Weberei und auch die Metallverarbeitung waren ihnen bekannt. Sie wohnten in festen Häusern und unterstanden starken Häuptlingen mit mehreren Rangstufen. Vom Aufbau der Gesellschaft der Araukaner ist nur wenig überliefert.

links Die Auraukaner widerstanden über lange Zeit den spanischen Konquistadoren. 1535 zwangen sie den Feldherrn Diego Almagro zum überstürzten Rückzug durch die glühend heiße Atacama-Wüste.

Ihr Land war in vier Teile aufgegliedert, denen jeweils ein »Toqui« (Häuptling) vorstand, der auf die Hilfe eines »Apo-ulmen« (Verwalter und Richter) zurückgreifen konnte. In jeder der vier Provinzen siedelten mehrere Stämme, deren Geschicke je ein Kazike bestimmte. Mit einem »Rat der Alten« befand er über Krieg und Frieden. Er war auch der Befehlshaber der ihm unterstellten Krieger. Von frühester Kindheit an mussten alle Araukaner an militärischen Übungen teilnehmen. Die Kämpfer stellten ihre Waffen selbst her: Brustschild und Helm aus Leder, Lasso aus Lianen und Weiden, Schleuder, Bogen und Pfeile aus gewebten Binsen.

Über den Ursprung ihres Volkes erzählten sich die Araukaner folgende Geschichte: Als vor sehr langer Zeit ein Indianer aus der Ebene mit seinen Kindern Piniennüsse für den Winter sammelte, ereignete sich eine schreckliche Naturkatastrophe. Die längs des Meeres gelegenen Gebiete wurden von den Wassern überflutet, die sogar den Felsen umspülten, auf dem die Familie vor den Naturgewalten Zuflucht genommen hatte. Der Vater rutschte aus und fiel in die Tiefe. Als dann eine Buche gegen den Felsen krachte, krochen ein Puma und eine Füchsin aus dem Baumstamm hervor. Die beiden Tiere wollten die Kinder verspeisen. Als sie die Kleinen aber so verzweifelt sahen, hatten sie Mitleid mit ihnen. Der Puma trug sie bis zu seiner Höhle und die Füchsin ernährte sie. Aus dieser Gemeinschaft entstand die araukanische Rasse. Der Puma hat ihr seine natürliche Kraft vermittelt, die Füchsin ihre Schlauheit.

Valdivia kontra Michimalonco

Trotz Almagros schlechter Erfahrungen unternahm einige Jahre später einer seiner Offiziere, Valdivia, in seiner Gier nach Gold und Macht einen zweiten Versuch, »das Land Chile« und dessen araukanische Bevölkerung unter spanische Herrschaft zu bringen. Eine von der Expedition mitgeführte Schweineherde erwies sich als sehr nützlich. Valdivia wäre mit seinen Leuten im Norden Chiles verhungert, hätte er nicht auf seinen eisernen Vorrat an Schweinen zurückgreifen können. Die dortigen Indianer hatten nämlich alle ihre Lebensmittel vor den Spaniern in Sicherheit gebracht. An den Ufern des heutigen Flusses Mapocho, den er nach seinem eigenen Namen benannte, gründete Valdivia die Hauptstadt des »Generalkapitanats Chile«, »Santiago del Nuevo-Extremo«, ohne von den Araukanern belästigt zu werden. Diese lebten weiter südlich, auf der anderen Seite des Bio-Bio, eines Zuflusses zum Pazifik in Zentralchile. Als sie den Grenzfluss überschritten, um die Spanier anzugreifen, gelang es Valdivia, sie zurückzuschlagen und sogar ihre Toqui (Häuptlinge) gefangen zu nehmen.

Weil er glaubte, in den chilenischen Flüssen könnte Gold gewaschen werden, rückte er mit einer kleinen Schar Spanier nach Süden vor, um sich bei den dort wohnenden Araukanern die nötigen Arbeitskräfte zu beschaffen. In der Zwischenzeit griff eine Abteilung Indianer in der Morgendämmerung des 11. September 1541 die in Santiago verbliebene Besatzung an. Zu Beginn war ihrem Toqui Michimalonco das Kriegsglück hold. Als die Spanier keinen Ausweg mehr sahen, ließ Inés Suaréz, Valdivias Geliebte, den als Geiseln zurückbehaltenen Araukanerhäuptlingen die Köpfe abschlagen und diese mitten unter die Angreifer werfen. Diese Morde bewahrten die Spanier in allerletzter Minute vor der Niederlage, da die Araukaner entsetzt zurückwichen. Die Spanier hatten jedoch zu viele Soldaten eingebüßt, um den Indianern wirkungsvoll entgegenzutreten. Zwei Jahre lang mussten sie sich in ihrer Hauptstadt verschanzen, ehe Verstärkung aus Peru eintraf. Der eigentliche Araukanerkrieg begann aber erst im Jahr 1549. Damals errangen die Spanier in der Andalien-Ebene einen ersten Sieg. Die Schüsse aus ihren Musketen brachten den Angriff von 4000 Araukanern zum Stillstand. Als die Indianer sahen, dass ihr Toqui Ayavila gefallen war, wichen sie zurück. Die folgende Zeit nutzten die Konquistadoren, um das Grenzgebiet zu Araukanien mit einer Kette von Festungen abzusichern. Doch die Waffenruhe war nur von kurzer Dauer.

Lautaro, der araukanische Hannibal

Ein mit einem blutroten Band geschmückter Pfeil, der durchs ganze Land getragen wurde, rief alle Araukaner zu den Waffen. Ihr neuer Toqui, Lautaro, der bei Valdivia als Pferdeknecht gearbeitet hatte und deswegen mit der spanischen Kampftaktik bestens vertraut war, gab 1553 das Signal zum allgemeinen Aufstand. In der Entscheidungsschlacht am 1. Februar 1554 stellte sich zunächst nur eine

seiner zwölf Abteilungen zum Kampf. Als die Konquistadoren die kleine Schar sahen, gingen sie sofort zum Angriff über und spalteten die Gruppe der Araukaner in zwei Teile. Unverzüglich setzte Lautaro eine zweite Horde Krieger ein, die die Bresche schloss. Nach und nach warf er die übrigen Abteilungen ins Gefecht, bis das gesamte spanische Heer mit seinen indianischen Hilfstruppen aufgerieben war. Auch Valdivia fand in dieser Schlacht den Tod. Weil er sich tapfer geschlagen hatte, rissen ihm die Araukaner – ein Beweis ihrer Hochachtung – das Herz aus der Brust, schnitten es in Stücke und verteilten es unter ihren Kriegern. Sie glaubten, sich mit dem Herzen auch den Mut des Toten einzuverleiben.

Valdivias Nachfolger, Francisco de Villagra, erging es nicht viel besser. Auch er wurde mit seinem gesamten Heer, 1554 in der Schlacht bei Mariguena, besiegt. Somit hatte Lautaro in vier kampfreichen Jahren fast ganz Araukanien von den Spaniern gesäubert. Als er zum letzten Schlag ansetzte, zum Sturm auf Santiago, wurden seine araukanischen Kampfverbände durch eine schreckliche Typhusepidemie stark dezimiert. Lautaro selbst fiel einem Überraschungsangriff der Spanier zum Opfer. Sein abgeschlagenes Haupt wurde in Santiago auf einen Pfahl gespießt und zur Abschreckung ausgestellt. Als araukanischer Hannibal gilt Lautaro den Chilenen heute als legendärer Nationalheld. Gonzalo Fernández de Oviedo y Valdés schreibt in der »Historia general y natural de las Indias«: »Lautaro war kein Gelegenheitsführer, sondern der vom Genie erleuchtete Widerschein der Seele eines Volkes.«

Der Aufstieg zur Reiternation unter Caupolicán

Trotz des Rückschlags gaben die Araukaner nicht auf. Geschickt wie sie waren, machten sie sich innerhalb von 20 Jahren mit der Reitkunst vertraut, nachdem sie erkannt hatten, dass die Spanier ihre militärische Stärke vor allem der Reiterei zu verdanken hatten. Als sie sich

rechts Seit dem 16. Jahrhundert begannen die Araukaner mit der Pferdezucht und dem Aufbau einer eigenen Reiterei, um besser gegen die Spanier bestehen zu können.

durch systematischen Pferdediebstahl genügend Tiere besorgt hatten, begannen sie mit dem Aufbau einer eigenen Kavallerie. Ihre neue, kriegerische Reiterkultur, deren Grundlage die Pferdezucht wurde, zeigte schon recht bald beeindruckende Ergebnisse. Aus dem Feldbauernvolk wurde in der Zeit der Auseinandersetzung mit den Spaniern ein Reitervolk von Viehzüchtern.

Der alte Caupolicán, Lautaros Nachfolger, kämpfte verbissen gegen die spanischen Truppen. Selbst Frauen und Kinder beteiligten sich an der bewaffneten Auseinandersetzung. So zeichnete sich die Araukanerin Fresie, eine Frau Caupolicáns, durch außergewöhnlichen Mut aus. Durch Zurufe feuerte sie die indianischen Krieger lautstark zu immer größeren Leistungen an: »Ich, wir alle wollen nicht die Mütter von feigen Söhnen und die Frauen von feigen Männern sein. Kämpft, Mapuche, kämpft!« Erst als die Spanier auf Artillerie zurückgriffen, gelang es

ihnen, die Indianer zu besiegen. Bevor sie Caupolicán töteten, wies der gefangene Toqui den spanischen Anführer darauf hin, dass es völlig sinnlos sein würde, ihn zu ermorden: »Glaube nicht, dass, wenn ich hier unter deinen Händen sterbe, unser Staat kopflos werden wird, denn es werden sogleich tausende andere Caupolicáns erstehen.«

Der große Sieg von Pelantar

Von 1561 bis 1598 zog sich der Araukanerkrieg mit wechselnden Erfolgen hin. Die große Wende kam 1598 in der Schlacht nahe des Indianerdorfs Carabala. Der oberste Toqui Pelantar griff das vom Generalkapitän von Chile, Onez de Loyola, befehligte Heer so überraschend an, dass sich jede Gegenwehr als zwecklos erwies. Anscheinend vermochte nur ein einziger spanischer Soldat seine Arkebuse (Hakenbüchse) abzufeuern. Die Vernichtung ihrer

Armee zwang die Spanier zur Räumung ganz Araukaniens und zum Rückzug hinter den Rio Bío-Bío. Dieses Zurückweichen vor dem Gegner ist als einzigartiger Vorgang in der Geschichte des kolonialen Amerika zu werten. Es sicherte den Araukanern nämlich für die nächsten 300 Jahre die Unabhängigkeit.

Da der Kampf gegen die unerschrockenen Indianer allzu viele Soldaten und finanzielle Mittel verschlang, verließen die Spanier nicht nur die Heimat der Araukaner, sie boten ihren ehemaligen Feinden sogar einen Nichtangriffspakt an. »Das hatte es in der Geschichte des indianischen Amerika noch niemals gegeben – der Vertreter des spanischen Königs bat die Indianer um eine Zusammenkunft und um Frieden.« (Miloslav Stingl)

Im Jahr 1641 kam es in Quillino zu den ersten Friedensverhandlungen zwischen den Araukanern und den Europäern. Die Spanier, deren Kolonialsoldaten sich weigerten, in Chile zu dienen, erkannten die volle Souveränität Araukaniens an und nahmen diplomatische Beziehungen mit dem neuen indianischen Staat auf. Dieser erwies sich als souveränes indianisches Gemeinwesen, in dem Massencharakter tragende »araukanische Parlamente« das Sagen hatten. Wenn die eindrucksvollen Volksvertretungen tagten, fanden sich nicht nur die Häuptlinge der Araukaner ein, sondern auch tausende von einfachen Kriegern, die zusammen mit ihren mit Silber geschmückten Frauen hoch zu Ross in ihrer schlichten Waffentracht erschienen und mitbestimmten.

Als Araukanien zum Königreich wurde

Als 1818 die spanische Kolonialherrschaft in Lateinamerika zusammenbrach, erwuchs den Araukanern in der jungen Republik Chile kein ernsthafter Gegner. Bis in die 60er Jahre des 19. Jahrhunderts blieben sie von den neuen Machthabern unbehelligt. Ein französischer Abenteurer, Antoine Orélie de Tounens, der das Vertrauen der Araukaner gewonnen und es sogar zu ihrem obersten, weißen Toqui gebracht hatte, verwandelte Araukanien im Dezember 1861 in ein Königreich, das er »Neufrankreich« nannte und als dessen König, Orélie-Antoine I., er sich selbst einsetzte. Er gab Araukanien eine Verfassung, die das Grundgesetz des französischen Kaiserreichs Napoleons III. kopierte, bildete eine Regierung nach europäischem Vor-

links In seinem Roman »Die Kinder des Kapitän Grant« von 1867 lässt Jules Verne seinen Helden Lord Glenarvan einem Araukaner begegnen. Hier eine zeitgenössische Illustration zu diesem Buch von Edouard Riou (1895).

bild und trug sich mit dem Gedanken, die Gesamtvolks-versammlung der Araukaner durch eine »Nationalver-sammlung« abzulösen, in der jeder Abgeordnete 50 000 Wähler vertreten würde. Patagonien, das damals noch nicht zum Machtbereich der Republik Argentinien gehör-te und von den Araukanern beherrscht wurde, gliederte er ebenfalls seinem Herrschaftsbereich an. Die Unabhän-gigkeit des neuen »Vereinigten Königreichs von Arauka-nien und Patagonien« wurde von den beiden Nachbarn Chile und Argentinien vorerst respektiert. Als sich der araukanische König aber eines Tages auf chilenisches Territorium wagte, wurde die »königliche Majestät« ohne viel Federlesens nach Frankreich abgeschoben.

Als Argentinien und Chile moderne Waffen aus Großbritannien erhielten

In der zweiten Hälfte des 19. Jahrhunderts hielten die chilenische und die argentinische Armee die Zeit gekom-men, gegen die Araukaner vorzugehen. Sie wollten ein für allemal die militärische Barriere beseitigen, die die kriegerischen Indianer zwischen ihren zwei Staaten errichtet hatten, und zugleich deren wirtschaftliche Schlüsselstellung untergraben. Die Araukaner waren in der Tat tonangebend im Salzhandel nach Buenos Aires und im Viehverkauf zwischen Argentinien und Chile. Ihren Viehbestand erneuerten sie durch regelmäßige Überfälle auf argentinische Haciendas. Als Argentinien und Chile ein Bündnis mit dem Industriestaat Großbri-tannien eingingen, um moderne Waffen aus Europa zu beziehen, war das Schicksal der Araukaner besiegelt. In Argentinien wurden sie durch General Rocas Vernich-tungsfeldzug von 1879 bis 1883 fast ausgerottet. In Chile, wo sich seit 1850 militärisch ausgerüstete und ausgebilde-te Wehrkolonisten nach und nach auf araukanischem Boden ansiedelten, kam es 1880 zu einem großen Indianer-aufstand gegen den systematisch betriebenen Landraub und die im Jahr 1878 erfolgte offizielle Angliederung Arau-kaniens an die chilenische Republik. Schritt für Schritt waren die Weißen immer weiter vorgedrungen, hatten immer mehr befestigte Stützpunkte angelegt, eine India-nergruppe nach der anderen unterworfen und Arauka-nien schließlich »chilenisiert«.

Noch um die Mitte des 20. Jahrhunderts rang man hart um jeden Meter Boden. Gegen 1960 wurden auch die Arau-kaner von den sozialen Unruhen in der chilenischen Landbevölkerung ergriffen. Lauthals forderten sie die Rückgabe ihres Landes und eine indianische Selbstverwal-tung. Zu Beginn der Ära Allende hatten sie berechtigte Hoffnungen auf die Verwirklichung einer ihnen günstigen Bodenreform. Als jedoch Präsident Allende 1973 gestürzt wurde, kam es zu einer besonders harten Unterdrückung der Araukaner durch die Armee. Die Provinzen Valdivia und Cautin bilden die heutigen Araukaner-Gebiete. Die dort in ungefähr 2000 Comunidades (Dorfgemeinschaften) lebenden etwa 300 000 Araukaner machen fünf Prozent der derzeitigen Bevölkerung Chiles aus. Als Ackerbauern und Viehzüchter fristen sie heute ein karges Dasein. Sie bauen vor allem Weizen an, der für den Markt bestimmt ist. Ihr eigenes Hauptnahrungsmittel, die Kartoffel, kommt erst an zweiter Stelle. So gesehen sind sie mehr auf Absatz als auf Selbstversorgung bedacht. Weil ihnen jedoch das meiste Land geraubt wurde, verfügen sie nicht mehr über genügend Boden, um größere Geschäfte zu täti-gen. Die ihnen verbliebenen Felder könnten höchstens zur Eigenversorgung reichen. Dieser Widerspruch erklärt ihre hohe Verschuldung und die zunehmende Landflucht. Derzeit lebt eine Million Araukaner in ganz Chile, die meisten in den drei größten Städten des Landes. Auch heute noch verdienen sie es, ein edles, aufrechtes und tat-kräftiges Volk genannt zu werden.

DIE WUNDER DER OSTERINSEL

DIE RAPA NUI, SCHREIBKUNDIGE KANNIBALEN UND GENIALE STEINMETZE

Als der holländische Kapitän Jacob Roggeveen (1659–1729) am 21. August 1721 zu einer Reise um die Welt aufbrach, ahnte er noch nicht, dass er am Ostersonntag des Jahres 1722 in den endlosen Weiten des Stillen Ozeans zufällig das abgelegenste Eiland der Welt entdecken würde, dem er kurzerhand den Namen Osterinsel verpasste. Die dreieckige Insel vulkanischen Ursprungs, mit Seitenlängen von 16, 18 und 24 Kilometern, schwimmt wie ein Stecknadelkopf in der Abgeschiedenheit des wellendurchbrausten Südpazifiks, 1800 Kilometer östlich der nächsten bewohnten Insel (Pitcairn) und 3600 Kilometer westlich der chilenischen Festlandküste. Abgeschottet wie unter einer Käseglocke gedieh auf der einsamsten Insel der Erde mit einer Flora und Fauna, die zu den artenärmsten des Planeten zählen, eine kleine, isolierte Kultur mit einer verblüffenden Vielfalt kulturellen und künstlerischen Ausdrucks.

Dessen wurde bereits der niederländische Seefahrer gewahr, als er mit insgesamt 134 Mann an Bord von drei kleinen Booten und zwei Schaluppen an den schroffen Gestaden der Insel vor Anker ging und dann mit seinen Leuten die steilen Felsen erklomm, die – wie er in seinem Logbuch schrieb – »am Ufer bis zum flachen Gelände hin recht zahlreich sind, wobei wir den Eingeborenen, die sich in großer Zahl um uns drängten, mit den Händen bedeuteten, uns aus dem Weg zu gehen und Platz zu machen«.

Ihm fielen schon damals die ungeheuer zahlreichen megalithischen Giganten auf, die als stumme Zeitzeugen über die Insel verstreut sind, als habe ein vorbeistapfender Riese mit kindlichem Gemüt seine titanischen Spielzeugfiguren hier und dort aus der Hand gleiten lassen: »Ganz zu Anfang erfüllten uns diese steinernen Bildsäulen mit Erstaunen, da wir uns nicht vorstellen konnten, wie diese Leute, die weder hartes, schweres Holz noch festes Seil besitzen, um eine Vorrichtung zu konstruieren, fähig gewesen waren, sie aufzurichten. Einige dieser Statuen waren doch gut 30 Fuß (ungefähr zehn Meter) hoch und recht breit …«

Obwohl der Kapitän und seine Schiffsmannschaft von den nackten Wilden freundlich begrüßt wurden, kam es wegen der anhaltenden Diebstähle der Eingeborenen, die alles entwendeten, was nicht niet- und nagelfest war, zu einem Scharmützel, bei dem ein Dutzend Insulaner am Strand erschossen wurden.

Von der Entdeckung bis heute

Somit hatte die Neuzeit auch auf dem verlassensten Eiland der Erde Einzug gehalten – und in ihrem Gefolge eine Kette von Überfällen, Entführungen und Morden. Hatte

links Wie stumme Zeitzeugen blicken diese Moai aufs Meer.

rechts Megalithische Steinfiguren sind über die ganze Insel verstreut, als ob ein wütender Gott die Felsbrocken ziellos in die baumlose Landschaft geschleudert hätte.

Jacob Roggeveen die Insel zu einer Zeit angelaufen, als die Kultur der Eingeborenen noch in voller Blüte stand, und die Zahl der Einwohner auf 20 000 geschätzt, so fand der legendäre Kapitän James Cook 1774, 52 Jahre nach Roggeveen, nur noch die Trümmer der einstigen Zivilisation. Die faszinierenden Steinkolosse lagen zerschmettert am Boden. Nur wenige Menschen lebten in schwer zugänglichen Höhlen, so dass die Frage berechtigt war, welche Schicksalsschläge ihr Land in dieser kurzen Zeitspanne heimgesucht hatten.

Und es sollte noch schlimmer kommen. Im Dezember 1862 und im März 1863 entführten plündernde Piraten und Menschenjäger über 1000 Männer auf Robbenfang-Stationen und verkauften sie als Sklaven an die peruanische Guano-Gesellschaft und an Plantagen-Besitzer auf Tahiti. Nach diesem Aderlass versank die Insel in Stille und Ödnis. In jenen unseligen Monaten der Deportation verlor Rapa Nui sein »kollektives Gedächtnis«. Die wenigen Rückkehrer schleppten Pocken auf das Eiland ein, wodurch das Volk der Osterinsel nahezu ausgelöscht wurde. Im Jahr 1877 hatte sich die Bevölkerung auf 111 Überlebende reduziert. Als 1888 das Eiland von Chile gewaltsam unterworfen, annektiert und an Schafszüchter verpachtet wurde, die die Eingeborenen wie Leibeigene im eigenen Land hinter Stacheldraht gefangen hielten, ging der Niedergang in den freien Fall über. Erst 1965 erhielten die Ureinwohner chilenische Ausweise und Bürgerrechte.

Heute leben auf der kargen, steinigen, von dürrer Vegetation nur spärlich bedeckten Insel rund 3000 chilenische Staatsangehörige, die meisten ozeanischer Herkunft, die Spanisch und Rapa Nui, eine dem Polynesischen verwandte Sprache, sprechen. Nicht nur ihr Idiom heißt Rapa Nui, sie nennen ihre Insel und auch sich selbst Rapa Nui, was so viel wie »großes Paddel« bedeutet. Die frühen Bewohner bezeichneten die Osterinsel, die heute auf Spanisch

»Isla de Pascua« heißt, als den »Nabel der Welt« (»Te Pito o te Henua«).

Viermal pro Woche landet derzeit eine Boeing der Lan Chile auf der überlangen Landebahn, die von der NASA als Ausweichplatz für den Space Shuttle ausgebaut wurde. Im Sommer ankern oft Kreuzfahrtschiffe vor der kleinen Hauptstadt Hanga Roa. 20 000 Reisende besuchen jährlich die vulkanische Insel, die vor allem vom Tourismus lebt.

Auch wenn die Vulkane schon lange erloschen sind, prägen sie noch immer das hügelige Antlitz des nahezu baumlosen Eilands, hinter dessen schroffen Gestaden ihre drei größten Kegel sich bis zu 500 Meter hoch auftürmen und wie riesige Zisternen das kostbare Regennass in ihren Kratern sammeln und speichern. Die Insulaner sind seit jeher auf dieses lebensnotwendige Trinkwasser angewiesen, da sie weder auf Bäche noch auf Quellen zurückgreifen können.

Die nur 180 Quadratkilometer große Insel ist mit einem offenen Labor vergleichbar, in dem man wie in einem Buch lesen und den Aufbruch, die Blüte und den Zerfall einer kleinen, abgesonderten Kultur gleichsam idealtypisch nachvollziehen kann. Dutzende von Archäologen,

Genetikern und Knochenforschern haben dieses außergewöhnliche Soziotop durchforstet, ohne dass ihre Fahndung den großen Durchbruch gebracht hätte. Auch heute noch liegen die Eckdaten dieser abgeschotteten Kultur im Dunkeln.

Aus eigener Kraft entwickelte die Rätselrasse, die die östlichste der polynesischen Inseln zur Heimat erkor, eine im gesamten Südseeraum einmalige Bilderschrift, »Rongorongo« genannt und auf Holztafeln verewigt; schuf sie mystische Petroglyphen und Malereien, die Felsen zieren und Höhlenwände schmücken; schlug sie rund tausend langnasige Kolossalstatuen, die Moai, mit primitiven Obsidianmessern und Beilen aus dem Tuff der Vulkanhänge und stellte etliche davon am Strand auf große Steinpodeste, die Ahu, die als monumentale Grabanlagen dienten.

In der Tat: Der Reisende, den es auf die Osterinsel verschlägt, fühlt sich hin- und hergerissen zwischen einerseits dem kargen Äußeren des Eilands, das vor allem aus Bimsstein und Schlack besteht, seiner Kleinheit und Bedeutungslosigkeit, und andererseits der kulturellen Überpräsenz der unheimlichen Riesenfiguren und des einzigen polynesischen Schriftsystems.

Zwei Immigrationswellen aus Polynesien

Über den Zeitpunkt der ersten Besiedlung der Insel und über die Herkunft des dort ansässig werdenden Menschenschlags wird heute noch unter Spezialisten gestritten. Wahrscheinlich erreichten zwei verschiedene polynesische Bevölkerungsgruppen das Eiland zu ungleichen Zeiten.

Im 5. Jahrhundert n. Chr. kam eine erste Siedlergruppe aus Zentralpolynesien, die so genannten »Langohren« (»Hanau Eepe«) – so benannt nach ihren durch eingesetzte Holzpflöcke stark ausgeweiteten Ohrläppchen, die ihnen bis auf die Schultern reichten. Sie brachten es zu einer hohen Steinmetzkunst und schufen eine regelrechte Hochkultur. Ihnen folgte um 1350 n. Chr. ein weiterer polynesischer Stamm unter der Führung des sagenhaften Königs Hotu Matua, der nach 120 Tagen Irrfahrt mit 300 Menschen an Bord von zwei Doppelrumpfbooten mit Masten und Planken aus Holz, mit Segeln aus Pandanusblättern und mit Tauwerk aus Pflanzenfasern das dürre Land betrat. Der junge Anführer, der wahrscheinlich von den rund 3600 Kilometer entfernten Marquesas-Inseln aus aufgebrochen war, hatte in der Auswanderung die einzige Überlebensmöglichkeit für sein Volk gesehen, da seine Heimatinsel langsam im Meer versank.

Die Neuankömmlinge hießen bei den alteingesessenen »Langohren« einfach »Kurzohren« (»Hanau Momoko«), weil ihnen die abnorm gelängten Ohrläppchen der Erstbesiedler fehlten. Sie waren auf der Insel willkommen und wurden in die Fertigung der Moai eingespannt, was sie zu Anfang auch bereitwillig mit sich geschehen ließen. So kam es zwischen beiden Volksgruppen zu einer fast dreihundertjährigen Phase kooperativer Zusammenarbeit, was seinen Niederschlag fand in den klassischen Riesensteinfiguren, den Petroglyphen des Vogelmannkults und den hölzernen Schrifttafeln mit den eingeritzten Ideogrammen, die allesamt während dieser Zeit entstanden.

links Eine romantisch verbrämte Sicht der Osterinsel aus dem Jahr 1786.

In diesem Zeitraum häuften sich aber auch die Anzeichen für einen ökologischen Kollaps, der durch die konsequent betriebene Entwaldung der Berge unvermeidbar geworden war und zu einem großen Mangel an Feuerholz führte.

Als aber die »Langohren«, in deren Händen Macht und künstlerisches Schaffen lagen, immer höhere Anforderungen an die »Kurzohren« stellten, die diese nach und nach als Fron empfanden, machten sich immer größere Spannungen bemerkbar, die in bürgerkriegsähnliche Wirren und kämpferische Auseinandersetzungen einmündeten. Die Entscheidungsschlacht, die nahe der Halbinsel Poike ausgetragen wurde, endete mit der Ausrottung der kulturtragenden Urbevölkerung und mit dem Untergang der einmaligen Megalithzivilisation. Da die kurzohrigen »Plebejer« körperlich kräftiger und zudem in der Überzahl waren, gelang es ihnen, die adeligen »Langohren« vernichtend zu schlagen. Die Untertanen hatten sich gegen die Mächtigen aufgelehnt, das Volk hatte seine Führer getötet und deren kolossale Steinebenbilder zerstört. Der Genozid muss in der Zeitspanne zwischen der neuzeitlichen Entdeckung der Insel durch den Holländer Jacob Roggeveen und dem 52 Jahre späteren Besuch des britischen Kapitäns James Cook stattgefunden haben.

Wer waren die unterlegenen Langohren? Waren sie wirklich Polynesier aus der Südsee oder präinkaische Indios aus Südamerika?

Ein Floß treibt über den Pazifik

Obwohl die vom Forscher Thor Heyerdahl vertretene These, die Erstbesiedlung der Osterinsel sei vom südamerikanischen Festland aus erfolgt, heute von den meisten Spezialisten abgelehnt wird, ist sein Grundgedanke aber keineswegs absurd.

In seinem Buch »Kon-Tiki« beschrieb der norwegische Abenteurer, ein würdiger Nachfahre der Wikinger, der sein ganzes Leben in den Dienst der Archäologie stellte, wie er 1947 mit einigen Gefährten auf einem selbstgebauten Floß von Südamerika aus den Stillen Ozean überquerte. Dabei wollte er den Beweis erbringen, dass auf einem ähnlichen Floß Kon-Tiki Viracocha, ein sagenhafter König

u. a. von einer Pazifikreise des Inka-Fürsten Tupac Yupanqui bis zur Osterinsel.

1470, als das Inka-Reich in höchster Blüte stand, gebot dessen Herrscher Pachacuti über ein riesiges Imperium, das sein Sohn und Thronfolger Tupac Yupanqui durch ständig neue Eroberungszüge nach Süden bis ins heutige Chile und nach Norden bis nach Kolumbien erweiterte. Der Inka-Staat, der damals eine Längenausdehnung von unglaublichen 5000 Kilometern erreichte, schluckte auch die Völker, die entlang der ecuadorianischen Küste lebten. Die an den dortigen Gestaden ansässigen Seefahrer hat-

aus vorinkaischen Zeiten, vor 1500 Jahren von Peru aus seine Kultur nach Polynesien gebracht hatte. Navigationskenntnisse waren weder damals noch heute notwendig, weil man sich nur den Meeresströmungen und den Winden anzuvertrauen brauchte, um das in der Ferne liegende Ziel zu erreichen.

In einem weiteren Buch, »Aku-Aku«, schilderte Thor Heyerdahl, wie er 1955–56 seine große Expedition zur Osterinsel unternahm in der Hoffnung, dort auf eine Bestätigung seiner Theorie zu stoßen, dass die Besiedlung der Südsee-Inseln vom südamerikanischen Kontinent aus stattgefunden hatte.

Auch wenn er den definitiven Nachweis dafür nicht liefern konnte, bleibt trotzdem wahr, dass es zwischen der Osterinsel und dem Festland Kontakte gegeben haben muss.

Der Pazifik hat tausend Geheimnisse, von denen eines mehr als 500 Jahre alt ist und Bezug nimmt auf eine angebliche Floßfahrt des obersten Inka-Heeresführers Tupac Yupanqui durch den Stillen Ozean. So entdeckte der renommierte peruanische Historiker Professor José A. del Busto im Archiv von Sevilla bislang unbeachtete Schriften des Konquistadors Sarmiento de Gamboa, der um die Mitte des 16. Jahrhunderts im soeben unterworfenen Peru mehr als vierzig Zeitzeugen befragt hatte. Diese berichteten

ten schon lange vor der Ankunft der Inkas Handel mit sagenumwobenen Inseln weit draußen im Pazifik getrieben. Der Kontakt mit polynesischen Händlern, die von märchenhaften Schätzen an Ufern jenseits des Meeres erzählten, weckte die Neugier des Inka-Fürsten und ließ ihn den Plan zu einer gewagten Mission fassen, die ihn zum Rand des großen Ozeans führen sollte. Er gab den Befehl zum Bau einer Flotte aus Balsaflößen und heuerte als Begleiter für diese riskante Expedition geschickte Navigatoren an, die sogar das Kreuzen gegen den Wind beherrschten. Auch Baumeister, Steinmetze und andere Handwerker nahmen an der gefährlichen Odyssee teil. Tupac Yupanqui soll sogar persönlich an der abenteuerli-

oben Mit seinem Boot »Kon-Tiki«, dass Thor Heyerdahl nach historischen Vorbildern bauen ließ, überquerte der Forscher 1947 von Südamerika aus den Stillen Ozean, um die Legende von der Fahrt Kon-Tiki Virakochas zur Osterinsel zu beweisen.

rechts Diese große Schanzmauer aus riesigen, nahtlos verfugten Steinquadern, wie man sie auch im Ahu O Tahiri vorfindet, erinnert zweifelsohne an die raffinierte Bauweise der Inkas.

chen Reise ins Ungewisse teilgenommen haben und bis zur Osterinsel gelangt sein, indem er mit seinen Gefährten dem Lauf der Sonne folgte, die in den äquatorialen Breiten schnurgerade von Osten nach Westen zieht.

Spanische Geschichtsschreiber schildern, dass der Inka-Fürst die beiden Inseln »Auachumbi« (»die weiter draußen Liegende«) und »Ninachumbi« (»die vom Feuer umgürtete«) erreichte. Professor del Busto zweifelt nicht daran, »dass die Insel Auachumbi, von der die Chronik berichtet, Mangareva ist. Bei einem Gespräch mit Thor Heyerdahl wurde mir dann klar, dass Ninachumbi nur die Osterinsel sein kann, denn durch ihre Vulkane ist sie ›umgürtet von Feuer‹. Und ich begriff auch, dass der Weg des Inka übers Meer dank der pazifischen Strömungen zuerst nach Mangareva und dann zur Osterinsel führen musste.«

Das Eiland Mangareva, das 1500 Seemeilen östlich von Tahiti liegt und zum französischen Gambier-Archipel gehört, ist von einem schäumenden Wasserwall umgeben, für den ein der Insel vorgelagertes Riff verantwortlich ist. Da es dem Inka unmöglich schien, durch die tosende Brandung zu fahren, ließ er die großen Flöße vor den

Korallenbänken im tieftürkis-blauen Meer ankern und stieg auf eines der kleinen Begleitgefährte um, die mit Rudern und Paddeln ausgerüstet waren. Wahrscheinlich waren ihm damals Fischer auf ihren Auslegerbooten entgegengekommen, die ihm als ortskundige Lotsen eine Stelle zeigten, wo er ungefährdet das Riff überqueren konnte. Dieses Schlupfloch vor der Küste nennen die Eingeborenen heute noch immer »Te-ava-nui-o-Tupa«, was soviel wie »Tupas Passsage« bedeutet – laut Professor del Busto ein untrügliches Indiz dafür, dass Tupac Yupanqui nach vier Monaten Fahrt, während denen er mehr als 4000 Seemeilen zurückgelegt hatte, wirklich Mangareva erreichte, bevor er auf dem Rückweg auf Südostkurs die Osterinsel ansteuerte, die etwa 1500 Seemeilen von Mangareva und rund 2000 Seemeilen von Chile entfernt ist.

Als Tupac Yupanqui um 1470 nach Rapa Nui kam, lernte er die Inselkultur in ihrer höchsten Blüte kennen. Als privilegierter Gast der Langohren konnte er in den Steinbrüchen am Vulkan Rano Raraku Heerscharen von Arbeitern zusehen, wie sie die schweren Steinkolosse von den Abhängen des Feuerbergs zu den weit entfernten Standorten schleppten. Die zu seiner Mannschaft zählenden

aus großen Steinblöcken mit bis zu 1,50 Meter langen, über einen Meter hohen und etwa fünfzig Zentimeter dicken Quadern fein gemeißelt und millimetergenau zusammengefügt ist, ohne dass eine Messerklinge in die Fugen passen würde. Könnte man sich eine bessere Visitenkarte des Inka-Fürsten auf der Osterinsel vorstellen?

Das Vermächtnis der Inkas auf Rapa Nui

Noch heute lassen sich auf dem einsamsten Eiland der Welt die Hinterlassenschaften der Inkas aufspüren. Neben landwirtschaftlichen Produkten wie Baumwolle und Süßkartoffel, Hibiskus, Kalebasse und Chilipfeffer, die allesamt aus der Andenregion stammen, finden sich dort Darstellungen des geheimnisvollen Vogelmenschen, der in den präinkaischen Kulturen fest verwurzelt ist und auf dem Großsegel von Tupac Yupanquis Hauptfloß nachgezeichnet war. In der Tat entdeckten Archäologen auf den Mauern vieler altperuanischer Tempel Vogelornamente und Abbilder geflügelter Menschen, die in ähnlicher Form auch auf der Osterinsel vorhanden sind. Zudem weisen große Schanzmauern aus riesigen, nahtlos verfugten Steinquadern, die den Ahu O Tahiri innerhalb der Zeremonialanlage von Vinapu als Inka-Bauwerk kennzeichnen, eine frappierende Ähnlichkeit mit dem Tempel von Tiahuanaco am Titicacasee und dem Bollwerk der Inka-Festung Sacsayhuaman bei Cuzco auf und stellen eine raffinierte Bauweise dar, die sonst auf keiner Südseeinsel heimisch ist. Und noch heute feiern die Insulaner alljährlich ihr großes Traditionsfest »Tapati«, das an die Ankunft eines Königs aus dem Osten gemahnt. Am farbenprächtigen Korso, der Etappen aus der Geschichte der Osterinsel darstellt, nehmen exotische Tänzerinnen teil, die sich in becircenden Südsee-Rhythmen wiegen, seltsame Vogelmenschen, die in bizarren Posen verharren, und grausige Menschenfresser, die die Gäste erschrecken.

Lange verweilte der Inka-Prinz nicht an den abgelegenen Gestaden. Der Historiker José A. del Busto ist sicher: Die Osterinsel war für die Besucher aus dem fernen Andenland nur eine letzte, willkommene Etappe, bevor sie sich zur Fahrt nach Hause aufmachten, auf der die Seeleute all ihr Geschick gegen Stürme und widrige Strö-

Handwerker und Steinmetze, die auf Mangareva zwei von ihnen gebaute Altäre zum Dank an die Götter als Relikte zurückgelassen hatten, wurden auch auf der Osterinsel aktiv. Auf Geheiß Tupac Yupanquis errichteten sie den »Ahu O Tahiri«, dessen meerwärts weisende Sockelmauer

oben Mit einem Fest – dem Tapati-Fest – feiern die Insulaner noch heute jedes Jahr die Ankunft eines Königs aus dem Osten auf der Osterinsel.

rechts Aus der frühen Schaffensphase der Osterinsel stammt diese individuell gestaltete anthropomorphe Steinskulptur, die im Gegensatz zu späteren Werken durch große künstlerische Freiheit und eine weiche Linienführung hervorsticht.

mungen aufbieten mussten. Auf den engen Flößen verbrachten sie schreckliche Monate, von Krankheiten und vom Mangel an Vorräten geplagt, ehe sie das rettende Festland in der Distanz erblickten. Schließlich musste Tupac Yupanquis Mannschaft bis Peru 2500 Seemeilen zurücklegen und den eiskalten Humboldtstrom bezwingen. Doch gegen alle Widrigkeiten gelang ihnen die Rückkehr in die Heimat, wo sie triumphal empfangen wurden – eine grandiose Leistung zu einer Zeit, als die Navigation noch nicht voll entwickelt war und Boote, die sich auf das offene Meer hinaus wagten, allzu oft zum Spielball des Meeres gerieten.

Seinem wissbegierigen Vater Pachacuti und dem versammelten Hofstaat schilderte der weit gereiste Tupac Yupanqui alle Einzelheiten der abenteuerlichen Fahrt, über die der spanische Chronist Sarmiento de Gamboa in seiner »Geschichte der Inkas« von 1572 schrieb: »Die Reise des Inka-Prinzen übers Meer dauerte insgesamt neun Monate oder sogar ein Jahr. Und da man so lange nichts von ihm hörte, glaubten alle, er sei tot.« Sarmientos Bericht über die Odyssee des Inka erregte am spanischen Hof großes Aufsehen. Nur wenige Jahre später entsandte König Philipp II. seine Flotte in die Südsee. Fasziniert von der Fahrt des Inka fasste Sarmiento den Entschluss, als Steuermann mit an Bord zu gehen. Mit seiner gewagten Floßfahrt durch die Weiten des Pazifiks machte Tupac Yupanqui Geschichte, die mit den Jahrhunderten zur Legende wurde.

Auch wenn die Erstbesiedlung der Osterinsel von Polynesien aus erfolgte und nicht vom südamerikanischen Festland aus, gibt es trotzdem eine Reihe von Anhaltspunkten für die These, dass zumindest von Zeit zu Zeit Seefahrer aus dem alten Peru das Eiland anliefen und kulturell beeinflussten, was für den norwegischen Abenteurer Thor Heyerdahl alle zehn Jahre möglich war: »In den ›El Niño‹-Perioden, die durchschnittlich alle zehn Jahre auftreten und so genannt werden, weil sie stets mit dem Christkind (El Niño) zu Weihnachten erscheinen, kommt es an der peruanischen Küste zu schrecklichen Überschwemmungen. In diesen Jahren lenkt die Meeresströmung den kalten Humboldtstrom von der Küste ab und in Richtung Polynesien; erfahrene Seeleute konnten also unter Nutzung der Drift ohne Ruder und Segel auf die Osterinsel gelangen.«

Die Moai – Riesen aus Stein als bizarre Ahnengalerie

Wenn seit Jahrhunderten ein Hauch von Zauber und Magie das einsame Eiland im Pazifik umweht und dieses zu den geheimnisvollsten Orten des gesamten Planeten zählt, dann sind dafür vor allem die rätselhaften Steingiganten verantwortlich, die riesigen Moai, die wie eine bizarre Trophäensammlung, wie verwegene Wachposten, wie regungslose Wachsfiguren, wie überdimensionale Gartenzwerge oder wie eine lebende Gemeinde in der Landschaft herumstehen. In der Tat hat das bis heute unerklärliche bildhauerische Großprojekt der Ureinwohner seit der neuzeitlichen Entdeckung der Osterinsel die schöpferischen Phantasien der Menschheit ständig in Bewegung gehalten. Die megalithischen Statuen, viele

Tonnen schwer, insgesamt auf 800 bis tausend geschätzt, die größte 21 Meter hoch, wirken wie stumme Zeitzeugen, wie gespenstige Spione aus einer vergangenen Welt, die starren Augen strikt gen Himmel gerichtet, immer landeinwärts blickend, nicht bereit, das Geheimnis ihrer Herkunft preiszugeben.

Die meisten Steinskulpturen aus der frühen Schaffensphase der Osterinsel, die bis etwa 1200 n. Chr. andauerte, sind dem Zahn der Zeit zum Opfer gefallen. Nur wenige haben die zerstörende Kraft der Jahrhunderte heil überstanden und fallen auf als individuell gestaltete anthropomorphe Figuren. Die kaum mannshohen Standbilder zeichnen sich durch eine weiche Linienführung aus und wurden aus unterschiedlichem Material geschlagen – von hartem schwarzen Basalt über roten Tuff bis hin zu anderen Vulkangesteinen aus verschiedenen Brüchen. Ihre Kennzeichen sind runde Köpfe, die auf genauso runden Körpern sitzen, reliefartig aus dem Stein herausgehauene Gesichter, stark ausgeprägte ovale Augen, die unter gewölbten Brauen ruhen, lang gezogene Nasen, die in einem Dreieck auslaufen, und nur wenig betonte Münder.

In der mittleren Periode, die um 1700 n. Chr. durch den Krieg der Stämme um die Vorherrschaft auf dem Eiland mit der Ausrottung des kulturtragenden Volkes ein jähes Ende fand, entstanden die Hauptwerke, die Moai, die heute als typisch für die Osterinsel-Kultur angesehen werden. Die Statuen schrumpften von der Vollplastik zur Büste und wurden von ihren Schöpfern nur mehr bis zum Rumpf ausgeführt, wo sie einheitlich im Genitalbereich endeten. Deswegen nennt der Ethnologe Alfred Métraux sie »in Wirklichkeit gewaltige Büsten – ungeheure beinlose Krüppel mit einem Kopf, der für ihren massiven Rumpf zu lang ist«.

Der neue Figurentypus fällt auf durch Formenabstraktion und Uniformität, wodurch er sich von den individuell modellierten menschenähnlichen Statuen der Frühzeit unterscheidet. Die meisten Standbilder aus diesem Zeitraum haben stilisierte Gesichter mit spöttischen Blicken, als schmale Lappen bis auf die Höhe des Mundes herabreichende Ohren (in denen sich nicht nur die Ohrform der »Langohren«, sondern auch die Neigung zur Abstraktion widerspiegelt), eine deutlich vorspringende Nase mit einem langen, schmalen und oft gebogenen Rücken, einen

rechts Im Vergleich zur frühen Schaffensphase schrumpften die Moai der mittleren Periode von der Vollplastik zur Büste und zeichneten sich aus durch Formenabstraktion und Uniformität.

kleinen, leicht vorgeschobenen Mund mit dünnen Lippen, ein energisches breites Kinn mit kantigen Konturen, einen kurzen, kräftigen Hals, der den Kopf mit dem Oberkörper verbindet, gerundete und schmal gehaltene Schultern, angedeutete Brustwarzen, einen vorgewölbten Bauch mit einem Nabel in Scheibenform als Mittelpunkt, schmächtige Arme mit angewinkelten Ellbogen, die dicht am Körper anliegen, und auf dem Leib ruhende Hände, die in überlangen feingliedrigen Fingern enden.

In der Spätphase der mittleren Periode gebar der Wunsch nach immer größeren Moai wahre Riesenfiguren, die sich aus zwei Teilen zusammensetzten: der monolithischen Büste, die geschickte Handwerker aus dem graugelben Lavagestein des Rano Raraku meißelten, und dem zylinderförmigen Kopfaufsatz, dem Pukao, den sie aus der roten Gesteinsschlacke des Puna-Pau-Kraters formten.

Die Moai waren eigentlich nie als Götzendarstellungen gedacht, sondern als außergewöhnliche Denkmäler, die zu Ehren verdienstvoller Vorfahren, vor allem herausragender Häuptlinge und Sippenältester, errichtet wurden. So ließen die großen Familien schon zu Lebzeiten ihrer Väter deren Ebenbilder in Stein meißeln, beim Ableben des Ahnen dessen Abbild auf die eigens dafür erbaute Plattform, den Ahu, hieven und die darunter liegenden Räume als Grabkammern ausstatten.

Wo haushohe Steinmänner den Besucher anstarren

Steht man heute auf dem Gipfel des erloschenen Vulkans Rano Raraku und blickt man die Abhänge hinunter, kann man sich leicht ausmalen, wie geschäftige Steinmetze einst die klobigen Körperblöcke in dieser Freiluftwerkstatt aus dem Tuffgestein schnitten, die Gesichter mit Meißeln bearbeiteten und den Figuren Gestalt gaben.

Überall stößt man auf steinerne Leiber, tönerne Köpfe, starre Blicke aus einer fernen Vergangenheit und man wähnt sich an einen der unheimlichsten, befremdlichsten Orte der Welt versetzt, wie Thor Heyerdahl bereits in seinem Buch »Aku-Aku – Das Geheimnis der Osterinsel« zu vermerken wusste:

»In Rano Raraku fühlt man sich den Geheimnissen der Osterinsel am nächsten. Die Luft schwirrt von Rätseln: Man erstarrt unter dem stummen Blick von hundertfünfzig augenlosen Gesichtern. Von überall her sehen einen die riesigen Gestalten an, von jeder Felsstufe, aus jeder Höhle im Berg, wo ungeborene und gestorbene Kolosse wie in Krippen oder auf dem Krankenbett liegen, leblos und hilflos, da die planenden und schaffenden Kräfte sie verlassen haben. Nichts regt sich als die Wolken, die über ihnen dahinziehen. So war es, seit die Bildhauer verschol-len sind, und so wird es immer bleiben. Hochmütig, stolz, mit zusammengepressten Lippen stehen die ältesten noch vollendeten Gestalten da, als wüssten sie, dass kein Meißel, keine Macht und Gewalt ihnen je wieder den Mund öffnen und sie zum Reden bringen wird.«

In diesem rätselhaften Steinbruch liegen noch immer hunderte von gerade begonnenen und halbfertigen Figuren, als wären die Steinmetze eines schönen Tages nicht mehr zur Arbeit erschienen. Dass man im Gebüsch daneben obendrein ihre Werkzeuge findet, Faustkeile aus hartem Basalt, mit denen sie in monatelanger Fronarbeit die Kolosse aus dem Felsen schlugen, bringt einen zum Nachdenken. Was einem aber noch mehr Kopfzerbrechen bereitet, ist die Transportmethode, die damals zur Anwendung kam, um die fertig gestellten Moai von diesem Freiluftatelier bis zu den endgültigen, oft viele Kilometer

links In der Spätphase der mittleren Periode entstanden wahre Riesenstatuen, die aus der monolithischen Büste und dem zylinderförmigen Kopfaufsatz, dem Pukao, bestehen.

rechts Die Bewohner der Osterinsel hinterließen nicht nur monumentale Steinskulpturen oder rätselhafte Petroglyphen, sondern auch Holzskulpturen, deren Ausführung teilweise große Ähnlichkeit mit den Moai aufweist.

entfernten Standplätzen zu bewegen. Die einheimische Bevölkerung ist heute noch von der Überzeugung durchdrungen, dass die Riesenstatuen einst aus eigener Kraft und in aufrechter Haltung dorthin »gingen«, was Thor Heyerdahl zu einem praktischen Feldversuch veranlasste: Eine stehende Skulptur wurde mithilfe behutsamer Kipp- und Kantbewegungen, die dank starker, an Kopf und Rumpf des Steinriesen befestigter, durch Menschenkraft gezogener Seile ausgelöst wurden, langsam aber stetig vorwärts geschoben, so dass die Statue sozusagen ständig »weiterwanderte«. So braucht man nicht unbedingt das »Mana« heraufzubeschwören, jene übernatürliche Kraft der Vorväter, die so stark war, dass sie Berge versetzen konnten, um eine annehmbare Erklärung für die einstige Beförderung der Riesenkolosse zu finden.

Rapa Nui – ein Freilichtmuseum früher Künstler

Parallel zur Küstenlinie der Insel erheben sich monumentale Steinpodeste aus großformatigen Natursteinen unterschiedlicher Bearbeitungsqualität, die so genannten Ahu, die seit Menschengedenken den tonnenschweren Steingiganten als herausragende Standplätze dienten. Vor den Ahu breitet sich jeweils eine freie Stelle als eine Art Forum aus, wo sich die Menschen zu rituellen Handlungen zusammenfanden – unter dem forschenden Blick der herrischen Steinbüsten, die von ihren Postamenten aus immer landeinwärts auf die Freifläche vor ihnen mit starren Augen herabschauten und so das von den Pries-

tern zelebrierte Mysterium mitverfolgen konnten, bei dem die Ahnenverehrung im Mittelpunkt stand. Denn unter den Ahu befanden sich Grabkammern, in denen die Gebeine der Toten bestattet wurden, wohingegen man die Körper außerhalb verfaulen ließ, damit die Seelen fortan in der Nähe herumschweifen konnten.

Auf über die ganze Osterinsel verstreuten Petroglyphen, die sich in Höhlen und im Freien finden, sind kultische Darstellungen und Tierabbildungen zu sehen. So kerbten einst kunstfertige Steinmetze die Konturen des Schöpfergottes Makemake, des Freundes der Menschen, der Wälder und der Vögel, und die seines Priesters, des Vogelmenschen, in vielen einzigartigen Basreliefs in die Felsen von Orongo, wo das Zeremonialzentrum des Vogelmannkults angesiedelt war, wobei sie die Gottheit nur mit dem Gesicht wiedergaben im Gegensatz zur voll ausgebildeten Vogel-Mensch-Gestalt. Die Tierbilder beschränkten sich notwendigerweise auf Seevögel und Meerestiere, die einzigen, die es auf der Insel gab. So versahen ausgezeichnete Handwerker die Felsen auf der Insel mit hervorragenden Reliefs leicht stilisierter Vögel im Anflug und mit auffallenden Gravuren von Wal und Hai, Schildkröte und Tintenfisch.

Neben diesen Felszeichnungen birgt die Insel eine ganze Reihe von Felsmalereien, die sich ausschließlich in Höhlen und Grotten befinden und als bevorzugte Bildthemen Abbildungen des Schöpfergottes Makemake, Darstellungen des Vogelmanns, Zeichnungen von Seevögeln, insbesondere der Seeschwalben, Bildnisse der Ao, der Zeremonialpaddel, und abstrakte Felsbilder mit einfachen Linien, Kreisen, Kurven oder Punkten aufweisen.

Halb Bibel halb Kamasutra

Dass die von der Außenwelt abgeschotteten Insulaner aus eigener Kraft ein unabhängiges Schriftsystem entwickelten, »Rongorongo« genannt, das einzige in ganz Ozeanien, verblüfft immer wieder aufs Neue. Mit Haifischzähnen und Obsidianstichen schnitzten sie geheimnisvolle Piktogramme (Bildsymbole) in Holztafeln, die bei den Eingeborenen »Kohau Rongorongo« hießen. Die Brettchen, von denen nur 21 bis heute erhalten geblieben sind, wurden

in Menschenhaar gewickelt und als »tapu« (»heilig«, »verboten«) angesehen.

Während auf die Insel gekommene Missionare ohne weiteres die Sprache der Urbevölkerung erlernten, haben die rätselhaften Krakelzeichen bislang allen Entschlüsselungsversuchen widerstanden, so dass man bezüglich der

Botschaft, die in den heiligen Zeichen gespeichert ist, noch immer im Dunkeln tappt.

Seit 130 Jahren ist das unüberschaubare System aus Strichmännchen, Vögeln und stilisierten Früchten Epigrafikern in aller Welt ein richtiger Gräuel. Die einen sahen darin Navigationszeichen, Ahnenlisten, auch reine

oben Auf der Osterinsel finden sich Petroglyphen, die den rätselhaften Vogelmenschen darstellen, der bereits in den präinkaischen Kulturen seinen festen Platz als Mittler zwischen Schöpfergott und Menschen hat.

Ornamentik, die anderen deuteten die Glyphen als eine Art »Embryoschrift im Telegrammstil«, wie der deutsche Fachmann Thomas Barthel in den fünfziger Jahren des letzten Jahrhunderts. Aber entziffern konnte keiner die mysteriösen Schnörkel.

Einen neuen Anlauf zur Dekodierung der bislang unleserlichen Krakel nahm der Bremer Sprachforscher, Religionswissenschaftler und Übersetzer altindischer Schriften, Egbert Richter, als er 1999 beim Seminar für Südseesprachen der Universität Hamburg eine Promotionsarbeit mit dem schlichten Titel »Die Schrifttafeln der Osterinsel – ein Beitrag zu ihrer Entzifferung« einreichte.

»Ich kann die Glyphen lesen«, behauptet der Codeknacker, für den die Texte auf den Holztafeln das geheimste Kultwesen der Osterinsel preisgeben, weil sie alle die Sphäre des Heiligen umkreisen. Was die Ethnologie bis-

lang über die Sitten und Gebräuche der Osterinsulaner herausbekommen konnte, wird – so Richter – von den Texten auf den Brettchen bestätigt und mit noch weiteren Details ausgemalt:

• Der Verzehr von Menschenfleisch wurde im großen Stil betrieben. Die Opferung von Kriegsgefangenen, von Straftätern und sogar von Kleinkindern – bei Fruchtbarkeitskulten – mündeten in regelrechte Prassereien ein. »Als begehrteste Stücke galten Finger und Zehen«, wusste bereits der Ethnologe Alfred Métraux zu berichten.

oben Nur wenige Holztäfelchen mit der geheimnisvollen Schrift der Osterinsel – Rongorongo – haben sich in Museen erhalten.

- Alle Jugendlichen wurden mit einer schmerzhaften Tätowierung versehen, wobei ihnen mit Knochenspitzen Farbstoff aus Pflanzenasche in die Haut eingeritzt wurde.
- In Höhlen eingesperrte Mädchen der Oberschicht wurden von den Priestern so lange mit Brei gemästet und mit Safran zur Gelbfärbung der Haut eingerieben, bis sie mit ihrer Fettleibigkeit und ihrem bleichen Teint dem Schönheitsideal der Insulaner entsprachen.
- Im Mittelpunkt des auf der Insel praktizierten Sexualkultes stand die Initiationsfeier auf dem Orongofelsen, wo einmal im Jahr, zum Frühlingsanfang, das Fruchtbarkeitsfest gefeiert wurde. Wer als Erster das Ei einer Seeschwalbe vorweisen konnte, wurde zum Ritualkönig (»Vogelmann«) gekrönt, der nun für ein Jahr das geistige Oberhaupt der Insel war, gleichsam ein Gott-Mensch. Alle geschlechtsreifen Jungen und Mädchen, »Poki Manu« (»Vogelkinder«) genannt, mussten Inzisions- und Deflorationsriten über sich ergehen lassen.

So scheinen die aus Strichmännchen zusammengesetzten Geheimtexte auf den überlieferten Holztafeln von rauschenden Sexritualen zu handeln und sich zu guter Letzt als halb Bibel halb Kamasutra zu entpuppen. Dass es tatsächlich derartige Zeremonien gab, steht mittlerweile unbestritten fest. Angesichts dieser heidnischen Handlungen müssen die ersten Missionare, die den Fuß auf die Insel setzten, zutiefst schockiert gewesen sein und ihre liebe Mühe gehabt haben, um die alten animistischen Kulte zurückzudrängen und durch christliches Gedankengut zu ersetzen. Das dürfte ihnen jedoch bis heute nicht gänzlich gelungen sein, denn die Insulaner, die am Sonntag pflichtbewusst in die Kirche strömen, haben keineswegs ihren alten Geistern abgeschworen, denen sie noch immer Opfer darbringen. In der Tat haben sie nur den einen Glauben über den anderen gestülpt, was zu einem merkwürdigen Synkretismus geführt hat, in dem sowohl Jesus Christus als auch die alten Götter nebeneinander angerufen werden.

Die Osterinsel, auch heute noch die einsamste Insel des Planeten, abseits jeder Verkehrsroute und bestückt mit den rätselhaftesten Kulturerzeugnissen der Welt, erweist sich als ein Freilichtmuseum, in dem man vor den Trümmern einer Miniaturkultur steht, die wahrscheinlich keine glücklichen Menschen hervorgebracht, sondern durch brutale Unterjochung, harte Fronarbeit und ein starres Wertesystem eine rigide »geschlossene Gesellschaft« erzeugt hatte, aus der kein Entrinnen möglich war. Wohin hätte man denn auch flüchten können?

Was der Ethnologe Alfred Métraux bereits 1941 über die Osterinsel schrieb, ist auch heute noch immer wahr: »Die Osterinsel ist nicht in Verfall geraten, sondern inmitten eines ausweglosen Elends einfach verfault … Der Wandel in der Neuzeit wird von der alten Kultur der Osterinsel nichts mehr vernichten, was nicht bereits zugrunde ging, denn die alte Kultur ist im Grunde zwischen den Jahren 1862 und 1870 ausgestorben. Seit diesem Datum erwartete die Insel von uns nur noch die eine Menschenpflicht, dass Person und Würde der Nachkommen jener Polynesier, die einmal die großen Statuen hergestellt und die Holztafeln mit Ritzungen bedeckt haben, von den Herren der Insel geachtet würden.«

Amazonien, das größte Waldgebiet der Welt mit dem gewaltigsten

INDIANERKULTUREN IM TROPISCHEN DSCHUNGEL

Strom der Erde, offenbart eine Weite und Einsamkeit, in der die Indianer

am längsten ihre traditionelle Lebensweise bewahren konnten.

STEINZEITLICHE INDIANER IM AMAZONAS-REGENWALD

Vor etwas mehr als 50 Jahren schrieb Claude Lévi-Strauss in seinem Erlebnisbericht »Tristes Tropiques«, inzwischen ein Klassiker der anthropologischen Literatur, über einen Indianerstamm im brasilianischen Urwald: »Die Paare umarmen sich so innig, als würden sie in einer größeren Einheit versinken. Ich habe das Empfinden, sie alle begegnen einander mit unendlicher Güte, mit einer tief verwurzelten Arglosigkeit, mit einer unbefangenen, bezaubernden Einstellung zu ihren Trieben.« Kaum eine Generation später bemerkte der Verhaltensforscher Kalervo Stamme: »Sie wirken schroff und unhöflich, oft sogar grob. Man muss sich nicht lange unter ihnen aufhalten, um den schwelenden Hass, das Misstrauen und die Verzweiflung zu spüren.« Die Rede ist hier von den Nambiquara-Indianern und den Folgen ihrer Berührung mit der Zivilisation.

Der brasilianische Ethnologe Darcy Ribeiro, ein zorniger Streiter für das Überleben der primitiven Stämme am Amazonas, führt solche Veränderungen auf die Erfahrungen zurück, die die Indianer in folgender Reihenfolge machten: »Hunde, Ketten, Schrotflinten, Maschinengewehre, Napalm, Arsen, mit Windpocken verseuchte Klei-

der, gefälschte Urkunden, Vertreibung, Rollbahnen durch den Urwald, Zäune, Brandrodung, Verordnungen der Behörden und die Missachtung von Tatsachen.« Die Anzahl der Nambiquaras ging innerhalb weniger Jahrzehnte von schätzungsweise 1000 auf bis heute etwa 600 zurück.

Die Indianer des Amazonas kämpfen ums Überleben. »Der weiße Mann stiehlt immer mehr von unserem Land«, klagen sie. Mit Protesten, aber auch zunehmend mit Gewalt verteidigen sie ihren schrumpfenden Besitz und ihre Existenz. Von den einst in Brasilien auf vier Millionen geschätzten Ureinwohnern gibt es heute nur noch knapp 200 000.

Rund 140 Stammesgruppen leben jetzt noch in Brasilien, überwiegend im Amazonasbecken. Die Spannung zwischen Weißen und Indianern wächst, die Zwischenfälle nehmen zu. Informationen über die Scharmützel dringen selten in die großen Städte. Die umstrittenen Gebiete liegen fernab der Zivilisation, hier herrscht das Recht des Stärkeren. Indianerkenner wissen von den latenten Kleinkriegen im tiefen Busch zwischen Eingeborenen und Eindringlingen wie Kautschuksammlern, Holzfällern oder Edelsteinschürfern zu berichten. In voller Kriegsbemalung, aber ohne jegliche Bekleidung sind auch heute noch Krieger der Parakanas auf dem Kriegspfad. Sie greifen mit Pfeil und Bogen an, auch wenn ihre Gegner über Gewehre verfügen. Dennoch lehren sie, wie etwa die Arawete-Indianer, ihre Gegner noch immer das Fürchten. Die Parakanas gehören zu rund 20 000 Indianern Brasiliens, die die Regierung des Landes gern befrieden möchte. Sie trotzen der Zivilisation und leben wie ihre Vor-

unten Ein Dorf der Kamayura-Indianer aus der
Vogelperspektive. Dieser Stamm lebt am Xingu im
brasilianischen Urwald in länglichen Hütten.

rechts Lago Agrio am Rio Aguarico im Osten Ecuadors erweist sich als ausgezeichneter Ausgangs-
punkt für den Besuch der 6550 Quadratkilometer
umfassenden Cuyabeno-Naturschutzgebiets.

nern in Kontakt zu treten. Aber ihre Mühen werden häufig von Goldsuchern, Holzfällern und Siedlern behindert,
die den Indianern ihre Stammesgebiete abjagen, oder
auch vom Widerstreben der Indianer selbst. Die Regierung versucht, auch bislang unbekannte Indianergruppen
aufzuspüren, weil sie meint, sie könnten auf sanfte Weise
an die Zivilisation herangeführt werden, bevor diese in

fahren in den gigantischen Regenwäldern des Amazonas
von der Jagd und vom Fischfang. Sie bekämpfen sich mitunter und rauben zuweilen auch die Frauen der jeweiligen
Gegenseite.

Weitaus größer ist mit rund 180 000 Menschen die Zahl
der Indianer, die als mehr oder weniger zivilisiert gelten.
Ein Häuptling des Xavante-Stammes wurde sogar ins brasilianische Parlament gewählt. Die Indianer-Agentur in
Brasilia versucht, mit den nicht befriedeten Ureinwoh-

Gestalt gewalttätiger Weißer in ihre Gebiete einfällt. Gewöhnlich schlägt die Indianer-Agentur in Urwaldlichtun-
gen Lager auf, die als Anziehungspunkte für die scheuen
Eingeborenen dienen sollen. Dort werden Zucker, Schmuck,
Macheten und anderes zurückgelassen, was die Indianer
zu einem Treffen mit den Spendern verlocken soll.

Einer der Agenten, Sidney Possuelo, brauchte 1981 zehn
Monate, bevor er auf diese Weise Kontakt zu einer Gruppe
des Arara-Stammes bekam. In seinem Bericht schrieb er

damals: »Die Arbeiter in den Posten leben in ständiger Angst, weil sie wissen, dass sie von den Indianern Tag und Nacht belauert werden. Wir wissen, dass die Indianer darauf warten, dass wir einen Fehler machen, sodass sie angreifen können. Trotz unserer guten Absichten werden wir als Invasoren und Feinde betrachtet.« Nach einer Meldung der Zeitung »O Globo« wurden in den letzten

Dayuma sind der beste Ausdruck der ökologischen Verflochtenheit des sterbenden Stammes mit dem Urwald. Es war in Ecuadors Hauptstadt Quito, wo Dayuma feststellte, es gebe nicht genug Bäume, Affen und keine Vögel. »Man kann nicht frei gehen, weil viele Menschen unterwegs sind. Die Straßen bestehen aus sehr harter Erde, sind mal heiß, mal kalt.«

20 Jahren über 100 Männer in den Kontaktlagern getötet. Die letzten »wilden« Indianer des Amazonas leben nur mehr auf Zeit. Ein paar Jahre noch und sie sind Wracks ihrer Kultur, lebende Fossilien der Steinzeit. Ob Choco, Cuna, Wayapi, Txucarramae, Achuara oder Jivaro – ihnen allen blüht dasselbe Schicksal. Stellvertretend sei hier der Werdegang der Auka geschildert, dieser Urwaldsöhne mit der steinzeitlichen Materialkultur, die im Regenwald leben wie Jaguar und Anakonda. Die Worte der Auka-Frau

DIE AUKA, DER »WILDESTE STAMM DER WELT«

»Ein junges Gesicht beugt sich der Kamera entgegen – mit weißen Ohrpflöckchen geschmückt und von schwarzen Ponyfransen umrahmt. Die halb geöffneten Lippen, der schräge, verschattete Blick und die herausfordernde Haltung des nackten Mädchens verschmelzen zu einem Bild sinnlicher Koketterie. Mit der berühmten Motivauslese der Dritten Weltausstellung der Photographie ging diese erste Aufnahme einer wilden Auka durch die Metropolen. Der Fotograf bezahlte seinen Schnappschuss mit dem Leben. Er schwamm, von Speeren durchbohrt, mit dem Bauch nach unten im seichten, warmen Wasser des Rio Curaray. Sein Name: Nate Saint. Mit ihm starben am späten Nachmittag des 8. Januar 1956 vier amerikanische Missionare, die auf dem sanften Ufer des Flusses im Schatten windgewiegter Palmen mit ihrem Flugzeug gelandet waren, um den Auka von hier aus »›Gottes Schnitzzeichen‹ anzutragen« (Peter Baumann und Erwin Patzelt).

Auka – eine bedrohte Lebensform

Sie leben unter dem Blätterdach des endlosen Amazonasregenwalds, im Hinterland der ecuadorianischen Montanaflüsse Napo und Curaray, wie der Jaguar und die Anakonda. Aber sie sind noch leiser und gefährlicher als ihre beiden Jagdrivalen, wenn es um die Verteidigung ihrer Heimat gegen die Außenwelt geht, der sie voller Hass und Furcht gegenüberstehen.

Von den wilden Lanzenmännern hörten die Europäer erstmals bei der Eroberung der Andenländer durch die Spanier. Inka-Chronisten berichteten nämlich, dass bereits der Inka Tupac Yupanqui (1471–1493) ohne Erfolg versucht haben soll, die unabhängigen Waldindianer jenseits der Ostkordilleren zu unterwerfen. Das Wort »Auka« stammt aus dem Quechua, der offiziellen Sprache im Inka-Reich, und bedeutet »kriegerisch, wild, feindlich«. Mit diesem Ausdruck bezeichnete man ursprünglich all die Barbaren, die der Herrschaft der Inkas und später der Spanier Widerstand leisteten. Sich selbst nennen die Auka »Huarani«, ihre Sprache ist das Huaodani.

Gegen Ende des 19. Jahrhunderts sahen sich die Auka in ihrem Lebensraum bedroht, als überall in der Welt die steigende Nachfrage nach Rohgummi einsetzte und sich ein Heer von Kautschuksammlern, Händlern und Siedlern, von unkontrollierbaren Glücksrittern und Abenteurern über ihren Regenwald ergoss. Hinzu kam der Energiehunger der Zivilisation. Die Schneisen der Ölsucher zerschnitten den Dschungel, der von krachenden Axtschlägen widerhallte und für die Camps der Arbeiter abgebrannt wurde. Außerdem waren die Auka der Zudringlichkeit amerikanischer Missionare ausgesetzt, besonders

des »Summer Institute of Linguistics«, das die Dschungelbewohner mit fanatischem Eifer zum Christentum bekehren wollte. Motorsägen, Bulldozer und missionarische Intoleranz werden bald die letzten Inseln der freien Auka erreicht haben. In der Tat sind das Öl, die Kolonisten und die Missionare die größten Feinde der Auka-Kultur.

Solange sie Ausweichmöglichkeiten hatten, zogen sich die Auka stets tiefer in den Regenwald zurück. Als die Fremden sich jedoch immer häufiger in ihr Territorium vorwagten, begannen sie sich energisch zur Wehr zu setzen und hielten sich die Eindringling als einer der letzten unabhängigen Stämme mit ihren Speerspitzen vom Leib.

Auf einer steinzeitlichen Kulturstufe

Heute verlieren sich die wenigen hundert Auka, die noch den letzten freien Gruppen angehören, in einem riesigen Raum von mehr als 10 000 Quadratkilometern in der durchschnittlich 20 Meter hohen Vegetation. Das von ihnen bewohnte Gebiet östlich des 77. Längengrades wird noch unzugänglicher durch den sumpfigen Untergrund, in dem die üppige und dichte Vegetation über viele Quadratkilometer wurzelt und fault. Hier herrscht ständig ein Klima wie in einer Waschküche mit Temperaturen von 30 und mehr Grad Celsius und einer langen Periode anhaltender Regenfluten. In ihrer Dschungelbastion waren sie im Laufe der Jahrhunderte so abgeschieden von ihrer indianischen Umwelt, dass sie weder Floß noch Kanu kennen lernten, obwohl sie seit jeher im Wasser zu fischen pflegten. Sie sind ein Landvolk geblieben und keine Flussnation geworden, wie die meisten amazonischen Stämme, denen die Flüsse als die bequemsten Verkehrswege dienten.

Die Frage nach der Zeit ihrer Ankunft im Amazonasregenwald lässt sich nur mit Mutmaßungen beantworten.

rechts Auka-Gruppe bei einer Lichtung im Dschungel, wo diese steinzeitlichen Indianer im Bannkreis einer außergewöhnlichen Beobachtung stehen. In ihrem Dschungelgarten ernähren sich die Auka hauptsächlich von selbst angebauten Knollen der Yukkawurzel und Bananen, von wild wachsenden Chonta-Früchten sowie vom Ertrag der Jagd und des Fischfangs.

Die Vorfahren der Auka drangen wohl allmählich als asiatische Jägergruppen über die prähistorische Beringbrücke nach Nordamerika ein. Ihre lange Wanderschaft nach Süden wurde sicher von Jahren der Sesshaftigkeit unterbrochen. Als nachdrängende Völker sie dann zum Aufbruch zwangen, blieb ihnen nichts anderes übrig, als weiterzuziehen. Vor 20 000 Jahren könnten sie den tropischen Regenwald erreicht haben, wo sie sich den neuen Gegebenheiten einer feindlichen Natur anpassten. So stellten sich die Auka etwa auf neue Jagdwaffen um, als die riesigen Jagdtiere, wie Mammut und Mastodon, ausstarben und damit die alten Nahrungsquellen zum Versiegen kamen. Das schwere Blasrohr mit den scharfspitzigen Curare-Bolzen und der Fischspeer weisen auf eine Anpassung des Menschen an die veränderten Bedingungen hin.

Wie die vergiftete Spitze der Curare-Bolzen dafür sorgt, dass den Indianern die Beute in den Baumwipfeln, wie Affen und Vögel, nicht entkommt, so hilft ihnen im Wasser ein anderes Gift zur Verbesserung des Fangglücks. Die zerstoßenen Wurzeln des Barbasco-Strauchs werden in großen Mengen in den Fluss geworfen. Nach einer halben Stunde kommen die Fische bäuchlings nach oben, weil das sich im Strom ausbreitende Gift, das die Fische über die Kiemen aufnehmen, deren Atmung lähmt. Da die Auka weder Boote noch Balsaflöße kennen, bleibt ihnen

neben diesem »Giftfischen« als weitere Fangtechnik nur das Fischen im Flachwasser mit einer bis zu vier Meter langen, gezackten Lanze oder einem Spieß aus Rohr.

Die »Speergesellschaft« und ihr Tötungszwang

Der für die Auka heute noch charakteristische Kampfspeer geht wahrscheinlich auf eine Periode zurück, in der sie eine wirksame Jagdwaffe gegen große Tiere benötigten. Diesem Wurfspeer kommt noch heute eine derartige Bedeutung zu, dass man den Dschungelindianern den Namen »Speergesellschaft« gegeben hat. In der Tat fühlen sie sich so abhängig vom Speer, dass sie die Speerbündel neben dem Hütteneingang nie gänzlich aus den Augen lassen. Bei dieser ebenso einfachen wie furchtbaren Nationalwaffe, die mit Vorliebe im Krieg und Kampf eingesetzt wird, sind der Schaft und die mit eingekerbten Widerhaken versehene Spitze aus einem einzigen Stück Chonta-Holz geschnitzt. Die Auka scheinen zeitweilig einem Tötungszwang verfallen zu sein, denn manchmal kommt es wegen geringer Anlässe inmitten des Indianerdorfs zu wahren Kettenreaktionen von Speermorden und zur Auslöschung ganzer Familiengruppen, wobei Frauen und Kinder mit getötet werden.

Der protestantische Missionar David Cooper berichtet in seinem Auka-Report: »Sie waren nur fröhlich, wenn sie

Für die Auka ist der lange Wurfspeer eine derart wichtige Waffe, dass die Bezeichnung »Speergesellschaft« diese Dschungel-Indianer treffend charakterisiert. In der Tat scheint von den Speerbündeln neben dem Hütteneingang eine magische Wirkung auf die Krieger auszugehen, bei denen der psychologische Zwang zum Töten allzu oft über ihre Hemmungen siegt.

rechts Indianische Dschungel-Holzhütte auf Holzstelzen (im Cuyabeno-Naturschutzgebiet im Osten Ecuadors), die die Bewohner vor Ungeziefer auf dem Urwaldboden und vor Regengüssen bewahren.

einen erfolgreichen Raubzug hinter sich hatten. Als sie die Yumbo-Indianerin Joaquina gefangen und ihre Speere in die anderen gerammt hatten, war ihr Ausdruck von Freude wild und ehrlich. Sie lachten, heulten und brüllten. Auch daheim herrschten Gelächter und Freude, und die Frauen wurden von dem Taumel angesteckt. – Aber im Alltag, besonders wenn eine lange Zeit ohne neue, blutige Raubzüge vorübergegangen war, war die Atmosphäre düster und depressiv. Die Frauen schlichen umher wie Hunde, mit gesenkten Köpfen, in ständiger Furcht vor den Männern, die sauer und bitter waren.«

Die Aggressivität der Auka, die auf das Töten aller Stammesfeinde und sogar irgendwie missliebig gewordener Angehöriger oder benachbarter Gruppen des eigenen Volkes zielt und die sie blitzschnell zum Speer greifen lässt, wurzelt vielleicht in ihrem Ideal der dauernden Bereitschaft des Mannes, Menschen und Tiere zu erstechen, das sie allzu oft in die Tat umsetzen. Für geschehenes Unglück pflegen sich die Auka an ihrem Brujo, dem Zauberpriester-Medizinmann, zu vergreifen, weil er sie vor dem Unheil nicht bewahren konnte. Sie sind nämlich in einer Vorstellungswelt gefangen, in der der Schamane nur dann erfolgreich ist, wenn er die von einem Auka fortgenommene Krankheit einem anderen auflädt. Stirbt Letzterer, so wird dessen Verwandtschaft den Zauberer zur Rechenschaft ziehen. Wird also ein Auka das Opfer seiner Krankheit, so ist demnach stets ein Brujo dafür verantwortlich, der deswegen dafür geradestehen und mit dem Speer getötet werden muss.

Kalorien aus dem Dschungelgarten

Erst vor 4000 Jahren dürften die Auka im Amazonasbecken auf die Yukkawurzel gestoßen sein, die mit ihren gereinigten und geschnittenen Knollen für die Indianer zum »täglichen Brot« wurde und deren Anbau sie im Laufe der Jahre erlernten. Aus Yukka stellen sie auch ein alkoholfreies, süßliches Getränk her. Alkohol scheint ihnen unbekannt zu sein. Mit ihrer zweiten großen Naturpflanze, der Banane, die sie auf ihren bescheidenen Äckern ernten, wurden sie erst im 18. Jahrhundert bekannt, als diese von Indien nach Südamerika kam. Neben den Erträgen aus ihrem Dschungelgarten, dessen Fläche die Männer im Tropenwald roden und der von den Frauen bepflanzt wird, greifen sie auch gern auf wild wachsende Chonta-Früchte zurück, die sie zeitweilig vom Jagdglück unabhängig machen und die ihrem Körper die nötigen Kohlenhydrate liefern. Trotz ihrer Pflanzungen haben Jagd, Sammeltätigkeit und Fischfang offenkundig Vorrang vor dem produktiveren Bodenbau.

Die Auka essen zweimal am Tag. Die erste Mahlzeit nehmen sie in aller Frühe zu sich, bevor sie zur Jagd aufbrechen oder ihre Felder beackern, und die zweite am Abend vor dem Nachtschlaf. Mit flinken Fingern muss man nach den Fleisch- und Fischportionen greifen, will man nicht leer ausgehen. Durch den Verzehr der erlegten Affen und Vögel, deren Fleisch samt Haut in Tontöpfen gekocht wird, decken die Auka ihren Proteinbedarf zu einem großen Teil. Die gefangenen Fische werden mit Vorliebe geräuchert und auf einem kleinen Holztablett serviert.

Die Materialkultur unter dem Blätterschutz des Regenwaldes

Das Dach ihrer einfachen, rechteckigen Häuser reicht bis zur Erde. Ihre drei mal sechs Meter, vier mal acht Meter oder gar doppelt so großen Hütten sind ohne Licht, mit zwei versteckten Eingängen an sich gegenüberliegenden Seiten. Der fensterlose Bau besteht aus schlanken, rundlichen Chonta-Stämmen, die mit reißfesten Lianen zusammengebunden werden. Diese Balkenkonstruktion muss so robust sein, dass sie mindestens mit einem Gewicht von 1000 Kilogramm belastet werden kann, das von acht meist aus Palmfaser geflochtenen Hängematten samt Bewohner und schweren Vorräten herrührt, die alle an dem Gerüst verankert werden. Die Hängematte, dieses komfortable Dschungelbett, hält die ruhenden Leiber nicht nur in einem gesundheitsfördernden und entspannenden Schwebezustand, sondern entrückt sie auch dem Unrat und Ungeziefer des Hüttenbodens. Als Dach dienen große Palmenzweige, die auch zur Abdichtung der Wände gebraucht werden. In allen Hütten brennt stets ein Feuer, damit die Auka in kühleren Nächten Wärme haben und immer Nahrung rösten oder garen können. Feuer gewinnen sie, indem sie einen Hartholzstab so lange auf einer Unterlage aus weicherem Holz quirlen, bis die ersten Funken sprühen.

Die kleinen und muskulösen Auka, kaum größer als ein Meter fünfzig, sind vollkommen nackt bis auf ein einziges »Kleidungsstück«: eine Hüftschnur, unter der sie den Penis an der Vorhaut festklemmen, um sich so vor Ungeziefer zu schützen, das sich sonst in der Harnröhre einnisten würde. Auch die Frauen und Kinder tragen diese Hüftschnur als einzige Bekleidung. Die Hautfarbe der Auka ist von einem fahlen, ins Bräunliche spielenden Gelb und das schwarze Haar mit den Ponyfransen reicht ihnen bis zur Schulter.

Als Hauptschmuck verwenden die Auka Ohrpflöcke, die aus federleichtem Balsaholz geschnitten sind, nur etwa zwei bis drei Gramm wiegen und einen Durchmesser von ungefähr zwei bis fünf Zentimeter haben. Schon den Kleinkindern bohren die Mütter ein Loch in die Ohren und führen ein Holzstück ein, jeden Tag ein größeres, bis das Ohrläppchen von dem runden Holzteil völlig heruntergezogen wird. Die Frauen tragen oftmals auch einen schönen beigefarbenen Stirnreif. Als Schmuckfarben kennen die Auka nur Rot und Schwarz. Bei einer Hochzeit, die als eines der wichtigsten Auka-Feste mit größtem Aufwand begangen wird, kommen all ihre Schmuckstücke voll zur Geltung. Mädchen werden schon vom zwölften Lebensjahr an als reif für die Verbindung mit einem Mann angesehen, denn größtmögliche Fruchtbarkeit erweist sich als die einzige Waffe gegen den Untergang ihrer Rasse.

ANHANG

Zeittafel

ca. 8500 v. Chr.
Im Ayacucho-Gebiet in den Anden kam es zum ersten Getreideanbau in Südamerika.

6000–5000 v. Chr.
In diesem Zeitraum erfand ein namenloses Genie die Kunst des Töpferns.

ca. 5000 v. Chr.
7000 Jahre alt sind die ersten Spuren von Mais, Bohnen, Avocados und Kürbissen, die Archäologen in Südamerika aufgespürt haben.

ca. 3500 v. Chr.
Die ersten Baumwollpflanzungen lassen sich auf diese Zeit zurückdatieren.

ca. 3500 v. Chr.
Valdivia-Kultur heißt eine nach dem Ort Valdivia auf der Halbinsel Santa Elena bei Guayaquil in Ecuador benannte

prähistorische Zivilisation, die man für die älteste der Neuen Welt hält. Ihre Siedlung Real Alto, die bereits um 3400 v. Chr. bestand und um 3100 v. Chr. ihre volle Blüte erreichte, gilt als das älteste Zeremonialzentrum ganz Amerikas.

2627 v. Chr.
Im Tal des Rio Supe in Peru, wo die Wüste auf die sumpfige Niederung trifft, entstand Amerikas erste Metropole: Caral. Mithilfe der Radiokarbonmethode wurde ihr Alter auf 2627 v. Chr. bestimmt. Um 1800 v. Chr. verschwand die Kultur der Menschen von Caral offenbar ziemlich rasch.

ca. 2500 v. Chr.
Um mehr als 1000 Jahre älter als die Zivilisation von Chavin ist die Hochkultur der Leute von Santa Ana Florida im unwirtlichen Amazonas-Gebiet von Ecuador. Die Menschen von Santa Ana Florida, deren Steinskulpturen auf eine hoch entwickelte Poliertechnik schließen lassen und eine starke symbolische Verbundenheit zum Regenwald widerspiegeln, waren die Vorläufer von Chavin.

ca. 1500 v. Chr.
Damals kam es in Peru zur ersten Besiedlung des Gebiets, in dem das spätere Tiahuanaco entsteht.

ca. 1200 v. Chr.
Ab etwa 1200 v. Chr. bis ungefähr 300 v. Chr. verbreitete sich in großen Teilen Perus ein Kunststil, der vom nordperuanischen Andengebiet ausging und seinen heutigen Namen der Ruinenstätte Chavin de Huantar verdankt. Der in einem von Berggipfeln umragten, engen Tal gelegene Ort war einst ein bedeutendes Zeremonialzentrum, in dem sich Pilger aus allen Himmelsrichtungen zur Zwie-

links Viele Gebäude in den Städten und Dörfern Südamerikas erinnern im Baustil noch heute an die Eroberung durch die spanischen Konquistadoren im 16. Jahrhundert und lassen die Atmosphäre nach der Kolonisation noch immer erahnen. Der abgebildete Kirchturm gehört zu einem Friedhof in Caspana in der Atacama-Wüste Chiles. Lange vor der Ankunft der Spanier fanden hier einst unter dem Inka Tupac Inka Yupanqui (1471–1493) erbitterte Kämpfe um die Vorherrschaft im Reich der Araukaner statt.

sprache mit den Göttern einfanden. Der Chavin-Kult, der auf der Verehrung des Jaguars fußte, erreichte um 850 v. Chr. seinen Höhepunkt.

ca. 500 v. Chr.
An der peruanischen Küste kam die Paracas-Kultur, die für ihre herrlichen Stoffe berühmt ist, voll zum Tragen. Als charakteristisch für diese Zivilisation erwiesen sich unterirdische, nur durch schmale Schächte zu erreichende Grabkammern, in denen sich mit kostbaren Textilien umwickelte Mumienbündel befanden, deren nicht nur deformierte, sondern auch trepanierte Schädel Aufsehen erregten.

ca. 100 v. Chr.
Die Nazca, an die noch heute die überdimensionierten Scharrbilder in der Atacama-Wüste erinnern, stiegen zum führenden Volk der Küstengebiete Südperus auf. Erstmals sind Bonner Archäologen auf Siedlungsspuren einer 2000 Jahre alten Kultur gestoßen, aus der die Wüstengravuren stammen könnten. Die beiden erst vor kurzem freigelegten Großsiedlungen Los Molinos (0–200 n. Chr.) und La Muna (200–400 n. Chr.) künden vom Höhepunkt dieser Zivilisation.

ca. 100–700 n. Chr.
Etwa zur selben Zeit wie um Nazca im Süden entwickelte sich weiter im Norden zwischen 100 und 700 n. Chr. an einem 600 Kilometer langen Küstenstreifen Perus, dessen Mittelpunkt der namensgebende Rio Moche bildete, die altamerikanische Mochica-Kultur, bekannt für ihre weitläufigen Städte mit den größten Bauten Südamerikas, ihr ausgeklügeltes Bewässerungssystem, ihre meisterhafte Keramik und ihre feinen Goldarbeiten.

Die riesige Sonnenpyramide im Moche-Tal war der Hauptgottheit der Mochica gewidmet, einem Gott in Menschengestalt mit furchtbaren Reißzähnen, der vielleicht in Südamerika die erste Äußerung des Glaubens an einen einzigen Gott darstellt. Die Kenntnisse der Mochica auf dem Gebiet der Bewässerungstechnik waren so fortgeschritten, dass sie schon damals mehr Land in diesem wüstenartigen Teil des späteren Andenstaates Peru fruchtbar machten, als heute dort bebaut wird.

Die Keramik, das »Leitfossil« der altperuanischen Kulturen, war bei den Mochica besonders hoch entwickelt. Ihre Gefäße sind gleichsam ein authentischer »Bilder-Duden« der damaligen Zeit. Auf ihren Keramikmalereien haben sie auch ihre Liebessitten »verewigt«.

400–500 n. Chr.
Im 5. Jahrhundert n. Chr. gelangte eine erste Siedlergruppe aus Zentralpolynesien auf die Osterinsel, die so genannten »Langohren« (»Hanau Eepe«) – so benannt nach ihren durch eingesetzte Holzpflöcke stark ausgeweiteten Ohrläppchen, die ihnen bis auf die Schultern reichten. Sie brachten es zu einer hohen Steinmetzkunst und schufen eine regelrechte Hochkultur.

ca. 600–ca. 1000 n. Chr.
In Peru entfaltete sich Tiahuanaco beim Titicaca-See zu einem einflussreichen Zeremonialzentrum mit ungefähr 40 000 Einwohnern. Die Kultur Tiahuanacos trägt den Namen ihres religiösen Hauptzentrums, das wegen der riesigen Ausmaße seiner Bauwerke von zahllosen Legenden und fantastischen Vorstellungen umrankt ist und sich zur Zeit seiner Blüte, ungefähr zwischen 600 und 1000 n. Chr., über eine Fläche von mehreren Quadratkilometern erstreckte. Die Stadt Tiahuanaco war ein hoch gelegenes indianisches Mekka, zu dem Pilger aus dem gesamten Andenraum wallfahrten.

ca. 800–1463 n. Chr.
Die Chimu errichteten um 1200 n. Chr. an der peruanischen Nordküste ein politisch und wirtschaftlich mächtiges Großreich, zu dessen Hauptstadt sie gegen 1250 das bereits um 800 n. Chr. gegründete Chan-Chan erhoben, das mit einer Fläche von 18 Quadratkilometern eine der größten Metropolen des vorspanischen Amerikas war. Von den Mochica hatten die Chimu ihr strenges Strafrecht und ihre freizügigen Liebessitten übernommen. Die Keramik der Chimu zeigt wenig Originalität, wohingegen ihre Goldarbeiten unübertrefflich sind.

ca. 1000 n. Chr.
Das alte präinkaische Sican-Reich, dessen Hauptstadt fünfzehn Pyramiden aufwies, war so groß wie zwei Drit-

tel Großbritanniens. Seine kulturelle Ausstrahlung war jedoch viel bedeutender als sein geografischer Umfang, der sich auf Perus nördliche Gestade beschränkte, und reichte über einen 3000 Kilometer langen Küstenstreifen von Kolumbien bis Chile. Figürliche Darstellungen aus diesem Kulturraum befinden sich auf Artefakten aus den Werkstoffen Gold und Silber, aber auch auf Keramiken.

ca. 1000 – ca. 1350 n. Chr.

Das Volk der Chiribaya lebte zwischen 1000 und 1350 n. Chr. in den Ausläufern der Anden, wohin die Inkas erst später aus dem Norden vordrangen. Nur wenige schriftliche und architektonische Zeugnisse belegen die Existenz der Chiribaya, an denen die Geschichte beinahe vorbeigegangen wäre, wenn nicht das trocken-heiße Wüstenklima und die nitrat- und salzhaltigen Böden ihre Leichen und Totenbeigaben haltbar gemacht hätten.

ca. 1000 – ca. 1500 n. Chr.

Das Chachapoya-Imperium, das in den feuchten Urwaldzonen an den steilen, regnerischen und wolkenverhangenen Hängen der Ostanden entstand und sich vom Rio Maranon im Westen bis zum Rio Huallaga im Osten, vom Rio Apisoncho im Süden bis zur Grenze zu Ecuador im Norden erstreckte, existierte zeitgleich mit den Chimu und den Inkas, mit denen die »Wolkenmenschen« – wie die Chachapoya genannt wurden – sich im Kampf maßen. Ihr Reich wurde etwa gegen 1480 – rund 50 Jahre vor der Ankunft des spanischen Eroberers Francisco Pizarro – von den militärisch stärkeren Inkas unterworfen.

ca. 1100 n. Chr.

An den Ufern des Titicaca-Sees, in der unmittelbaren Umgebung der Ruinen Tiahuanacos, gab es wahrscheinlich schon in Zeiten vor den Inkas einen Staat der Colla (Bewohner der Berge) oder Aymara. Dieses ausgedehnte Gebiet im Süden des heutigen Peru und auf dem bolivianischen Hochland (dem Altiplano) hieß bei den präkolumbischen Indianern Südamerikas Collasuyu oder Collac. Die Colla oder Aymara legten sich mehrmals mit den Inkas an, denen sie stets unterlagen. Heute leben noch zwei Millionen dieser Indianer im Gebiet des Titicaca-Sees, in Peru und Bolivien.

ca. 1200 n. Chr.

Manco Capac und Mama Occlo, die göttlichen Kinder der Sonne, gelten in den Legenden als die Begründer des späteren Inka-Reiches, die gegen 1200 n. Chr. in einem Andental bei Cuzco eine erste Siedlung errichteten.

ca. 1200 – 1533 n. Chr.

Die Inkas waren ein vergleichsweise kleines Volk, dessen Herrschern es in knapp 200 Jahren gelungen war, ein Riesenimperium mit einer Längenausdehnung von 5000 Kilometern zu errichten, das sich im Jahr der Ankunft der spanischen Eroberer vom Süden Kolumbiens über Ecuador, Peru, Bolivien und Nordchile bis nach Argentinien erstreckte.

Der Inka-Kaiser galt als Gott auf Erden, als Sohn der Sonne, dem jeder Bewohner des Reiches Tribut zahlen musste – in Form von harter Fron oder von Naturalien.

ca. 1200 – 1539 n. Chr.

Die indianische Sprachgruppe der Chibcha, auch unter der Bezeichnung Muisca bekannt, hatte in den Hochtälern der Umgebung des heutigen Bogotá (Kolumbien) eine hohe Kultur entwickelt, die von den spanischen Konquistadoren jedoch in ihrem Goldrausch vernichtet wurde. Auf einen der Häuptlinge im dortigen Gebiet geht die Legende von »El Dorado«, vom »Vergoldeten Mann« zurück.

Der Kazike von Guatavita ließ sich einst auf einem Floß auf die Laguna de Guatavita, ganz nahe bei Bogotá, hinausfahren, wo er – den ganzen Körper von Goldstaub bedeckt – ins Wasser stieg, das Gold abspülte und den Dämonen der Lagune Edelsteine und Gold als Opfer darbrachte.

Die Keramik der Muisca, wie die Chibcha sich selbst nannten, ist einfach und sparsam mit geometrischen Mustern bemalt, oft mit eingestochenen Kreisen und Punkten im Zentrum. Auch die Goldarbeiten der Muisca, die vor allem aus flachen, eckigen Menschenfigürchen bestehen, zeichnen sich durch Schlichtheit aus und entsprachen keinesfalls den Erwartungen der goldgierigen Eroberer.

Zu den Chibcha sprechenden Völkern zählten nicht nur die Muisca, sondern auch die Quimbaya und die Tairona, die beide als die besten Goldschmiede Altamerikas gelten.

ca. 1350 n. Chr.

Um 1350 n. Chr. wurde die Osterinsel von einem zweiten polynesischen Stamm unter der Führung des sagenhaften Königs Hotu Matua angelaufen, der nach 120 Tagen Irrfahrt mit 300 Menschen an Bord von zwei Doppelrumpfbooten mit Masten und Planken aus Holz, mit Segeln aus Pandanusblättern und mit Tauwerk aus Pflanzenfasern das dürre Land betrat. Der junge Anführer, der wahrscheinlich von den rund 3600 Kilometer entfernten Marquesas-Inseln aus aufgebrochen war, hatte in der Auswanderung die einzige Überlebensmöglichkeit für sein Volk gesehen, da seine Heimatinsel langsam im Meer versank. Die Neuankömmlinge hießen bei den alteingesessenen »Langohren« einfach »Kurzohren« (»Hanau Momoko«), weil ihnen die abnorm gelängten Ohrläppchen der Erstbesiedler fehlten.

1438 – 1471 n. Chr.

Als Jüngling hatte Cusi Yupanqui die Inkas vor der Bedrohung durch die wilden Chanca gerettet (1437 n. Chr.), als Kaiser Pachacuti, der von 1438 – 1471 n. Chr. regierte, wagte er die völlige Neugestaltung seines Reiches.

1450 n. Chr.

Die Ruinen der lange als verloren geglaubten Inka-Stadt Machu Picchu liegen im tropisch grünen Hochland von Peru, wo sie sich terrassenförmig an eine Bergkuppe schmiegen. Als Datum der Erbauung von Machu Picchu steht heute das Jahr 1450 fest, in dem der große Inka-Herrscher Pachacuti an der Macht war.

1463 n. Chr.

Die Chimu, die Verehrer des bleichen Mondes, unterlagen 1463 den Inkas, den Anbetern der glühenden Sonne, als der Inka-Heerführer Tupac Capac auf Geheiß des Inka-Kaisers Pachacuti mit 30 000 Soldaten ins Gebiet der Chimu einfiel und diese vor der Festung Paramonga entscheidend schlug. Ihr Land wurde in das große Inka-Reich eingegliedert.

ca. 1470 n. Chr.

Als Tupac Yupanqui, der Sohn Pachacutis, die Völker Ecuadors unterwarf, hörte er dort von sagenumwobenen Inseln weit draußen im Pazifik. Er fasste den Plan zu einer gewagten Mission, die ihn zum Rand des großen Ozeans führen sollte. Er gab den Befehl zum Bau einer Flotte aus Balsaflößen und heuerte als Begleiter für diese riskante Expedition geschickte Navigatoren an, die sogar das Kreuzen gegen den Wind beherrschten. Tupac Yupanqui soll sogar persönlich an der abenteuerlichen Reise ins Ungewisse teilgenommen haben und bis zur Osterinsel gelangt sein.

1471 – 1527 n. Chr.

Pachacutis Nachfolger, Tupac Inka Yupanqui (1471 – 1493) und Inka Huayna Capac (1493 – 1527), geboten über das größte Reich Altamerikas, dem mit den Araukanern im Süden und mit den Carangui im Norden ein schwieriges Grenzproblem erwachsen war.

1475 n. Chr.

Araukaner heißen die Ureinwohner des mittleren Chile, die eine besonders tapfere Sprach- und Kulturgruppe der südamerikanischen Indianer darstellen. Dieses kriegerische Volk brachte es sogar fertig, 1475 den größten Eroberer aller Inkas in einem erbitterten dreitägigen Ringen mit seinen Streitkräften an den Ufern des chilenischen Rio Maule vernichtend zu schlagen. Tupac Yupanqui, der »Alexander der Große« der Neuen Welt, war lediglich von den Araukanern in einer offenen Feldschlacht besiegt worden.

1533 n. Chr.

In ihrer Goldgier zerschlugen die Spanier unter Francisco Pizarro das Reich der Inkas. Der spanische Konquistador konnte sich schnell des Inka-Imperiums bemächtigen, weil dieses durch den Bürgerkrieg zwischen den beiden Thronanwärtern Atahualpa und Huascar geschwächt war. Tag und Nacht brannten die Feuer in den Schmelzöfen, weil Pizarro und seine Mannen das pure Gold begehrten – für die höchst kunstvolle Bearbeitung fehlte ihnen jedes Verständnis.

1554 n. Chr.

Der araukanische Toqui (Häuptling) Lautaro, der am 1. Februar 1554 das spanische Heer des Pedro de Valdivia gänzlich aufrieb, wird noch heute als Hannibal seines Volkes gefeiert.

1598 n. Chr.

Beim Indianerdorf Carabala vernichtete der oberste Toqui Pelantar 1598 die spanische Armee des Onez de Loyola im Handstreich, wodurch die Unabhängigkeit der Araukaner für die nächsten 300 Jahre gesichert war.

ca. 1880 n. Chr.

Nach dem Zusammenbruch der spanischen Kolonialmacht in Südamerika (1818) wurden die neuen Staaten Argentinien und Chile den Araukanern erst gefährlich, als sie in der zweiten Hälfte des 19. Jahrhunderts moderne Waffen aus Großbritannien erhielten, wodurch das Schicksal der Araukaner, die sich heute Mapuche nennen, besiegelt war.

1950 – 2005 n. Chr.

Was sich im 19. Jahrhundert in Nordamerika abspielte, vollzieht sich bis heute im Regenwald des Amazonas, wo die Indianer auf dem Kriegspfad sind. Mit Pfeil und Bogen wehren sie sich gegen weiße Landräuber. Ihr letzter Kampf geht ums nackte Überleben.

Die weißen Eindringlinge kommen mit Spitzhacke, Kettensäge und Bulldozer. Sie bedrohen und berauben die Eingeborenen, die seit Jahrtausenden im Dschungel des Amazonas unbehelligt und isoliert auf steinzeitlicher Kulturstufe gelebt haben.

Auch bei den Auka, einem der letzten unabhängigen Stämme, erweisen sich Ölsucher, Holzfäller, Siedler und Missionare als die größten Feinde ihrer Kultur.

Literaturhinweise

Alva, Walter u. Longhena, Maria: Inkas – Das große Volk der Anden, Köln 2002

Bákula, Cecilia; Banavio, Duccio u.a.: Die Ahnvölker der Inka und das Inka-Reich, Zürich 1994

Bahn, Paul G.; Flenley, John: The Enigmas of Easter Island, Oxford 2003

Baudouin, Bernard, Die Inkas – Geschichte, Kultur, Spiritualität, Freiburg 2000

D'Altroy, Terence N., The Incas, Oxford 2003

Garve, Roland u. a., Unter Amazonas-Indianern, München 2002

Geoepoche, Nr 15, Inka – Maya – Azteken, November 2004

Gwin, Peter, Opfer im Tempel des Todes, (In: National Geographic Deutschland, November 2004)

Silverman, Helaine/Proulx, Donald A., The Nasca, Oxford 2002

Stingl, Miloslaw, Das Reich der Inka, Düsseldorf und Wien 1981

Wurster, Wolfgang W., Die Schatzgräber, Archäologische Expeditionen durch die Hochkulturen Südamerikas, (GEO-Buch) Hamburg 1991

Namens- und Ortsregister

Die **fett** gedruckten Seitenzahlen weisen auf Bilder hin.

Bildnachweis

Autor und Verlag danken insbesondere Paul Thibor, Luxemburg, für die Bereitstellung
von Bildmotiven:
Abb. Seite 4, 6, 10, 22, 32, 33, 34, 36, 37, 38, 39, 40, 41, 43, 45 oben, 47, 50, 51, 57, 58, 59
unten, 61, 62, 63, 66, 67, 68, 89, 90, 91, 95, 96, 97, 98, 99, 103, 110/111, 112, 113, 114, 118, 119, 147,
151, 152

Des weiteren Dank an Klaus Koschmieder, Berlin, für die Überlassung mehrerer noch
nicht veröffentlichter Aufnahmen von Grabungen im Chachapoya-Gebiet:
Abb. Seite 73, 74, 75, 78, 79, 81

Außerdem haben folgende Leihgeber Aufnahmen zur Verfügung gestellt:
AKG-Images, Berlin: Abb. Seite 16, 17, 56, 59 oben, 84, 94, 133
Heinz Altwegg, Basel: Abb. Seite 105, 106
Bildarchiv Preußischer Kulturbesitz, Berlin: Abb. Seite 82
Congregazione di SS Cuori, Rom: Abb. Seite 142
Corbis Bildagentur: Abb. Seite 31, 101
DPA-Picture-Alliance, Frankfurt am Main: Abb. Seite 8, 12, 14, 20, 26, 27, 28, 45 unten, 60,
64, 72, 77, 102, 117, 120, 123, 124, 126, 128/129, 130, 132, 134, 135, 137, 138, 140/141, 144, 146,
149, 150
aus: Historia Gráfica del Péru según Guamán Poma, hg. v, Lúis Bustíos Gálvez, 2 Bände,
Lima 1956: Abb. Seite 93, 107
Museo Brüning, Lambayeque, Peru: Abb. Seite 54, 55
Museo del Banco Central, Guayaquil, Ecuador: Abb. Seite 24
Museo de la Universidad del Cuzco, Cuzco, Peru: Abb. Seite 85, 86
Museo del Oro, Banco de la República, Bogóta, Kolumbien: Abb. Seite 19
Museo del Oro, Lima, Peru: Abb. Seite 11, 71
Museo Nacional de Antropologia y Arqueologia, Lima, Peru: Abb. Seite 44, 52, 104
Museo Nacional de Historia Natural, Santiago, Chile: Abb. Seite 139
Maria Reiche Photoarchiv, Dietrich Schulze, Langenselbold: Abb. Seite 48

Leider war es nicht in allen Fällen möglich, die Inhaber der Urheberrechte zu
ermitteln. Etwaige Ansprüche kann der Verlag bei Nachweis entgelten.

Bibliografische Information Der Deutschen Bibliothek
Die Deutsche Bibliothek verzeichnet diese Publikation in der
Deutschen Nationalbibliografie; detaillierte bibliografische
Daten sind im Internet über http://dnb.ddb.de abrufbar.

Umschlaggestaltung: Stefan Schmid, Stuttgart, unter Verwendung
einer Abbildung aus Machu Picchu von © Jim Erickson/CORBIS

© Konrad Theiss Verlag GmbH, Stuttgart 2005
Alle Rechte vorbehalten
Die Herausgabe des Werkes wurde durch die Vereinsmitglieder der WBG ermöglicht.
Lektorat und Bildredaktion: Nicole Janke, Stuttgart
Kartografie: Peter Palm, Berlin
Gestaltung und Satz: Katrin Kleinschrot, Stuttgart
Repro: Repromayer, Reutlingen
Druck und Bindung: Druckerei Uhl, Radolfzell
ISBN 3-8062-1948-6

Besuchen Sie uns im Internet: www. theiss.de